플립러닝과 PBL을 적용한

사회복지학개론

김미영 이경원 임세와 조수민 최경일 공저

신정

머/리/말

오늘날 우리 사회는 복잡다단한 사회문제와 급격한 인구 구조의 변화 속에서 그 어느 때보다 능동적이고 실천적인 사회복지 인력을 필요로 하고 있습니다. 이러한 변화의 흐름 속에서 대학 교육 역시 단순한 지식 전달의 차원을 넘어, 학생들이 스스로 문제를 발견하고 해결책을 찾아가는 학습자 중심의 교육으로 패러다임의 전환을 요구받고 있습니다.

본 저자 5인은 현장에서의 오랜 교육 경험과 고민을 바탕으로, 예비 사회복지사들이 사회복지의 기초 이론을 탄탄히 다지는 동시에 현장 대응 능력을 체득할 수 있는 새로운 형태의 교과서를 구상하였습니다. 그 결과물이 바로 플립러닝(Flipped Learning)과 PBL(Problem-Based Learning, 문제 중심 학습)을 접목한 본 교재입니다.

본 교재는 다음과 같은 세 가지 원칙에 집중하였습니다.

1. 플립러닝을 통한 학습 효율의 극대화

학습자가 수업 전 기본적인 개념과 이론을 미리 학습하고, 강의실에서는 이를 바탕으로 심화된 토론과 활동에 참여할 수 있도록 구성하였습니다. 이를 통해 지식의 습득을 넘어 지식의 활용에 무게중심을 두었습니다. 교실 수업(In-class) 전, 학습자가 스스로 지식을 습득하도록 유도하는 것이 핵심입니다. 각 챕터의 도입부에 있는 사전 학습(Pre-class) 내용을 학생들이 읽고 학습 내용에 대한 선이해를 갖고 학습동기를 고양합니다.

2. PBL 기반의 실천적 문제해결 능력 배양

실제 사회복지 현장에서 마주할 수 있는 다양한 사례(Scenario)를 제시하여, 학생들이 동료들과 함께 최선의 대안을 찾아가는 과정을 경험하게 합니다. 이는 비판적 사고력과 협업 능력을 동시에 기르는 토대가 될 것입니다. 각 챕터의 후반부에 있는 시나리오를 해결하는데 필요한 관련 법령, 정책, 서비스 방법 등을 도출하고 공유하면서 지식을 확장합니다.

3. 실제 상황과 사례에 적용

교재 내용이 이론 전달에 그치지 않고 현실에서 어떻게 반영되는지 알 수 있도록 유튜브 등의 동영상 자료를 제시했습니다. 또한 제시된 실천 사례에 개입하는 방법을 모색함으로써 사회복지 실천능력을 향상시킬 수 있습니다.

사회복지학개론은 사회복지사로 거듭나기 위한 첫걸음이자 가장 중요한 이론적 기반의 토대입니다. 본 교재를 토대로 학생들이 사회복지의 가치와 철학을 가슴으로 느끼고 현장의 역동성을 미리 경험할 수 있기를 바랍니다. 미래의 복지 국가를 이끌어갈 학생 여러분의 열정적인 여정을 응원합니다. 아울러 혁신적인 교수법을 현장에 적용하고자 노력하시는 동료 교수님들에게도 본 교재가 조금이나마 도움이 되기를 바랍니다. 본 교재가 세상에 나오기까지 아낌없는 지원을 해주신 도서출판 신정 관계자 여러분과 귀중한 조언을 주신 선후배 동료들께 깊은 감사를 표합니다.

2026년 1월

저자 일동

차/례

03 /CHAPTER/ 사회복지의 가치와 윤리

04 /CHAPTER/ 사회복지의 구성요소

PART 02 사회복지실천의 방법

Introduction to Social Welfare

05 /CHAPTER/ 미시적 방법

06 /CHAPTER/ 거시적 방법

PART 03 사회복지실천 분야

Introduction to Social Welfare

07 /CHAPTER/ 아동복지

08 /CHAPTER/ 청년복지

09 /CHAPTER/ 노인복지

13 /CHAPTER/ 사회복지정책

14 /CHAPTER/ 사회복지의 미래

Introduction to Social Welfare

PART

사회복지에 대한 이해

Introduction to Social Welfare

Introduction to Social Welfare

사회복지의 개념

1. 인간의 삶과 사회복지

2. 사회복지의 개념

3. 사회복지의 영역과 기능

사회복지의 개념

학/습/목/표

1. 사회복지의 필요성을 이해할 수 있다.
2. 사회복지의 개념을 이해할 수 있다.
3. 사회복지의 목적을 이해할 수 있다.

Flipped Learning (사전 학습)

최근 증가하는 중장년과 노인의 고독사 문제를 해결하는 데 가족과 개인에게 책임이 있어서 이들이 먼저 해결해야 한다는 시각과 이 문제는 국가가 당연히 책임져야 한다는 시각의 장단점을 생각해 봅시다.

1. 인간의 삶과 사회복지

1) 인간 욕구와 사회복지

인간의 삶은 자신이 원하고 바라는 욕구를 충족하는 것으로 이루어진다. 이를 위해서는 건강, 지식, 기술, 경제, 관계 및 환경 등 모든 부분이 충실히 기능해야 한다. 그러나 모든 인간은 자신의 욕구를 충족하기에는 한계를 가질 수밖에 없는 것이 사실이다. 이런 상황에서 필요한 것이 사회복지이다. 사회복지는 인간이 갖는 기본적인 욕구를 충족하기 위한 여러 가지 대응방안 중의 하나이기 때문이다(Johnson, Schwartz, & Tate, 1997). 그리고 이러한 대응방안을 개인적이나 임의적으로 활용하는 것이 아니라 사회적 또는 국가적인 차원에서 공식적이며 전문적으로 활용하는 것이다. 이 점이 사회복지가 자원봉사에 대비되는 큰 차이점이다.

사회복지가 무엇을 어느 정도 해결하고 원조해야 하는지를 결정하기 위해서는 인간이 갖는 욕구를 이해할 필요가 있다. 욕구(need)란 인간이 특정 상황에서 지니고 있는 목적의 달성에 필요한 조건이나 대상이며, 이를 충분히 확보하지 못함으로써 야기된 결핍 상태를 의미한다(Plant, Lesser, & Taylor-Gooby, 1980). 욕구는 추상적이고 근본적인 요구이며, 이를 해결하는 구체적인 방식(예: '치킨을 먹고 싶다')은 요구(wans)라고 한다. 욕구에는 신체적(의식주)이고 심리적(사회적 소속감, 자아실현 등)인 요소가 모두 포함된다. 따라서 적절한 직업, 소득, 주거, 건강, 보건, 사회참여, 사회적 관계, 정신건강, 여가, 이동, 교육 등 인간 생활의 여러 영역에서 결핍된 상태를 충족하고자 하는 기대이자 바람을 말한다.

사회복지는 모든 개인이 갖고 있는 공통적이자 생존과 자립에 필수적인 기본 욕구를 사회 최저기준(social minimum) 이상으로 충족하는 데 관심을 갖는다(Richards & Thomson, 1984). 예를 들면, 경제적인 고소득자가 더 많은 소득을 갖기 원하는 욕구를 충족하기 위해서 사회복지 차원의 도움을 제공하는 것은 사회 최저기준의 관점에서 보면 부적절하다. 이와 반대로 가정의 경제적 어려움으로 부모에게 충분하고 안정된 지원을 받지 못하는 아동이 건강에 어려움을 겪으면서 정상적인 학교생활을 하지 못하는 것은 인간으로서 기본적 삶과 사회 최저기준을 보장하기 위해서 사회복지의 도움이 필요하다.

매슬로우(Maslow, 1970)는 욕구계층이론에서 의식주와 같은 가장 기초적인 ① 생리적 욕구로부터 시작해서 신체적이고 심리적인 ② 안전의 욕구, 사회적 관계를 형성하려는 ③ 소속의 욕구, 타인으로부터 인정을 받으면서 자존감과 사회적 지위를 확보하려는 ④ 존중의 욕구, 그리고 최상위의 욕구인 ⑤ 자아실현 욕구를 충족하려는 경향이 있다고 하였다. 사회의 사회경제적 수준이 높아짐에 따라 욕구의 내용과 수준이 하위단계에서 상위단계로 확장되면서 다양화되고 심화된다.

사회복지는 변화하는 개인의 모든 욕구를 충족시키는 데는 한계가 있기 때문에 개인이 존엄한 삶을 사는 데 필수적인 사회적 욕구의 충족에 초점을 둔다. 개인이나 가족과 같은 비공식 지원체계의 노력에도 불구하고 유사한 욕구를 충족하지 못한 사회구성원이 다수이며, 이들의 삶에 개선과 회복이 필요하다고 사회적으로 인정될 때 그 욕구는 사회적 욕구가 될 수 있다. 따라서 사회적 욕구는 사회구성원의 다수가 처해 있는 상황이 보편적인 기준에서 벗어나 있거나 그럴 가능성이 높아서 개선이 필요하다고 사회적으로 인정되는 욕구라고 할 수 있다. 예를 들면 다문화 가정이 증가하며 이들 중 다수가 경제적으로 어려운 경우가 많다는 점은 개인적인 차원에서 해결할 문제가 아니라 사회적 욕구로 이해하며 사회복지가 개입해야 할 필요가 있다.

사회적 욕구라고 해도 모든 것에 대해서 사회복지가 개입할 수는 없다. 사회복지가 개입해야 하는 사회적 욕구는 ① 다양한 인간 욕구 중에서 인간으로서 기본적인 삶을 영위하는데 해당하면서, ② 사회복지의 고유 영역과 관련되어야 하고, ③ 사회의 제한된 자원의 범위 내에서 해결이 가능한 것이어야 한다. 그런데 욕구충족을 위한 인적, 물적 등의 자원이 제한되므로 사회적 욕구의 우선순위와 원조의 대상을 결정하기 위한 기준을 설정하게 된다. 따라서 국가는 일정한 목표나 기준을 설정하여 제시하고 그에 속하는 사회적 욕구만을 개입해야 할 사회적 욕구로 인정하고 이를 해결하기 위한 사회복지 대책을 수립하여 급여나 서비스를 제공한다.

2) 사회문제와 사회복지

모든 인간은 생활하면서 여러 가지 형태의 문제에 당면한다. 이러한 문제가 개인적인 수준을 넘어서서 사회적인 수준에서 원인을 파악하고 해결을 시도해야 하는 것을 사회문제라고 한다. 사회문제는 사회 제도의 결함이나 모순에서 비롯된 문제로써 많은 사람들의 삶에 부정적인 영향을 주고, 그 결과로 사회적 행동이나 정책 개입 등 공동의 해결 노력이 요구되는 현상이다. 개인적 · 일시적 문제가 아닌 사회 전체에 광범위하고 지속적으로 영향을 미치기 때문에 집단적 논의와 개선 필요성이 요구된다. 예를 들면 실업, 빈곤, 환경오염, 학교폭력 문제 등을 들 수 있다.

한 개인이 욕구를 충족하려는 기대수준과 실제 욕구 충족 정도 간에 차이가 지속되어서 개인의 생활에 불편을 초래하고 이의 해결에 필요한 자원의 확보가 어려워지고 해결 노력이 실패를 거듭할 경우 인간은 문제를 경험하게 된다. 예를 들어서 여자 친구와 헤어져서 낙심하면서 식음을 전폐하는 철수는 현재 사회문제를 겪는다고 보기 어렵다. 반면에 많은 영유아 자녀가 거주하는 지역사회에 성폭력 범죄자가 다수 거주하면서 지역주민에게 불안이나 공포와 추가 피해를 야기하는 상황은 사회문제가 된다.

이러한 사회문제에 대한 해결방안을 모색하는 접근방법은 발생 원인에 대한 시각에 따라 달라진다. 첫째, 미시적 접근방법이다. 이는 사회문제의 원인을 사회제도보다는 심리적 특성과 같은 개인 차원에서 찾음으로써 사회복지는 개인적 수준에서 상담이나 프로그램과 같은 개입을 통하여 개인의 병리를 치료하고 성격을 변화시키려고 한다. 둘째, 거시적 접근방법이다. 이는 잘못된 사회구조와 제도가 사회문제의 근본 원인이라고 보기 때문에 국가와 사회에 사회문제의 일차적인 책임이 있다고 여긴다. 따라서 사회복지정책이나 제도를 통하여 구조적으로 사회문제를 해결하고자 한다. 셋째, 병합적 접근방법이다. 실제로는 미시적 접근방법과 거시적 접근방법이 분리돼서 활용되지 않고 거의 대부분의 경우에는 두 가지 접근방법이 함께 활용된다. 현존하는 사회문제는 개인과 환경 모두에게서 원인과 해결책을 찾아야하므로 양자에 대한 균형 잡힌 개입이 필요하다.

2. 사회복지의 개념

1) 어원적 의미

사회복지는 영어로 social welfare라고 한다. 여기에서 'welfare'는 'well'과 'fare'의 합성어이다. 'well'은 '만족스러운, 성공적인, 적절한' 등의 뜻이고, 'fare'는 '어떤 상태'를 의미한다. 따라서 'welfare'는 '불만이 없는 상태, 만족할 만한 상태, 안락한 상태 또는 이를 달성해 가는 과정'이라는 의미이다. 따라서 사회복지는 사회라는 'social'의 의미를 결합하여 '사람들과 더불어 살아가는 과정에서 만족스럽고 행복한 삶'을 살아간다는 의미이다.

이외에도 '사람들과 어울려 살면서 물질적인 풍요와 정신적 안정이 확보된 만족스러운 삶을 영위하는 상태 또는 이를 실현해 나가는 공동의 노력'이라고도 할 수 있다. 앞의 정의는 다른 사람들과 사회적인 삶을 행복하게 살아간다는 데 초점을 두었다면 이 정의는 사람들이 그러한 삶을 살 수 있도록 사회복지는 개인적 차원의 노력과 사회제도적인 차원의 원조를 제공한다는 의미를 지닌다.

2) 실천적 의미

(1) 잔여적 관점

잔여적 관점은 개인의 욕구와 당면한 문제는 당사자나 가족이 책임을 지고 우선 해결하며 기존 사회제도를 활용했음에도 불구하고 개인의 욕구가 충족되지 않았을 경우에 사회복지가 제공되어야 한다는 개념이다. 따라서 사회복지는 자격이 되는(eligibility) 최소한의 대상에게 기본적인 수준으로 도움을 주게 된다. 이에 따르면 사회복지 서비스나 금전적인 원조활동은 개인과 가족의 자원을 포함한 모든 수단이나 노력을 활용한 이후에 제공되는 경향이 있다. 서비스나 재정적인 지원을 하는 경우에도 문제해결에 필요한 수준으로 최대한 단기간에 이루어져야 하며 개인이나 가족 등이 제 기능을 수행하면 사회복지는 중단되어야 한다.

개인의 역할과 사회제도를 보완하는 수준에서 사회복지가 최소한의 수준에서 역할을 해야 한다는 점에서 잔여적(residual)이며, 사회복지 제도를 사회의 유지나 발전에 필수적이거나 우선적이라고 보지 않는다(권중돈 외, 2016). 이러한 잔여적 관점에서는 개인의 어려움이나 사회문제와 같은 부정적인 결과에 대해 개인과 가족이 일차적 책임을 져야 한다고 본다. 그러므로 사회나 국가에서 받는 서비스나 재정적인 지원은 권리가 아니라 시혜적인 성격이 강하므로 서비스를 받는 개인은 도덕적 책임감을 가지고 빠르게 자립하도록 노력해야 한다. 잔여적 관점에서 개인이 사회복지의 도움을 받게 되면 사회적으로 낙인(stigma)이나 개인적으로 열등감을 겪게 될 수 있다. 예를 들어 중학교에서 수학여행을 갈 때 기초생활수급 가정의 학생에게는 참가비를 면제해주는 상황을 들 수 있다.

(2) 제도적 관점

제도적 관점에서는 개인이 자율적인 시장경제를 통해서 모든 욕구를 적정 수준에서 충족할 수 없다고 본다. 개인문제나 사회문제의 발생 원인이 개인이나 가족이 아니라 불합리한 사회구조로 인해서 발생한다고 여긴다. 따라서 제도적 사회복지는 사회문제의 발생을 예방하거나 경감하기 위해서 부적절한 사회제도를 개선하는 데 초점을 둔다. 그리고 제도적 사회복지는 모든 국민이 급여나 서비스를 받을 수 있는 권리가 있다고 보기 때문에 사회복지의 대상인 개인에게 낙인을 찍거나 개인을 비정상적인 존재로 간주하지 않으며 급여나 서비스를 적극적으로 제공한다. 예를 들면 소득이나 지역 등 어떤 조건에도 관계없이 8세 미만의 모든 아동에게 국가가 매월 10만 원씩 아동수당을 지급하는 것이다.

(3) 선별주의

잔여적 관점은 한정적이고 협소하게 사회복지 개입대상과 내용을 설정하므로 선별주의와 맞닿아 있다. 선별주의(selectivism)는 보수주의(conservatism) 이념에 근거한다. 보수주의에서는 사회복지가 최소한만 제공되어야 하며 일시적이어야 한다고 본다. 즉 국가의 개입은 최소한으로 이루어져야 하며 가족과 시장의 역할을 강조한다. 따라서 선별주의에서는 빈곤, 고령, 장애 등 어려운 상황에 직면해 있는 대상에게만 서비스나 프로그램 등이 일시적으로 제공되어야 한다고 주장한다.

(4) 보편주의

현대사회는 매우 복잡하고 분화되어 있어서 기존의 제도로는 새롭게 나타나는 문제나 욕구를 해결하기 어렵다. 사회문제는 개인이 통제하거나 해결할 수 없는 부분에서 비롯된다고 보기 때문에 사회복지의 대상은 특정 집단이 아니라 모든 국민이 된다. 이를 위해서 국가와 사회가 적극적으로 개입하게 되는데 이는 보편주의(universalism) 이념과 연결된다. 앞선 제도적 관점은 국가와 사회가 전체 국민의 복지와 삶의 질 향상을 위한 책임이 있다고 보기 때문에 사회복지의 대상 범위와 역할이 광범위하고 적극적이다. 따라서 보편주의에서는 사회적 약자뿐 아니라 모든 국민이 사회복지의 대상이 되며 국가와 사회가 전 국민의 소득, 고용, 건강, 교육, 여가, 주거 등과 관련된 욕구 충족과 문제해결을 위한 다양한 급여와 서비스를 제공해야 한다고 본다.

3. 사회복지의 영역과 기능

1) 사회복지의 영역

사회복지는 인간의 행복한 삶을 지원하는 것이라는 추상적 설명과 함께 현실에서 어떤 영역에서 기능을 수행하는지 구체적으로 파악할 필요가 있다. 이를 위해서는 법률에 근거해서 확인하는 것이 타당하다. 이미 설명한 바와 같이 사회복지는 개인적인 수준에서 임의로 이루어지는 것이 아니라 사회적, 국가적인 수준에서 공식적으로 서비스나 프로그램 또는 재정적 지원이 제공되기 때문이다.

「헌법」 제34조에서는 모든 국민의 인간다운 생활을 보장하기 위한 국가의 사회보장과 사회복지 증진에 대한 책임을 명시하고 있다. 「헌법」은 사회보장과 사회복지를 구분하고 있는데, 「사회보장기본법」 제3조에서는 사회보장을 ① 사회보험, ② 공공부조, ③ 사회서비스를 통하여 국민의 인간다운 생활을 보장하는 관련 복지제도로 규정하고 있다. 그리고 「사회복지사업법」 제2조에서는 사회복지사업을 「국민기초생활보장법」, 「아동복지법」, 「노인복지법」, 「장애인복지법」 등의 27개 법률에 근거하여 제공되는 ④ 급여와 서비스로 규정하고 있다.

① 사회보험은 일정액의 보험료를 납부하고 위험에 처했을 때 생활을 보장받는 제도이다. 연금보험, 국민건강보험, 노인장기요양보험, 고용보험 및 산업재해보상보험 등을 예로 들 수 있다. ② 공공부조는 정부가 조세를 통해 마련한 재원으로 일정 기준 이하의 사람들에게 최저한도 이상의 삶을 유지할 수 있도록 금전적 급여나 비물질적 서비스를 제공하는 제도이다. 예를 들면 국민기초생활보장, 의료급여, 보훈복지 및 사회수당 등을 들 수 있다. ③ 사회서비스는 사회복지 서비스라고 부를 수 있으며, 개인의 사회적 기능을 향상하기 위하여 직간접적인 방법으로 비물질적 서비스를 제공하는 것이다. 가족, 영유아, 아동, 여성, 장애인, 노인 등 모든 사회구

성원에게 제공되는 복지 프로그램으로써 통상 사회복지 실천분야에서 제공되는 프로그램이나 서비스라고 할 수 있다. ④ 급여는 사회 구성원의 사회적 기능 향상을 위하여 정부가 재정지원을 하거나 서비스를 제공하는 것이다.

2) 사회복지의 기능

사회복지가 다양한 영역에서 수행하는 기능을 치료적, 예방적 및 개발적 측면으로 정리할 수 있다.

(1) 치료적(remedial) 기능

사회복지에서 가장 오래된 전통적 기능이다. 가정이나 집단 또는 지역사회가 정상적 기능을 상실했거나 손상을 받아 영구적 또는 일시적으로 어려움에 직면했을 때 가정이나 집단 등이 제공하는 부족한 기능을 보충하거나 대체해 주는 기능을 의미한다. 재해나 긴급구호를 요하는 상황에 개입하거나 아동 혹은 장애인 복지시설이나 노인요양시설에서 돌봄을 제공하는 것 또는 각종 심리치료나 상담 등이 사회복지의 치료적 기능에 속한다.

(2) 예방적(preventive) 기능

예방적 기능은 개인, 가정, 집단 및 지역사회의 기능을 강화하는 것을 목적으로 한다. 사회가 안정적이고 발전될수록 치료적 기능보다 예방적 기능에 대한 관심이 높아진다. 이는 문제 발생 이후에 소요되는 인적, 물적 소모보다 사전 예방에 소요되는 자원이 더 적게 들고 효과도 크기 때문이다. 사회보장을 비롯해서 각종 유해환경의 예방과 범죄나 약물, 도박중독 등 개인 비행의 예방에 이르기까지 다양한 영역에서 사회복지가 기능한다.

(3) 개발적(developmental) 기능

개발적 기능은 사회복지가 사회 발전에 직접적인 기여를 하는 기능이다. 시대 상황에 맞는 사회구조의 전환과 촉진을 지원하며, 사회의 변화 과정에서 발생하는 사회적 갈등이나 문제를 해결한다. 이를 위해서 새로운 사회복지 전문인력을 양성하거나 새로운 실천 방법과 서비스를 개발한다. 일반 국민들에게는 보다 나은 사회적 관계와 이에 필요한 경제적 여건을 조성하는데 필요한 교육과 훈련을 제공하기도 한다. 예방적 기능은 특정한 사회문제에 선제적으로 대응하는 것이라면 개발적 기능은 광범위한 사회복지 활동으로서 소득보장, 영양, 보건, 의료, 교육, 주택 등의 서비스를 들 수 있다.

Zsatrow(2010)는 오늘날 사회복지의 기능을 다음과 같이 설명하였다.

- 고아들에게 가정을 찾아준다.
- 알코올이나 마약 중독자들을 재활시킨다.
- 정서적 문제를 가진 사람들을 치료한다.
- 노인들이 보다 의미 있게 살아갈 수 있도록 돕는다.
- 신체 및 정신 장애를 지닌 사람들에게 재활서비스를 제공한다.
- 빈곤한 사람의 재정적 욕구를 충족시킨다.
- 범법행위를 한 청소년 및 성인들을 재활시킨다.
- 모든 차별과 억압을 제거한다.
- 맞벌이 부부를 위해 아동보육서비스를 제공한다.
- 아동 및 배우자 학대 등의 가정폭력에 대처한다.
- 재정적 욕구를 가진 사람들에게 의료 및 법률적 지원을 제공한다.
- 개인적 또는 사회적 어려움을 경험하는 개인이나 집단을 상담한다.

- AIDS 환자와 가족 등에게 서비스를 제공한다.
- 모든 연령층의 집단을 대상으로 여가서비스를 제공한다.
- 인지정서 장애를 경험하는 아동들을 교육 및 사회화시킨다.
- 화재 등 재난을 경험한 가족을 위해 서비스를 제공한다.
- 노숙자를 위한 주거지를 제공한다.
- 실업자 등에게 직업훈련 및 고용의 기회를 제공한다.
- 이주노동자 등 소수집단에 속한 사람들이 가지는 욕구를 충족시킨다.
- 개인, 가족, 집단, 조직 및 지역사회의 역량을 강화하여 그들의 환경을 개선시킨다.

3) 다른 학문과의 관계

사회복지가 모든 국민의 욕구를 충족하고 사회문제를 해결하기 위해서는 경제, 정치, 보건의료, 고용, 주택, 교육 등의 다양한 영역을 포괄해야만 한다. 이는 사회복지는 고유한 영역과 분야가 있기도 하지만 다른 영역과 중첩되는 부분도 상당하다는 것이다. 따라서 사회복지는 다른 학문과 협력하는 상황에서 다음의 두 가지 특징을 지닌다.

첫째, 가치지향적(value-centered)이라는 것이다. 이는 사회복지가 기능을 수행할 때 가치의 문제를 가장 중요한 기준으로 삼는다는 것이다. 즉 인간의 삶과 행복 추구라는 주관적 영역을 돕기 위해서는 가치가 수반될 수밖에 없다. 따라서 어떤 사물이나 상황에 대해서 좋고 나쁨이나 옳고 그름과 같은 가치판단을 최대한 배제하고 객관적인 수치나 여건으로 판단하는 가치중립적(value-neutral) 또는 이보다 더하여 가치를 온전히 배격하는 몰가치적(value-free)인 다른 학문과 차이를 갖는다. 둘째, 다학문적 성격을 지닌다. 사회복지는 인간과 환경 간의 상호작용에서 발생하는 문제를 해결하고 욕구를 충족하도록 기능하는 실천 응용학문이다. 이를 통해서 모든 사람의 삶의 질을 높이고 안녕을 추구한다. 따라서 사회복지는 인간을 둘러싼 환경에 대해 설명하는 다른 학문들과의 관련성이 높다.

Zastrow(2010)는 사회복지와 관련이 깊은 학문으로 사회학, 심리학, 정신의학, 정치학, 경제학, 문화인류학을 예로 들고 있다. 4차 산업혁명을 배경으로 급변하는 시대 상황이 인간의 삶에 미치는 영향을 고려한다면 교육학, 법학, 환경공학, 보건의료, 정보통신, AI 등도 많은 관련을 맺는다. 사회복지가 다른 학문과 연계나 융합하여 실천하는 예는 다양하다. 학교사회복지는 사회복지와 교육 간의 관계에서 실천되며, 정신복지는 사회복지와 정신보건 간의 관계이다. 노인맞춤돌봄서비스에서는 AI를 활용해서 노인 건강체크를 하는데 이는 사회복지와 정보통신이나 AI 간 협업이라고 볼 수 있다.

Project Based Learning

최근 A시에는 다문화 가정 비중이 급격히 늘어나고 있으며, 이들 중 다수가 경제적 빈곤과 자녀 교육 환경 미비로 인해 어려움을 겪고 있습니다. 주민들 사이에서는 "개인이 알아서 할 문제"라는 의견과 "시에서 적극적으로 나서야 한다"는 의견이 팽팽히 맞서고 있습니다. 여러분은 A시의 사회복지 전담 공무원으로서 이 사회문제를 해결하기 위한 제안서를 다음의 주제로 작성해 봅시다.

- ✓ 치료적 기능: 현재 당면한 빈곤이나 심리적 갈등 해결 방안
- ✓ 예방적 기능: 아동의 학교 부적응이나 범죄 노출을 막기 위한 방안
- ✓ 개발적 기능: 이들의 자립을 돕기 위한 교육 및 고용 기회 제공 방안

생 · 각 · 해 · 보 · 기

1. 사회복지가 시급히 해결해야 할 우리나라의 사회문제는 무엇인지 잔여적 관점과 제도적 관점에서 생각해 보세요.

2. 사회복지의 다양한 기능을 치료적, 예방적 및 개발적 기능에서 구분하고 이외에 추가될 수 있는 기능을 생각해 보세요.

3. 사회복지의 개념과 특성에 기초했을 때 사회복지사가 갖추어야 할 지식이나 가치는 무엇이 있을지 생각해 보세요.

참고자료

1. 사회문제 종류와 해결에 관한 영상

SK(2019. 6. 20.). 당신의 선택은? 사회적 문제에 대한 고민들 (feat. Social Value)

https://www.youtube.com/watch?v=1nPr7wcgQdw

행정안전부(2020. 1. 16.). 우리 사회가 안고 있는 문제가 무엇이라고 생각하세요?

https://www.youtube.com/watch?v=FJCHfXwIzHc

2. 보편적 복지와 선별적 복지에 관한 영상

월드뷰(2021. 12. 23.). 듣는 월드뷰 203편: 보편적 복지와 선별적 복지

https://www.youtube.com/watch?v=c2H2_Qj61nA&t=70s

주요 용어 정리

▶ **욕구**: 인간이 특정 상황에서 지니고 있는 목적의 달성에 필요한 조건이나 대상이며, 이를 충분히 확보하지 못함으로써 야기된 결핍 상태

▶ **욕구계층이론**: 생리적 욕구, 안전 욕구, 소속 욕구, 자아존중 욕구, 자아실현 욕구가 위계를 이루며, 하위욕구가 충족되어야 상위욕구를 충족하는 경향을 지님

▶ **사회문제**: 해결하고자 하는 욕구를 유발하는 불만족스러운 상태 또는 조건

▶ **미시적 접근**: 사회문제의 원인을 심리적 특성과 같은 개인 차원에서 찾음으로써 개인적 수준에서 상담이나 프로그램을 통하여 개인의 병리를 치료하고 성격을 변화시킴

▶ **거시적 접근**: 잘못된 사회구조와 제도가 사회문제의 근본 원인이라고 보면서 사회문제 해결을 위해서 사회제도와 정책 변화를 우선시함

▶ **병합적 접근**: 사회문제는 개인과 환경 모두에게서 원인과 해결책을 찾아야하므로 미시적 접근과 거시적 접근 모두에 대한 균형 잡힌 개입을 함

▶ **잔여적 관점**: 개인의 욕구와 당면한 문제는 당사자나 가족이 책임을 지고 우선 해결하며, 기존 사회제도를 활용했음에도 불구하고 개인의 욕구가 충족되지 않았을 경우에 사회복지를 제공함

▶ **제도적 관점**: 개인문제나 사회문제의 발생 원인이 개인이나 가족이 아니라 불합리한 사회구조로 인해서 발생한다고 여김

▶ **선별주의**: 사회복지는 일시적으로 최소한만 제공되어야 하고 가족과 시장의 역할을 강조하면서 국가의 개입은 최소한으로 이루어져야 함

▶ **보편주의**: 사회문제는 개인이 통제하거나 해결할 수 없는 부분에서 비롯되기 때문에 사회복지의 대상은 모든 국민이며 국가와 사회가 적극적으로 개입함

▶ **치료적 기능**: 가정이나 집단 또는 지역사회가 정상적 기능을 상실했거나 손상을 받아 영구적 또는 일시적으로 어려움에 직면했을 때 가정이나 집단 등이 제공하는 부족한 기능을 보충하거나 대체해 주는 기능

▶ **예방적 기능**: 개인, 가정, 집단 및 지역사회의 기능을 강화하는 목적으로 문제 발생 이전에 개입함

▶ **개발적 기능**: 사회복지가 사회 발전에 직접적인 기여를 하는 것으로써 시대 상황에 맞는 사회구조의 전환과 촉진을 지원함

참/고/문/헌

권중돈, 조학수, 이봉주, 오혜경 (2016). 인간행동과 사회환경. 서울: 학지사.

Johnson, L. C., Schwartz, C. L., & Tate, G. (1997). *Social work practice: A generalist approach*(6th ed.). Allyn & Bacon.

Maslow, A. H. (1970). *Motivation and personality*(2nd ed.). Harper & Row.

Plant, R., Lesser, H., & Taylor-Gooby, P. (1980). *Political philosophy and social welfare: Essays on the normative basis of welfare provision*. Routledge & Kegan Paul.

Richards, P., & Thomson, A. (1984). *Social welfare policy: A framework for analysis*. Prentice-Hall.

Zastrow, C. (2010). *Introduction to social work and social welfare: Empowering people*(10th ed.). Brooks/Cole.

사회복지의 발달과정

1. 외국의 사회복지 발달과정

2. 한국의 사회복지 발달과정

사회복지의 발달과정

학/습/목/표
1. 외국의 사회복지 발달과정을 이해할 수 있다.
2. 한국의 사회복지 발달과정을 이해할 수 있다.
3. 한국 사회복지의 미래상을 이해할 수 있다.

Flipped Learning (사전 학습)
국가가 기초생활수급자의 생활 안정을 위해서 지원하는 현금 액수가 근로자의 최저 급여에 비해서 높아야 혹은 낮아야 하는지와 그 이유에 대해서 생각해 봅시다.

1. 외국의 사회복지 발달과정

외국의 사회복지 발달과정 중 처음은 고대와 중세시대로써 당시에는 왕에 의한 복지나 공동체 내에서 자선과 상부상조가 이루어졌다. 그러나 현대적 개념의 사회복지라고 보기에는 무리가 있으므로 개요만 살펴본다.

▶ 왕에 의한 복지

이집트, 중국, 인도 등 고대사회에서는 농업과 농민의 보호를 위해 왕이 복지를 제공하였다. 국가권력은 홍수 예방을 위한 대규모 관개수로 사업을 하거나 외적의 침입에 대비한 공동방위를 하였다. 또한 환자와 가난한 자를 보호하고, 노숙자를 구제하는 것이 왕의 책무로 여겼다(Barker, 1999).

▶ 자선

자선은 궁핍하거나 도움을 필요로 하는 자에 대한 개인적인 도움을 의미한다. 당시 자선의 중심에는 종교가 있었는데 서양에서는 기독교이고 동양에서는 불교가 주를 이루었다. 교회와 수도원은 이웃에 대한 사랑을 실현함으로써 구원을 얻기 위해서 과부, 고아, 노인, 빈민들에게 숙박, 보호, 의료 등을 지원하는 다목적 보호시설의 기능을 수행하였다. 불교에서의 자선은 자비로 표현되는 보시를 통해서 이루어졌다. 서구 기독교와 마찬가지로 흉년에 굶주린 백성들에게 양식을 제공하는 것 등을 들 수 있다. 그러나 당시에는 낙태와 영아나 장애인 살해 등이 정당화되기도 하였다.

▶ 상부상조

상부상조는 지역이나 직종 내에서 도움을 주는 자와 도움을 받는 자의 입장이 서로 바뀔 수 있는 호혜성의 원리에 입각한 원조 방식이다. 우리나라의 품앗이나 두레를 비롯해서 고대 이집트에서 장례비와 유족의 생계를 지원하는 장의단체나 로마시대의 해운업자나 제빵업자 또는 정육업자 등 직업 협회나 중세의 길드가 영업을 보호하거나 관혼상제를 지원하는 것 등을 예로 들 수 있다.

1) 구빈법 시대

(1) 엘리자베스 구빈법

영국의 구빈법 시대는 중세 봉건제가 쇠퇴하고 절대주의 국가가 성립하면서 등장하였다. 빈민을 구제하기 위한 이전까지의 법령들을 집대성해서 1601년에 제정된 「엘리자베스 구빈법(The Elizabeth Poor Law)」은 빈민법의 토대가 되었다.

「엘리자베스 구빈법」은 기존의 제도와 새로운 접근을 하였다. ① 빈민의 구호를 교구 단위의 자선행위에서 국가책임으로 전환했다는 의미가 있다. ② 빈민구제를 위한 조세를 징수하여 재원을 마련하였으며, ③ 빈민감독관을 두어 구빈행정 체계를 확립했다는 점은 근대적인 빈곤정책의 효시가 되었다. ④ 빈민을 노동능력에 따라서 세 가지 유형으로 구분해서 차등적으로 처우하였다. ⑤ 요보호 아동을 보호함과 동시에 도제제도를 도입하였고, ⑥ 강제노역장과 구빈원을 활용하였다. 마지막으로 ⑦ 친족 부양의 책임을 강화해서 부랑자 발생을 방지하고자 했으며 이것이 오늘날 공공부조의 시초가 되었다. 노동능력에 따라서 구분한 빈민의 세 가지 유형은 다음과 같다.

- 근로능력이 있는 건강한 빈민(the able-bodied poor): 교정원 또는 열악한 수준의 작업장에서 강제 노역을 하였으며, 주어진 노역을 거절하는 자는 투옥되었다. 시민은 투옥된 자에게 자선과 같은 재정적 도움을 제공하는 것을 금지당했다.
- 근로능력이 없는 무능력 빈민(the impotent poor): 노인, 장애인, 아동을 두고 있는 편모 등은 구빈원(almshouse)에 수용되었다. 이들 중 거처할 곳이 있어 그곳에서 돕는 것이 비용을 줄일 수 있다고 판단되는 경우에는 의복, 음식, 연료 등을 제공하면서 원외구호(outdoor relief)를 실시하였다.
- 요보호 아동(dependent children): 부모 또는 조부모의 보호를 받을 수 없는 아동은 양육을 원하는 시민 아래서 도제생활을 했다. 소년은 24세까지 주인에게서 상거래 활동을 배우고, 소녀는 21세 또는 결혼할 때까지 집안 일을 돌보는 하녀의 삶을 살았다.

(2) 구빈법의 변화

「엘리자베스 구빈법」은 산업혁명 등 사회경제적 변화에 따라 다음과 같은 변화를 이루었다.

① 이주금지법

「주소법」 또는 「거주지법」이라고도 하며 빈민의 자유로운 이동을 금지한 법령이다. 빈민들이 일자리를 찾아서 부유한 교구로 이동해 다녔기 때문에 많은 부랑자 집단이 생겨났고 이로써 구빈 비용이 증가하게 되었다. 따라서 빈민의 자유로운 주거 이동을 금지하는 법령을 제정하였다. 그러나 이 법령은 빈민의 주거 선택의 자유를 침해한다는 비판을 받았다.

② 강제노역장법

「강제노역장법」은 노동능력이 있는 빈민을 고용하여 국부를 증진하기 위하여 제정되었다. 1696년 영국 브리스톨에서는 여러 교구가 모여 하나의 연합체를 구성하였고, 이 연합체는 공동작업장을 설치하여 빈민들을 위한 일자리를 마련해 주었다. 빈민들이 노역을 함으로써 거리에는 상습적 걸인이나 부랑자가 줄어들었다.

③ 길버트법

1782년 하원의원인 길버트(Gilbert)가 제안하여 통과된 법으로 강제노역장에서 생활하는 빈민의 비참한 생활과 착취를 개선할 것을 목적으로 제정하였다. 노동은 가능하나 자활능력이 없는 빈민을 강제노역장에 보내지 않고 기존과 달리 자기 가정에서 생활하면서 인근의 적당한 직장에 취업하도록 알선해 주는 법이다. 이는 오늘날의 거택보호와 같이 시설 외 구호 혹은 원외구조(outdoor relief)를 처음으로 인정한 법이다.

④ 스핀햄랜드법

1795년 버크셔주 스핀햄렌드(Speenhamland) 지역의 치안판사 회의에서 제정된 법령으로서 빈민에 대한 처우개선책인 임금보조제도(Relief Allowance System)가 주된 내용이다. 최저생활기준에 미달하는 임금의 부족분을 보조해 주는 것을 목적으로 했으며, 오늘날의 가족수당 또는 최저생활보장의 기반이 되었다. '버크셔 빵 법

(Berkshire Bread Act)'이라고도 불리는 이 법률은 선의의 입법 취지에도 불구하고 구빈세 부담을 증가시키고 임금을 저하시켰을 뿐 아니라 빈민의 독립심과 근로동기를 저하시키는 부작용을 초래했다.

⑤ 개정 구빈법(신 빈민법)

1983년 발족한 왕립위원회의 조사를 토대로 1834년 「개정 구빈법(Poor Laws Reform of 1834)」이 제정되었다. 이 법의 제정 원인은 구빈 비용의 계속되는 증가와 사회적 변동으로 인한 기존 구빈법의 비효율성이었다. 따라서 신 구빈법은 빈곤의 사회적 통제에 초점을 두었고 빈곤을 일종의 질병으로 간주하였다. 노동 능력자와 그들의 피부양자에 대한 원조를 제한하면서 다음의 세 가지 원칙을 설정하였다.

- 균일처우의 원칙(the principle of the national uniformity): 빈민에 대한 처우를 전국적으로 통일시킨다.
- 열등처우의 원칙(the principle of less eligibility): 수혜자의 보호 수준이 근로 노동자의 최저생활 수준보다 열등해야 한다.
- 작업장 활용의 원칙(the principle of workhouse system): 원외구호를 중단하고 원내구호만 실시한다. 이는 구 구빈법의 잘못을 바로잡아서 극빈층만 신 빈민법의 대상으로 하고, 빈민법의 원래 정신을 살려서 구빈 대상자가 구제에 대한 대가로 일을 하게 만들며, 작업장의 열등처우를 통해 빈민구제의 매력을 없애려는 것이다. 그러나 빈곤을 질병으로 간주했기 때문에 빈민들이 구제받는 것을 기피하게 만들고 빈민에 대한 처우가 극도로 저하되는 등 반인권적인 내용이 포함되었다.

2) 민간활동 시대

산업혁명과 더불어 자본주의가 발달하면서 자본가와 노동자 계급이 생겨나면서 빈부격차가 심화되는 사회문제가 나타났다. 이 과정에서 빈곤의 원인이 사회적 요인에 있다는 인식이 생겨나기 시작했다.

(1) 자선조직협회

영국의 자선조직협회(The Charity Organization Society: COS)는 정부의 개입 없이 민간의 노력만으로도 빈곤 문제를 해결할 수 있다고 생각하면서 빈민에 대한 원조와 옹호적인 여론 형성을 주도하였다. 당시 영국에는 빈민구제를 위하여 민간단체, 종교단체 및 사회단체 그리고 개인이 설립한 자선단체들이 빈민구제 활동을 주도하였으나 단체들 간에 정보 교환이나 조정이 이루어지지 않아 서비스의 중복이나 낭비, 누락 등의 문제가 발생하였다. 이런 문제를 해결하기 위하여 1869년 자선조직협회가 설립되었다. 자선조직협회는 주로 중산층 부인으로 구성된 자원봉사자인 우애방문원(friendly visitor)이 클라이언트의 가정방문 및 조사와 함께 지원활동을 하고 구호 신청자들이 협회에 등록하도록 하여 구호의 중복을 방지하고자 노력하였다. 자원봉사자들은 이후 교육과 훈련을 거쳐 사회사업가(social worker)가 되었으며, 자선조직협회의 활동은 사회복지 실천 방법인 개별사회사업(social case work)과 지역사회복지의 발전에 영향을 주었다(류상열, 2005).

(2) 인보관

자선조직협회와 더불어 도시빈민을 위한 조직적인 자선사업을 위해 나타난 것이 인보관 운동(Settlement House Movement)이다. 이 운동은 옥스퍼드와 케임브리지 대학의 학생들이 주축이 된 활동으로 빈민지역에 상주하면서 주민들의 생활 실태를 파악하고 빈민의 생활 개선과 교육을 위해 노력하였다. 인보관 운동의 대표적인 사례는 런던의 토인비 홀(Toynbee Hall, 1884)과 시카고의 헐 하우스(Hull House, 1889)이다. 이들의 주요 활동은 ① 사회조사 및 입법활동, ② 주민위생, 보건교육, 기술교육, 문맹 퇴치 및 성인교육 등 교육사업, ③ 체육활동 및 오락 · 예술 활동의 장려, ④ 복지관을 설립하여 주택이나 시민회관으로 활용하는 것이다. 인보관 운동은 현재의 집단사회복지와 지역사회복지의 토대가 되었다.

3) 사회보험 시대

사회보험 시대는 자본주의와 산업화에 따른 다양한 사회문제에 대처하기 위한 국가의 노력이자 복지국가로의 전환을 의미한다. 즉 국가가 노령, 질병, 재해, 실업과 같은 사회적 위험에 대처하기 위해서 사회보험을 도입한 것이다.

(1) 독일 비스마르크 사회보험

사회보험은 영국보다 후발 산업국인 독일제국에서 19세기 후반에 출현하였다. 독일제국의 비스마르크(Bismarck) 재상은 경제 불안과 노동자의 빈곤으로 사회주의 운동 확산이 우려되는 상황에서 이를 막기 위해 채찍과 당근의 양면 정책을 펼쳤다. 즉 위험한 사회주의자를 탄압하기 위한 정책을 펴는 동시에 선량한 노동자를 포섭하여 자신의 권력을 유지하기 위한 수단으로 사회입법을 실시하였다. 그는 사회보험을 통하여 국가가 노동자에게 직접 보조금을 지급한다면 노동자가 자본가가 아닌 국가에 고마움을 느끼고 국가에 대한 충성심을 가지게 되어 국가가 통합된다고 판단하였다. 1883년에 건강보험, 1884년에 산재보험, 1889년에 노령폐질보험을 만들었다.

(2) 영국 국민보험

영국은 노동계층의 힘이 독일보다 강하고 민주주의가 보다 발달하였기 때문에 비스마르크의 사회입법보다 산업화에 따라서 시민의 복지를 증진하기 위한 측면에서 사회보험을 도입하였다(남기민, 2015). 실업과 빈곤 문제에 대한 실태 파악과 대책 수립을 위해 1905년에 왕립위원회가 구성된 것을 시작으로 1905년 자유당 내각의 수립과 함께 사회보험을 포함한 사회입법을 제정하였다.

영국 최초의 사회보험은 로이드 조지(Lloyd George)와 윈스턴 처칠(Winston Churchill)이 1911년에 도입한 국민보험이다. 국민보험은 오늘날의 건강보험과 실업보험에 해당하는 것으로서 처칠은 독일제국의 비스마르크 사회입법이 사회주의를 부드럽게 죽이기 위해 마련되었다고 역설하면서 사회보험 도입의 필요성을 강조하였다. 사회보험은 부자와 빈민 간 양극화를 막으며 사회를 공고히 하는 피라미드와 같은 역할을 한다고 여겼다. 따라서 사회보험은 피보험자의 보험료로 운영되며 급여자격을 획득하기 위해서는 기여를 하도록 했다. 이는 자유주의자가 선호하는 자조의 미덕에도 합치되고 노동자의 자존심도 손상하지 않는 결과로 이어졌다(권중돈 외, 2019).

(3) 미국 사회보장법

미국은 1929년에 경제 대공황을 겪으면서 실업과 빈곤의 원인을 개인이 아니라 사회구조의 결함에서 찾기 시작하였고 그러한 차원에서 사회복지에 대한 연방정부의 역할을 강조하였다. 루스벨트(Franklin Roosevelt) 대통령은 이러한 차원에서 사회경제 부흥, 구제 및 개혁을 위한 뉴딜(New Deal) 정책을 실행하였다. 뉴딜정책은 케인스주의에 영향을 받아서 수립되었는데, 케인스(John Maynard Keynes)는 대공황 사태를 해결하기 위해 소비를 진작하여야 하며 이러한 역할의 핵심이 정부의 개입이라고 판단했다. 루스벨트 대통령은 케인스의 이론에 따라 일자리를 늘리고 실업을 줄여 소비능력을 증진시켰으며, 사회보장 급여를 확대해 소비자의 구매능력을 확충하였다. 이러한 과정에서 복지국가 제도가 형성되었다. 이는 개인의 역할과 책임을 강조하는 자유방임주의를 탈피하고 통제경제, 사회보장, 노동문제의 개혁을 추구하는 것이었다. 1935년에 「사회보장법(Social Security Act)」을 제정함으로써 사회보험뿐만 아니라 공공부조, 보건 및 복지서비스에 관한 기틀을 마련하였다. 구체적인 내용은 연방정부가 관장하는 노령보험과 주정부가 관장하고 연방정부가 재정을 보조하는 실업보험, 공공부조, 사회복지 서비스 등이다.

4) 복지국가 시대

현대적 의미의 복지국가가 출현하게 된 가장 큰 분기점은 1942년 영국의 베버리지 보고서이다. 베버리지(William Henry Beveridge)는 통일되고 보편적인 사회보험 체계를 구축하기 위해 영국의 사회문제를 궁핍(want), 질병(disease), 무지(ignorance), 불결(squalor), 나태(idleness)의 5대 악으로 규정하고 이를 해결하기 위해 사회보험 및 관련 서비스의 필요성을 주장하였다. 베버리지 보고서에서 제시된 사회보험 운영의 기본 원칙은 ① 통합 행정, ② 적용범위의 포괄화, ③ 기여의 균일화, ④ 수급자의 기본적 욕구를 충족할 수 있는 급여의 적절화, ⑤ 대상의 분류화이다. 이를 기반으로 1944년에 사회보장청을 설치하였으며, 1945년 「가족수당법」, 1946년 「산업재해보험법」, 「국민보험법」, 「국민보건서비스법」, 1948년 「국민부조법」, 「아동법」 등을 제정하면서 이른바 '요람에서 무덤까지'의 사회보장체계를 구축하였다.

5) 복지국가 위기와 재편

자본주의의 호황과 정치적 안정 덕에 1930년대부터 1960년대까지 복지팽창은 지속되었지만 1973년과 1979년의 석유파동(oil shock)에 따른 경제침체로 인해 복지국가 위기론이 등장하였다. 국가개입을 통한 복지국가는 관료화, 비효율, 의존성 증대 등의 부정적인 결과를 야기하며 경제발전의 활력을 소진시킨다고 하여 외면당하기 시작했다(원석조, 2012). 결국 케인스주의는 무력화되고 통화정책을 통해서 시장이 자율적으로 경제 안정을 도모하도록 하며 정부 지출을 최소화하는 통화주의 사회복지정책을 수용하게 되면서 복지국가는 재편면서 위기를 맞게 되었다.

이러한 복지재편의 시발점은 영국의 대처(Margaret Thatcher) 정부와 미국의 레이건(Ronald Reagan) 정부이다. 이들은 복지비용의 삭감, 공공부문의 민영화 및 기업에 대한 규제 완화, 지방정부의 역할 축소, 노조를 포함한 사회세력의 약화 등을 정책의 기조로 삼았다(윤철수 외, 2011). 이러한 기조가 확대되어 1980년대 이후부터 신자유주의 시대를 맞이하면서 사회복지 예산이 최소화되면서 복지 대상자에 대한 재정적 급여 및 사회서비스는 대폭 감축되거나 없어졌다.

그러나 21세기에 접어들면서 많은 국가들은 경제성장에 주력하던 기존의 국가 운영 시스템으로는 다양한 사회문제 해결에 어려움을 겪게 되었다. 자본주의의 세계화에 따른 사회운용 체제의 전환, 경제위기로 인한 높은 실업률, 핵가족화, 저출산율, 인구고령화 등 사회적 여건이 변했기 때문이다. 따라서 에스핑-앤더슨(Esping-Andersen)은 복지국가의 재편 과정에서 세 가지 길을 제시했다. 첫째, 신자유주의의 길이다. 대표적으로 미국과 영국을 들 수 있으며, 주요 특징으로 복지 축소, 탈규제, 자유시장 중심의 개혁, 국가 개입 최소화, 시장자율성 강화를 들 수 있다. 둘째, 노동감축의 길이다. 독일과 프랑스 등 유럽 국가가 대표적이며, 복지 수준을 유지하면서 노동공급 감축(조기퇴직, 근로시간 단축 등)으로 사회적 위험을 해결하고자 한다. 여기에서는 실업 문제를 해소하기 위해 노동시장에서의 노동공급을 제도적으로 줄이는 정책을 취하는데 조기퇴직 장려, 노동시간 단축, 부분 고용 등이 포함된다. 셋째, 제3의 길로 제시한 사회투자 및 스칸디나비아(북유럽) 모형이다. 스웨덴, 덴마크 등 스칸디나비아 국가가 대표적이다. 이 모형에서는 ① 적극적 노동시장정책: 실업자 재교육 · 재취업 지원, 노동 참여 촉진 등 시장참여를 지원하는 능동적 복지 전략, ② 생산주의적 복지정책: 복지는 단순한 시혜가 아니라 인적자본 · 고용 · 생산성 향상에 기여하는 투자라는 관점, ③ 사회투자 전략: 보육, 교육, 평생학습 등 미래 인적자본 향상에 공공투자를 하고 이를 통해 장기적 성장과 불평등의 완화를 추구한다.

2. 한국의 사회복지 발달과정

우리나라의 사회복지는 고대부터 삼국시대, 고려시대 및 조선시대까지 오랜 구빈의 역사가 있다. 국가는 천재지변이나 재난, 흉년 등이 발생하면 비축된 양곡으로 백성을 위한 구제 사업을 실시하였다. 대표적인 예로 고구려의 진대법이 있는데 춘궁기(3~7월)에 빈곤한 백성에게 가구원 수에 따라 필요한 양곡을 지원하였다가 추수기(10월)에 납입하는 제도이다. 고려시대에는 의창, 상평창 등 구빈기관을 두어 전문적인 구제를 실시하였으며, 조선시대에는 의창, 상평창뿐만 아니라 향약, 두레, 품앗이 등 민간에 의한 구빈활동도 전개되었다.

1) 민간주도 복지 시행기(광복 이후~1960년)

광복 이후 우리나라 정부의 구호정책은 일제강점기나 미군정시대에 실시했던 정책을 답습하는 수준이었다. 그 배경에는 국가 재정이 극도로 취약하였기 때문에 구호 재정의 대부분은 민간부문의 해외원조에 의존할 수밖에 없었던 현실적 어려움이 있었기 때문이다. 또한 1945년 광복 이후 얼마 지나지 않은 1950년에 6 · 25 전쟁이 발발해서 급증하는 전쟁 이재민과 요보호 대상자의 생명 유지를 위한 최소한의 응급구호를 하는 것이 급선무여서 당시에는 복지제도가 자발적이고 비전문적인 수준이었다. 당시에 고아, 기아, 미아를 수용하기 위한 고아원(현재 아동양육시설)이 사회복지 서비스의 주를 이루어서 1960년에는 약 500개에 달했다. 이런 상황에서 외국인 선교사가 세운 이화여자대학교에서 1947년에 기독교사회사업학과가 처음 설립되어서 사회복지 교육의 효시를 이루었다.

2) 현대적 사회복지 시행기

(1) 사회복지 도입기(1960년~1979년)

우리나라에서 현대적인 의미에서 사회복지가 시행된 때는 박정희 정권 시절이라고 할 수 있다. 박정희 정권은 군사정권의 정당성을 확보하기 위한 차원과 산업화 추진으로 인한 경제 성장의 덕으로 다양한 사회복지 제도를 추진하였다. 오늘날 사회보험, 공공부조 및 사회복지서비스의 제도적 기반을 구축한 시기이다.

근대적 사회보장제도의 효시로 볼 수 있는 「공무원연금법」(1960년)을 시작으로 1961년에는 「군사원호보상법」, 「윤락행위 등 방지법」, 「공무원재해보상규정」, 「근로기준법」, 「생활보호법」, 「아동복리법」 등을 제정하였다. 또한 같은 해에 5차 「헌법」 개정을 통해 생존권보장 및 인간다운 생활을 할 권리를 추가하였으며, 사회보장과 사회복지 증진에 대한 국가의 의무를 명시하였다. 그리고 우리나라 공공부조를 대표하는 「생활보호법」이 65세 이상의 노쇠자와 18세 미만의 아동, 임산부, 불구폐질자 및 심신장애자를 보호하기 위하여 제정되었다. 1963년에는 「군인연금법」, 「산업재해보상보험법」, 「사회보장에 관한 법률」, 「의료보험법」 등이 제정되었다.

1970년대에 들어서는 경제 성장으로 인한 혜택을 사회에 환원하고자 보다 확장적이며 제도적인 복지정책을 시행하였다. 예를 들어, 임의가입이었던 의료보험을 강제가입(1977년)으로 전환하였고 산재보험 적용 대상을 확대하려는 노력을 하였으며, 저소득 계층을 위한 「의료보호법」(1977년)을 제정함으로써 의료보장체계를 구축하였다.

(2) 사회복지 확장기(1980년~1997년)

사회복지제도 확장기에는 대상별로 지원 내용을 구축한 서비스법이 등장하였으며, 국민연금 도입과 전 국민 의료보험제도 구축 그리고 「최저임금법」과 「고용보험법」 제정 등으로 복지제도가 확장된 시기이다.

대상별 접근을 시도한 법으로는 1981년에 제정된 「노인복지법」, 「심신장애자복지법」, 「아동복지법」과 1991년에 제정된 「영유아복지법」이 있다. 또한 저소득층을 대상으로 한 「생활보호법」의 개정(1982년)으로 자활을 도모하고 최저생활보장의 목표를 명문화하여 공공부조에 관한 진전을 이루었다.

이 시기에는 사회보험제도가 괄목할 만한 성장을 하였다. 노후생활보장을 목적으로 한 국민연금이 1986년에 도입되어서 특수직역(공무원, 사립학교 교직원, 군인)에 국한되었던 연금제도가 일반 국민까지 확대되었다. 연금 초기에는 상시 10인 이상의 근로자를 사용하는 사업장에서만 실시되었으나 1999년에는 도시지역 자영업자로 확대되면서 전 국민 연금시대를 맞이하였다.

의료보험제도는 1977년에 500인 이상을 고용하는 사업장 대상으로 시작되어서 1988년에는 5인 이상 사업장까지 확대되었고, 1989년에는 도시지역 주민으로 적용대상을 확대하여 전 국민 의료보험시대를 맞이하였다.

1995년에는 상시 근로자 30인 이상의 사업장을 대상으로 「고용보험법」이 시행되면서 비로소 4대 사회보험의 기틀이 마련되었다. 고용보험이 시작된 배경에는 사회보장적 함의 외에도 산업구조 조정이라는 상황적 특성이 크게 담겨 있다. 즉, 고용보험제도에는 노동력의 공급과 수요를 관리하고 노동인력을 신축적으로 운용하여 경제 위기에 유연하게 대처하겠다는 의미가 담겨 있다(박석돈, 2015).

(3) 사회복지 성숙기(1998년~현재)

우리나라는 1997년 IMF 외환위기로 대량실업과 빈곤문제에 직면하였으나 이 시기를 기회로 삼아서 고용보험과 실업 및 빈곤대책을 확대되면서 기존 제도를 내실화하였다. 1998년에 고용보험은 상시 근로자 1인 이상을 고용하는 전 사업장으로 적용 범위를 확대하면서 명실상부하게 실업 예방과 고용 촉진 및 근로자의 직무능력을 개발하게 되었다.

빈곤정책의 일환으로 기존의 「생활보호법」을 폐지하고 「국민기초생활보장법」을 제정함으로써 시혜적이고 단순한 보호차원의 생활보호제도에서 저소득층의 수급을 권리로 인정하고 빈곤에 대한 사회책임을 강조하였다. 구체적으로는 대상자 선정에서 인구학적 기준을 철폐하고 소득인정액이 최저생계비 이하인 빈곤층은 누구나 수급자가 될 수 있도록 하였다. 또한 근로동기의 유지 및 자활조성을 위한 근로연계복지를 실시하였고, 긴급생계 지원 및 주거급여를 신설하여 수급권자의 지원체계를 강화하였다. 2015년부터는 기초생활수급자의 가구여건에 맞는 지원을 위하여 생계급여, 의료급여, 주거급여, 교육급여 등 급여 형태별로 선정 기준을 다르게 하여 수급자의 상황에 맞춰 필요한 급여를 지원하게 되었다. 수급자 선정 및 급여 기준으로 활용되는 최저생계비를 중위소득으로 개편하여 상대적 빈곤개념을 도입하였다.

의료보험제도는 1999년에 「건강보험법」을 제정함으로써 기존의 조합주의에서 통합주의 방식으로 전환하였다. 이를 위해서 사업 단위별로 분산되었던 건강보험 조직을 통합하였고, 2003년에는 지역과 직장 재정의 통합으로 완전한 통합을 이루었다. 건강보험의 확대를 위해서 보험급여 수급자 확대 및 보험적용 범위의 포괄성 확대 등을 위해서 지속적으로 노력하고 있다. 그러나 이에 따르는 재정소요에 관한 논란이 지속되기도 한다.

2000년대에 들어서는 긴급위기 발생 시 신속한 생활 지원을 골자로 한 긴급복지제도와 저소득 계층의 근로 유인과 실질소득을 지원하기 위한 근로장려세제(EITC)

가 도입되었다. 2000년대 후반부터는 친기업적 시장주의와 능동적 복지를 강조하였다. 능동적 복지는 시장과 효율을 강조하는 것으로서 공급자 및 중앙정부 중심에서 수요자와 현장의 요구를 중심으로 변환하는 것이다. 정부 주도방식에서 민간이 함께 협력하는 방향으로의 전환을 통해 위험에 처한 사람들이 일을 통해 재기할 수 있도록 돕고 경제 성장을 함께 만들어 가는 복지를 말한다(오정수 외, 2015). 2008년부터 실시된 노인장기요양보험으로 치매 및 노인성 질환으로 인한 노인문제를 사회보험 형태로 대비할 수 있게 되었다.

2010년대는 사회서비스 전달체계를 개편하는 동시에 사회서비스의 공공성을 확대한 시기이다. 희망복지지원단을 설치하고 읍면동 주민센터를 복지허브화하면서 통합사례관리가 가능한 공공행정체계를 구축하였다. 2018년부터 지역사회 통합돌봄(커뮤니티 케어)을 위한 기반을 구축하여 돌봄이 필요한 주민이 자신이 살던 곳에서 주거, 보건의료, 요양, 돌봄, 일상생활을 지원하는 지역 주도형 복지서비스를 제공하고 있다. 저출산을 극복하고 아동의 안정된 삶을 보장하고 부모의 경제적 여건을 개선하기 위해서 아동수당(2018년)을 지급하고 노인기초연금(2014년), 무상보육과 누리교육과정(2013년), 장애등급제 폐지(2019년)와 장애인연금(2010년) 도입 등 양적, 질적 확대를 이루고 있다.

Project Based Learning

우리 동네에 혼자 사시는 어르신이 계십니다. 이분은 거동이 불편해 구청에 가서 도움을 신청하기 어렵고, 자녀가 있다는 이유로 과거에는 지원을 거절당한 적이 있어 사회복지사에게 마음의 문을 닫으셨습니다. 어르신이 노인생활시설에 입소하기를 원하지 않고 집에서 여생을 보내기를 원하십니다. 이 어르신을 위해서 커뮤니티 케어의 측면에서 집에서 계속 지내실 수 있도록 주민센터와 이웃들이 함께 돕는 '마을 돌봄 서비스' 아이디어를 3가지만 제시하세요.

생 · 각 · 해 · 보 · 기

1. 자선조직협회와 인보관 운동의 접근 방식을 비교하면서 각각의 효과성을 생각해 보세요.
2. 지역사회 통합돌봄(커뮤니티 케어)의 의미와 기능을 생각해 보세요.
3. 자신이 거주하는 지역의 사회복지서비스를 하나 선택해서 목적과 내용을 분석해 보세요.

참고자료

1. 베버리지 보고서에 관한 영상

지식학당 복지학개론(2023. 1. 18.). 베버리지가 말한 복지국가는 어떻게 완성되었을까?

https://www.youtube.com/watch?v=xdfRstuwrwA

2. 한국 사회복지제도의 발달사에 관한 영상

보건복지부TV(2022. 12. 23.). 대한민국 사회복지가 최초로 시작된.SSul

https://www.youtube.com/watch?v=3sC61sT4Iro

주요 용어 정리

- **자선:** 궁핍하거나 도움을 필요로 하는 자에 대한 개인적인 도움을 주는 행위
- **엘리자베스 구빈법:** 빈민을 구제하기 위한 법령들을 집대성해서 영국에서 1601년에 제정한 법률로써 빈민 구호를 국가책임으로 전환하는 등 체계화함
- **개정 구빈법:** 구빈 비용의 계속되는 증가와 사회적 변동으로 인한 기존 구빈법의 비효율성을 개선하고자 빈곤을 질병으로 간주하면서 통제의 대상으로 간주함
- **자선조직협회:** 우애 방문원이 클라이언트의 가정방문 및 조사와 함께 지원활동을 실시하고 구호 신청자들이 협회에 등록하여 구호의 중복을 방지함
- **인보관:** 지역활동가들이 빈민지역에 함께 상주하면서 주민들의 생활 실태를 파악하고 빈민의 생활 개선과 교육을 위해 노력함
- **비스마르크 사회보험:**사회보험을 통해서 노동자가 국가에 고마움을 느끼고 국가에 대한 충성심을 가지게 되어 국가가 통합된다고 판단해서 독일 비스마르크 재상이 제정한 건강보험, 산재보험 및 노령폐질보험
- **영국 사회보험:** 피보험자의 보험료로 운영되며 급여자격을 획득하기 위해서는 기여를 하는 제도로써 자유주의자가 선호하는 자조의 미덕에도 합치되고 노동자의 자존심도 손상하지 않는 결과를 기대함
- **미국 사회보장법:** 미국 루스벨트 대통령이 대공황 시기에 실업과 빈곤의 원인을 개인이 아니라 사회구조의 결함에서 찾기 시작하면서 사회보험, 공공부조, 보건 및 복지서비스에 관한 기틀을 마련한 법률
- **베버리지 보고서:** 영국의 사회문제를 궁핍(want), 질병(disease), 무지(ignorance), 불결(squalor), 나태(idleness)의 5대 악으로 규정하고 이를 해결하기 위해 사회보험 및 관련 서비스를 제시한 보고서
- **복지국가 위기:** 1980년대 이후에 신자유주의 시대를 맞이하면서 사회복지 예산이 최소화되면서 복지 대상자에 대한 재정적 급여 및 사회서비스는 대폭 감축되거나 없어진 상황
- **복지국가 재편:** 신자유주의 이후 세계화, 양극화 등의 시대변화에 대응하고자 생산주의적 복지, 신자유주의의 길, 노동감축의 길 등으로 국가별로 복지전략을 구축함

- ▶ 국민기초생활보장법: 기존의 시혜적이고 단순한 보호차원의 생활보호제도에서 저소득층의 수급을 권리로 인정하고 빈곤에 대한 사회책임을 강조하면서 제정한 법률
- ▶ 커뮤니티 케어: 돌봄이 필요한 주민이 자신이 살던 곳에서 주거, 보건의료, 요양, 돌봄, 일상생활 지원 서비스를 이용하는 지역 주도형 복지서비스

참/고/문/헌

권중돈, 조학수, 이봉주, 오혜경 (2019). 인간행동과사회환경. 서울: 학지사.

남기민 (2015). 사회복지발달사. 파주: 나남.

류상열 (2005). 사회복지개론. 고양: 공동체.

박석돈 (2015). 사회보장론. 파주: 양서원.

원석조 (2012). 복지국가의이해. 서울: 학문사.

윤철수, 이순형, 유범상 (2011). 복지국가와사회정책. 파주: 나남.

오정수, 조성연, 김혜란 (2015). 사회복지정책론. 고양: 공동체.

Barker, R. L. (1999). *The social work dictionary* (4th ed.). NASW Press.

Esping-Andersen, G. (1990). *The three worlds of welfare capitalism*. Princeton University Press.

사회복지의 가치와 윤리

1. 사회복지의 가치

2. 사회복지의 윤리

사회복지의 가치와 윤리

학/습/목/표
1. 사회복지 실천에서 필요한 가치를 이해할 수 있다.
2. 사회복지 실천에서 필요한 윤리적 원칙을 이해할 수 있다.
3. 사회복지와 인권 간의 관계를 이해할 수 있다.

Flipped Learning (사전 학습)
한국 사회복지사 윤리강령을 읽고 자신이 가장 중요하게 생각하는 사회복지 가치와 그 이유를 생각해 봅시다. 그리고 팀별로 공유해서 '팀 가치 우선순위'를 정해 봅시다.

1. 사회복지의 가치

가치(value)의 사전적 정의는 어떤 사물이 지닌 있는 쓸모나 중요성 또는 그것에 대하여 사람마다 가지는 바람직하거나 소중하다고 여기는 속성이다. 객관적 가치는 인간의 인식이나 선호와 무관하게 존재하는 보편적 가치로써 인류가 공통적으로 추구하는 진리, 공정, 선 등과 같은 것을 포함한다. 반면 주관적 가치는 시대나 사회 등에 따라서 개인이나 사회가 중요하다고 여기는 것으로써 명예나 돈에 대한 추구 등을 포함한다. 따라서 가치는 개인, 집단, 조직 또는 사회의 의사결정과 행동에 영향을 미치는 실천적 개념으로 무엇이 좋고, 바람직하며, 소중한 것으로 여겨지는 것에 대한 믿음 또는 신념을 의미한다.

영국의 철학자 윌리엄스(B. Williams)는 가치란 선호하는 것 혹은 선택하는 것에 대한 기준이며, 잠재적이거나 실제적인 행동을 정당화시켜 줄 뿐 아니라 선택된 행위의 바람직한 상태를 일컫는 개념이라고 정의하였다. 미국의 철학자이자 교육학자인 듀이(J. Dewey)는 가치라는 용어에는 평가적이며 선호하는 요소가 포함되어 있으며 가치란 선(good)하고 바람직한(desirable) 행동을 선택하는 지침 혹은 기준을 의미한다고 하였다(김정진 외, 2007).

사회복지 분야는 제도나 서비스의 결정과 실천과정을 통하여 사회 구성원과 개인의 삶의 질에 지대한 영향을 미친다는 점에서 어떤 분야보다도 가치의 문제가 크다고 할 수 있다. 예를 들어 국가가 국민의 세금을 어느 분야에 집중적으로 투입할 것인지 또는 어떤 사람들에게 가장 많은 지원을 할 것인지를 결정할 때 그 사회의 가치가 바로 기준이 된다. 만약 사람들이 어려운 사람을 돕는 것보다 그 사회의 부를 증대시키는 데 더 큰 가치를 둔다면 어려운 사람들과 자원을 공유하는 것을 꺼리게 될 것이다.

따라서 사회복지실천이 정책 결정과 같은 거시적 수준(macro level), 기관의 사업계획이나 예산 수립, 직원의 채용과 업무 배치 및 기관 서비스 결정과 같은 중간적 수준(mezzo level) 또는 사회복지사 개인과 클라이언트 체계 사이의 미시적 수준(micro level)에서 이루어지든지 가치 기준이 정립되어 있어야만 한다.

1) 기본적 가치

(1) 인간의 존엄성

인간의 존엄성은 인간의 천부적 가치를 기반으로 한다. 사회복지가 지향하는 본질적인 목적은 인간의 존엄성 구현이다. 이는 인간은 누구나 성취 여부나 능력에 관계없이 존중받아야 한다는 천부적 가치에 대한 신념이다. 인간을 존중한다는 것은 인종, 성(性), 정치, 경제, 사회적 지위, 종교, 교육 수준, 지능, 신체적 조건과 같은 속성에 따라 판단하거나 차별받아서는 안 된다는 실천적 신념이다. 이러한 인간존중 사상은 인권사상으로 발전하여 인간은 누구나 존엄한 가치가 있으므로 존중받을 권리가 있다는 신념으로 구체화되었다. 1948년 제3차 UN 총회에서는 「인권에 관한 세계선언」을 공포하였는데 이 선언은 오늘날 세계 각국의 인권의 존중 정도를 평가하는 기본적인 지표로 사용되고 있다.

「세계인권선언문」 제1조

모든 사람은 태어나면서부터 자유로우며 동등하게 존엄성과 권리를 보장받아야 합니다. 여러분은 인간이라는 이유만으로 지구상의 모든 사람들과 똑같은 권리를 가지고 있습니다. 이 권리는 양도할 수 없는 것으로 누구도 빼앗을 수 없는 권리입니다. 모든 개인은 자신이 누구든지 어디에 살든지에 관계없이 존엄성을 보장받아야 합니다.

사회복지에서 인간의 존엄성은 목적이면서 동시에 실천 가치로서 클라이언트와의 관계에서 이를 실현하기 위해 실천적인 노력을 강조하고 있다. 이는 구체적으로 클라이언트 중심적인 실천으로 가치가 구현되고 있으며 클라이언트를 있는 그대로 수용하고 클라이언트가 있는 그 자리에서 출발하는 것을 강조하는 수용과 무비판의 실천 가치로 구체화될 수 있다.

(2) 자유

자유의 사전적 의미는 개인이 외부의 간섭이나 억압 없이 자신의 의지에 따라 생각하고 행동할 수 있는 상태를 말한다. 그러나 단순히 내 마음대로 하는 것이 아니라 다른 사람의 자유를 침해하지 않으면서 자신의 삶을 주체적으로 선택할 수 있는 권리와 능력이라고 포괄적으로 정의할 수 있다.

영국의 정치철학자 벌린(I. Berlin)은 자유에 대한 사상적 측면을 고찰하여 자유를 소극적 자유(negative liberty)와 적극적 자유(positive liberty)로 구분하였다. 소극적 자유는 다른 사람에 의한 강제가 없는 상태로 사람들 간의 상호작용 관계에서 다른 사람의 간섭 없이 자신의 의지대로 행할 수 있는 상태를 의미한다. 반면 적극적 자유란 스스로 원하는 혹은 바람직하다고 생각하는 어떤 목적이나 행위를 추구할 수 있을 때 경험하는 자유로서 자기 실현의 가능성을 의미한다(송근원, 김태성, 1995). 예를 들어 장애인들도 어디든지 자유롭게 이동할 수 있는 자유가 있다고 하더라도 대중교통 수단이나 자동차가 구비되지 않았다면 온전한 자유를 누리기는 힘들 것이다. 따라서 적극적 자유를 강조하는 사람들은 소극적 자유의 개념과 같이 개인주의적 차원에서 자유를 바라보는 것을 비판하면서 국가의 적극적인 개입을 요구하고 있다.

(3) 평등

평등은 한정된 사회적 자원의 재분배를 통하여 사회 구성원의 삶의 질을 골고루 향상시키고자 하는 것이다. 평등은 아리스토텔레스와 같은 고대 철학자들부터 다루던 주제로서 평등의 특성에 따라 다음과 같이 구분한다.

① 수량적 평등

이는 결과의 평등이라고도 하는데, 모든 사람에게 욕구나 능력의 차이에 관계없이 사회적 자원을 똑같이 분배하는 것을 의미한다. 즉 투입된 노력과 관련된 여러 가지 요인인 능력이나 동기, 학력 등 개인차와 관계없이 생산된 결과물을 똑같이 분배해야 한다는 사회주의적 이념과 같다. 그러나 이러한 수량적 평등은 이념적으로는 가능하지만 현실에서는 불가능한 개념이다.

② 비례적 평등

이는 공평이나 형평성(equity)라고도 하는데, 수량적 평등과 달리 개인의 욕구, 노력, 능력, 기여에 따라 사회적 자원을 상이하게 분배하는 형평성을 중요시하는 것이다. 이는 수량적 평등에 비해 불평등이 분명히 존재하지만 자본주의 사회에서 실질적인 평등의 개념으로 받아들여지고 있다. 이 개념을 적용하여 여성이나 장애인, 아동, 노인을 위한 지원을 하거나 사회보험을 도입하여 어느 정도 결과의 평등에 근접하게 조건을 맞추는 제도적 개입을 하게 된다.

③ 기회의 평등

이는 효율성(efficiency)라고도 하는 매우 소극적인 평등의 개념으로 결과의 평등은 고려하지 않고 과정상의 기회만 같으면 된다는 것이다. 개인의 능력과 관계없이 참여의 기회만 동등하게 부여하면 평등하다고 보는 개념이다. 그러나 참여의 기회에서 같은 출발선이라도 능력과 자원의 차이가 다르면 결과적으로 양극화가 될 수밖에 없다. 그러므로 기회의 평등이라는 소극적 평등만으로는 사회적 양극화의 문제와 사회적 취약계층의 삶의 질을 담보할 수 없다는 인식을 기반으로 사회적 안전망 구축을 위한 사회보장 정책의 도입과 지속적인 제도 개선을 위한 거시적인 노력이 필요하다.

④ 형식적 평등

이는 "법 앞에서 모든 사람은 동등하다"는 원칙에 기반한 평등 개념으로써 법치주의의 핵심 원리이다. 즉, 사람들 사이에 인종, 성별, 출신, 사회적 지위 등에 상관없이 동일한 법적 지위와 대우를 받아야 한다는 것이다. 이에 관해서 인종, 성별, 종교, 출신 등으로 불합리하게 구분하거나 차별하지 않는 것을 예로 들 수 있다. 그런데 형식적 평등은 법적으로 동일한 대우를 뜻할 뿐 실제 사회적 또는 경제적 조건까지 동일하게 만드는 것은 아니므로 기회의 평등(실질적 평등)과는 구분된다. 그러므로 불평등한 사회 현실을 바로잡기 위한 추가 조치(예: 장애인 이동권 보장을 위한 긍정적 차별 등)는 형식적 평등만으로는 설명되지 않는 경우가 많다.

(4) 정의

정의란 각 사람에게 마땅히 돌아가야 할 것을 공정하게 배분하고 옳고 그름을 분명히 판단하여 사회 질서를 유지하는 원칙 또는 가치라고 정의할 수 있다. 정의는 절차상의 정의, 실질적인 정의, 능동적 과정으로서의 정의로 구분된다. 절차상의 정의란 법률에서 정한 합법적인 절차를 강조하고, 실질적인 정의는 결과로서의 분배적 정의를 강조한다. 또한 능동적 과정으로서의 정의는 불의한 현상을 예방하고 치료하는 사회적 과정을 강조한다. 사회복지에서는 실질적인 정의와 능동적 과정으로서의 정의를 강조하며 사회적으로 보다 나은 처우와 권한 및 자원의 배분이 이루어지도록 노력한다(권중돈 외, 2019). 이를 위해 사회복지사는 취약계층과 함께 하고, 그들을 위한 사회적 환경과 제도의 변화를 위해 노력한다.

(5) 연대

사회적 연대는 두 사람 이상이 무슨 일을 하거나 함께 책임지는 일이라는 사전적 의미를 갖는다. 따라서 연대는 인간의 사회성에 대한 신념을 내포하고 있으며, 서로에 대한 책임을 강조한다(강용규 외, 2007). 이런 의미에서 사회적 연대는 공동의 책임성과 동의어로 사용되며 공동체 정신을 강조하고 있어 사회문제의 해결을 위한 사회운동(social action)의 이념적 기반이 되고 있다. 사회문제에 대한 문제 제기나 해결 등의 다양한 활동에서 개인적인 활동보다는 그 문제에 관련이 있는 이해 당사자나 관심이 있는 사람들이 참여하여 문제를 제기하거나 해결하려는 전반적인 노력을 사회적 연대라고 할 수 있다.

2) 실천기준으로서의 가치

가치는 인간 행동의 방향과 동기를 제공한다. 가치는 지식(knowledge), 기술(skill)과 함께 사회복지실천의 3대 중심축의 하나이다. 가치는 감정 및 정서적 측면이고, 지식은 인지적 측면이며, 기술은 실천행동과 관련이 있다(Yanca & Johnson, 2009). 가치는 믿음과 같은 것으로 좋고 바람직한 것에 대한 지침이며 적합한 행동 선택에 영향을 준다. 펌프리(Pumphrey, 1959)는 상대적 중요성에 따라 가치 체계를 다음의 세 가지로 구분하였다.

- 궁극적 가치(ultimate value): 시간이 흘러도 변하지 않는 본질적인 가치이다. 가장 추상적이고 다수에 의해 가장 쉽게 동의를 얻을 수 있는 자유, 인간의 존엄성, 정의, 평등과 같은 내용들이다.
- 수단적 가치(instrumental value): 궁극적 가치를 달성하기 위한 수단으로의 가치이다. 예를 들어 궁극적 가치인 인간의 존엄성을 달성하기 위한 수단으로 자기결정권, 비밀보장, 고지된 동의 등과 같은 구체적인 행위나 상황과 관련된 것들이다.
- 차등적 가치(differential value): 궁극적 가치와 수단적 가치의 중간에 위치하여 추상적인 가치를 구체화하는 가치로써 사회문화적 영향이나 개인의 경험에 따라서 찬성과 반대가 가능한 가치이다. 예를 들어 사형제도, 낙태, 동성애에 대한 가치관 등이 여기에 해당한다.

사회복지의 실천 가치는 사회복지사가 조직에서 업무를 수행하는 과정을 통해 실현된다. 그러므로 실천 가치에 대한 사회복지사의 신념과 내면화 및 자기이해(self-awareness)가 이루어져야 한다. 또한 사회복지사에게는 자신의 개인적 가치를 명료화하려는 노력이 필수적이다. 이를 돕기 위해서 미국사회복지교육협의회(CSWE)는 사회복지의 중심적 실천 가치를 다음과 같이 제시하였다(김정진, 2015).

- 사회복지사의 전문적 관계는 개인의 가치와 존엄성에 기초하며, 상호 참여와 수용, 비밀보장, 정직 그리고 책임 있는 갈등관리를 통해 발전한다.
- 사회복지사는 자율적인 자기결정의 권리와 원조과정에 적극적으로 참여하는 권리를 존중한다.
- 사회복지사는 클라이언트 체계가 필요로 하는 자원을 충족할 수 있도록 도울 책임이 있다.
- 사회복지사는 사회제도가 보다 인간의 욕구에 부응하도록 변하는 데 기여할 책임이 있다.
- 사회복지사는 다양한 집단의 고유한 특성을 존중하고 차이를 수용해야 한다.
- 사회복지사는 실천윤리를 기반으로 적절하게 개입하고 실천하여야 할 책임이 있다. 따라서 사회복지사는 전문적인 지식과 기술을 지속적으로 발전시키려는 노력과 더불어 윤리적 실천을 위한 훈련을 해야 한다.

2. 사회복지의 윤리

1) 윤리의 개념

윤리(ethics)는 인간이 살아가는 데 지켜야 하는 도덕적 원리로서 무엇이 옳고 그른지를 결정할 때 지침이 되는 원칙을 발견하는 데 초점을 둔다. 윤리와 가치 간에는 유사한 측면이 있다. 그러나 가치는 좋고(good) 바람직한(desirable) 것에 관심을 두며 인간의 생각에 머무른다. 반면에 윤리는 행동으로 나타나는 것으로서 인간의 행동을 통제하거나 규제하는 기준이나 원칙까지 포함하는 개념이다. 옳고(right) 바른지(correct)에 관심을 둔다.

일반인의 윤리는 인간관계에서 그 사회의 도덕률과 가치에 기초해서 이를 행하고 지켜야 할 의무를 밝힌다. 반면에 전문가의 윤리란 어떤 특수한 입장의 역할, 즉 전문가 역할을 수행하는 데 수반되는 특수한 의무를 성문화한 것이다. 사회복지 전문직의 윤리란 사회복지사의 서비스 실천은 도덕적으로 바른 방법이어야 함을 인식하도록 돕기 위한 것이며, 사회복지 실천과정이 윤리적 결정의 과정임을 인식하고 사회복지사로서 올바르게 행동하게 하는 기준이 된다. 이런 맥락에서 볼 때 사회복지서비스를 계획하고 제공하는 사회복지 전문직의 윤리는 전문인으로서 행하거나 지켜야 할 도리이며, 이것들이 바로 전문적 행동의 기준과 원칙이 된다. 그러므로 사회복지 전문가의 윤리는 사회복지사가 자신의 전문직 가치를 실천적 행동으로 전환하도록 돕는 지침이라 할 수 있다(김정진 외, 2007).

2) 윤리강령

윤리강령(code of ethics)은 전문가가 지켜야 할 전문적 행동기준과 원칙을 기술해 놓은 것으로 전문가들이 공통으로 합의한 내용을 담고 있다(양옥경 외, 2010). 법적 제재의 힘을 갖지는 못하지만 사회윤리적 제재의 힘을 갖는다. 윤리강령은 전문가들이 자신의 전문직 가치 기준에 맞게 실천할 수 있도록 판단기준을 제시하며, 전문직 실천 대상자에게 그 전문직이 지켜야 할 기본 윤리행위를 알리고 전문직의 비윤리적 행위에 대해 판단할 수 있는 기준을 제시하는 기능이 있다. 사회복지사 윤리강령은 미국에서 1960년에 최초로 공포되었으며, 주요한 내용은 다음과 같다.

〈표 3-1〉 미국사회복지사협회(NASW) 윤리강령의 핵심가치와 윤리적 원칙

핵심가치	윤리적 원칙
1. 욕구가 있는 사람에게 서비스 제공	사회복지사는 도움을 필요로 하는 사람을 돕고 사회적 문제에 대응해야 한다.

2. 사회 정의 증진	사회복지사는 클라이언트의 인권침해, 억압, 차별 및 사회경제적 부정의에 민감하게 대응해야 한다.
3. 인간에 대한 존엄성과 가치 존중	사회복지사는 인간의 존엄성과 가치를 존중해야 한다.
4. 인간관계 중요성 인식	사회복지사는 인간관계의 중요성을 인식하고 클라이언트의 사회적 관계망을 강화해야 한다.
5. 신뢰 중요성의 인식	사회복지사는 신뢰받을 수 있게 행동해야 한다.
6. 능력 증진	사회복지사는 자신의 능력 범위 안에서 실천활동을 하며, 능력 확장을 위해서 전문적 기술을 개발하고 향상시켜야 한다.

한국사회복지사협회의 윤리강령은 1982년에 처음 제정된 이후에 가장 최근인 2023년에는 사회복지사의 기본적 윤리기준(전문가로서의 자세, 전문성 개발을 위한 노력, 전문가로서의 실천), 클라이언트에 대한 윤리기준(클라이언트의 권익 옹호, 클라이언트의 자기결정권 존중, 클라이언트의 사생활 보호 및 비밀보장, 정보에 입각한 동의, 기록, 정보 관리, 직업적 경계 유지, 서비스의 종결), 사회복지사의 동료에 대한 윤리기준(동료, 슈퍼바이저), 기관에 대한 윤리기준, 사회에 대한 윤리기준 등의 내용으로 개정하였다.

〈표 3-2〉 한국 사회복지사 윤리강령

▶ 전문

사회복지사는 인본주의・평등주의 사상에 기초하여, 모든 인간의 존엄성과 가치를 존중하고 천부의 자유권과 생존권의 보장 활동에 헌신한다. 특히 사회적・경제적 약자들의 편에 서서 사회정의와 평등・자유와 민주주의 가치를 실현하는 데 앞장선다. 또한 도움을 필요로 하는 사람들의 사회적 지위와 기능을 향상시키기 위해 저들과 함께 일하며, 사회제도 개선과 관련된 제반 활동에 주도적으로 참여한다. 사회복지사는 개인의 주체성과 자기결정권을 보장하는 데 최선을 다하고, 어떠한 여건에서도 개인이 부당하게 희생되는 일이 없도록 한다. 이러한 사명을 실천하기 위하여 전문적 지식과 기술을 개발하고, 사회적 가치를 실현하는 전문가로서의 능력과 품위를 유지하기 위해 노력한다. 이에 우리는 클라이언트・동료・기관 그리고, 지역사회 및 전체 사회와 관련된 사회복지사의 행위와 활동을 판단・평가하며 인도하는 윤리기준을 다음과 같이 선언하고 이를 준수할 것을 다짐한다.

▶ 윤리기준

Ⅰ. 기본적 윤리기준

1. 전문가로서의 자세

1) 인간 존엄성 존중

가. 사회복지사는 모든 인간의 존엄, 자유, 평등을 위해 헌신해야 하며, 사회적 약자를 옹호하고 대변하는 일을 주도해야 한다.

나. 사회복지사는 모든 인간의 고유한 존엄성과 가치를 인정하고 존중하며, 이를 기반으로 사회복지를 실천한다.

다. 사회복지사는 클라이언트의 성, 연령, 정신·신체적 장애, 경제적 지위, 정치적 신념, 종교, 인종, 국적, 결혼상태, 임신 또는 출산, 가족 형태 또는 가족 상황, 성적 지향, 젠더 정체성, 기타 개인적 선호·특징·조건·지위 등을 이유로 차별을 하지 않는다.

라. 사회복지사는 다양한 문화의 강점을 인식하고 존중하며, 문화적 역량을 바탕으로 사회복지를 실천한다.

마. 사회복지사는 문화적으로 민감한 실천을 제공하기 위해, 사회복지 실천 과정에서 자신의 개인적·사회적·문화적·정치적·종교적 가치, 신념과 편견이 클라이언트와 동료 사회복지사에게 미칠 수 있는 영향을 고려하여 자기 인식을 증진하기 위해 힘쓴다.

2) 사회정의 실현

가. 사회복지사는 사회정의 실현과 클라이언트의 복지 증진에 헌신하며, 이를 위한 국가와 사회의 환경 변화를 위해 노력한다.

나. 사회복지사는 사회, 경제, 환경, 정치적 자원에 대한 평등한 접근과 공평한 분배가 이루어지도록 노력한다.

다. 사회복지사는 개인적·집단적·사회적·문화적·정치적·종교적 특성에 근거해 개인이나 집단을 차별·억압하는 것을 인식하고, 이를 해결 또는 예방하기 위해 노력해야 한다.

2. 전문성 개발을 위한 노력

1) 직무 능력 개발

가. 사회복지사는 클라이언트에게 최상의 서비스를 제공하기 위해, 지식과 기술을 개발하는 데 최선을 다하며 이를 활용하고 공유할 책임이 있다.

나. 사회복지사는 사회적 다양성의 특징(성, 연령, 정신·신체적 장애, 경제적 지위, 정치적 신념, 종교, 인종, 국적, 결혼 상태, 임신 또는 출산, 가족 형태 또는 가족 상황, 성적 지향, 젠더 정체성, 기타 개인적 선호·특징·조건·지위 등), 차별, 억압 등에 대해 교육을 받고 이에 대한 이해를 증진하기 위해 노력한다.

다. 사회복지사는 변화하는 사회복지 관련 쟁점에 대응할 수 있도록 실천 기술을 향상하고, 새로운 실천 기술이나 접근법을 적용하기 위해 적절한 교육, 훈련, 연수, 자문, 슈퍼비전 등을 받도록 노력한다.

라. 사회복지사는 사회복지 실천에 필요한 정보통신 관련 지식과 기술을 습득하기 위해 노력하며, 이를 사용하는 과정에서 발생할 수 있는 윤리적 문제를 인식하고 정보통신 관련 지식과 기술을 활용하도록 한다.

2) 지식기반의 실천 증진

가. 사회복지사는 사회복지 실천 과정에서 평가와 연구 조사를 함으로써, 사회복지 실천의 지식 기반형성에 기여하고, 궁극적으로 사회복지 실천의 질적 향상을 위해 노력한다.

나. 사회복지사는 평가나 연구 조사를 할 때, 연구 참여자의 권리를 보장하기 위해, 연구 관련 사항을 충분히 안내하고 자발적인 동의를 얻어야 한다.

다. 사회복지사는 연구 과정에서 얻은 정보를 비밀 보장의 원칙에서 다루며, 비밀 보장의 한계, 비밀 보장을 위한 조치, 조사자료 폐기 등을 연구 참여자 에게 알려야 한다.

라. 사회복지사는 평가나 연구 조사를 할 때, 연구 참여자의 보호와 이익, 존엄성, 자기 결정권, 자발적 동의, 비밀 보장 등을 고려하며, 「생명윤리 및 안전에 관한 법률」 등 관련 법령과 규정에 따라 연구윤리를 준수한다.

3. 전문가로서의 실천

1) 품위와 자질 유지

가. 사회복지사는 전문가로서의 품위와 자질을 유지하고, 자신이 맡고 있는 업무에 대해 책임을 진다.

나. 사회복지사는 자신의 이익을 위해 사회복지 전문직의 가치와 권위를 훼손해서는 안 된다.

다. 사회복지사는 전문가로서 성실하고 공정하게 업무를 수행한다.

라. 사회복지사는 부정직한 행위, 범죄행위, 사기, 기만행위, 차별, 학대, 따돌림, 괴롭힘 등 불법적이고 부당한 일을 행하거나 묵인해서는 안 된다.

마. 사회복지사는 자신의 소속, 전문 자격이나 역량 등을 클라이언트에게 정직하고 정확하게 알려야 한다.

바. 사회복지사는 클라이언트, 학생, 훈련생, 실습생, 슈퍼바이지, 직장 내 위계적 권력 관계에 있는 동료와 성적 관계를 형성해서는 안 되며, 이들에게 성추행과 성희롱을 포함한 성폭력, 성적·인격적 수치심을 주는 행위를 해서는 안 된다.

사. 사회복지사는 한국사회복지사협회 등 전문가 단체의 활동에 적극적으로 참여하여, 사회정의 실현과 사회복지사의 권익 옹호를 위해 노력한다.

2) 자기 관리

가. 사회복지사는 정신적·신체적 건강 문제, 법적 문제 등이 사회복지 실천 과정에서의 전문적 판단이나 실천에 부정적 영향을 주거나 클라이언트의 이익을 저해하지 않도록, 동료, 기관과 함께 적절한 조치를 하도록 노력한다.

나. 사회복지사는 클라이언트에게 최상의 사회복지서비스를 제공하기 위해 사회복지사 자신의 정신적·신체적 건강, 안전을 유지·보호·관리하도록 노력한다.

3) 이해 충돌에 대한 대처

가. 사회복지사는 클라이언트의 이익을 우선으로 고려하고, 이해 충돌이 있을 때는 아동, 소수자 등 취약한 자의 이해와 권리를 우선시한다.

나. 사회복지사의 개인적 신념과 사회복지사로서 직업적 의무 사이에 이해 충돌이 발생할 때 동료, 슈퍼바이저와 논의하고, 부득이한 경우 클라이언트가 적절한 지원을 받을 수 있도록 클라이언트를 다른 사회복지사에게 의뢰하거나 다른 사회복지서비스로 연결한다.

다. 사회복지사는 전문적 가치와 판단에 따라 업무를 수행하는 과정에서, 기관 내외로부터 부당한 간섭이나 압력을 받아서는 안 된다.

4) 경제적 이득에 대한 실천

가. 사회복지사는 클라이언트의 지불 능력에 상관없이 복지 서비스를 제공해야 하며, 이를 이유로 차별해서는 안 된다.

나. 사회복지사는 필요한 경우에 제공된 서비스에 대해 공정하고 합리적으로 이용료를 책정할 수 있다.

다. 사회복지사는 업무와 관련해 정당하지 않은 방법으로 경제적 이득을 취해서는 안 된다.

Ⅱ. 클라이언트에 대한 윤리기준

1. 클라이언트의 권익옹호

사회복지사는 클라이언트의 이익을 최우선의 가치로 삼고 이를 실천하며, 클라이언트의 권리를 존중하고 옹호한다.

2. 클라이언트의 자기 결정권 존중

1) 사회복지사는 사회복지 실천 과정에서 클라이언트의 자기 결정을 존중하고, 클라이언트를 사회복지 실천의 주체로 인식하여 클라이언트가 자기결정권을 최대한 행사할 수 있도록 돕는다.

2) 사회복지사는 의사 결정이 어려운 클라이언트에 대해서는 클라이언트의 이익과 권리를 보장하기 위한 적절한 조치를 취해야 한다.

3. 클라이언트의 사생활 보호 및 비밀 보장

사회복지사는 클라이언트의 사생활을 존중하고 보호하며, 전문적 관계에서 얻은 클라이언트 관련 정보에 대해 비밀을 유지한다. 그러나 클라이언트 자신과 타인에게 해를 입히거나 범죄행위와 관련된 경우에는 예외로 할 수 있다.

4. 정보에 입각한 동의

사회복지사는 클라이언트의 알 권리를 인정하고 동의를 얻어야 하며, 클라이언트가 받는 서비스의 목적과 내용, 범위, 합리적 대안, 위험,서비스의제한, 동의를 거절 또는 철회할 수 있는 클라이언트의 권리 등에 대해 정확하고 충분한 정보를 제공한다.

5. 기록 · 정보 관리

1) 클라이언트에 대한 사회복지 실천 기록은 사회복지사의 윤리적 실천의 근거이자 평가 · 점검의 도구이기 때문에 중립적이고 객관적으로작성해야한다.

2) 사회복지사는 클라이언트가 자신과 관련된 기록의 공개를 요구하면 정당한 비공개 사유가 없는 한 정보에 접근할 수 있도록 해야 한다.

3) 사회복지사는 클라이언트에 대한 문서 정보, 전자 정보, 기타 민감한 개인 정보를 보호해야 한다.

4) 사회복지사가 획득한 클라이언트 관련 정보나 기록을 법적 사유 또는 기타 사유로 제3자에게 공개할 때는 클라이언트에게 안내하고 동의를 얻어야 한다.

6. 직업적 경계 유지

1) 사회복지사는 클라이언트와의 전문적 관계를 자신의 개인적 이익을 위해 이용해서는 안 된다.

2) 사회복지사는 업무 외의 목적으로 정보통신기술을 사용해 클라이언트와 의사소통을 해서는 안 된다.
3) 사회복지사는 어떠한 상황에서도 클라이언트와 사적 금전 거래, 성적 관계 등 부적절한 행동을 해서는 안된다.
4) 동료의 클라이언트를 의뢰받을 때는 기관 및 슈퍼바이저와 논의하는 과정을 거쳐야 하며, 클라이언트에게 설명하고 동의를 얻은 후 서비스를 제공한다.
5) 사회복지사는 정보처리기술을 이용하는 것이 클라이언트의 권리를 침해할 위험성이 있다는 사실을 인식하고 직업적 범위 안에서 활용한다.

7. 서비스의 종결
1) 사회복지사는 클라이언트에게 제공되는 서비스가 더 이상 클라이언트의 이해나 욕구에 부합하지 않으면 업무상 관계와 서비스를 종결한다.
2) 사회복지사는 개인적 또는 직업적 이유로 클라이언트와의 전문적 관계를 중단하거나 종결할 때 사전에 클라이언트에게 충분히 설명하고, 다른 기관 또는 다른 전문가에게 의뢰하는 등 필요한 조치를 취한다.
3) 사회복지사는 클라이언트의 고의적・악의적・상습적 민원 제기에 대해 소속 기관, 슈퍼바이저, 전문가 자문 등의 논의 과정을 거쳐 서비스를 중단하거나 거부권을 행사할 수 있다.

Ⅲ. 사회복지사의 동료에 대한 윤리기준
1. 동료
1) 사회복지사는 존중과 신뢰를 기반으로 동료를 대하며, 전문가로서의 지위와 인격을 훼손하는 언행을 하지 않는다.
2) 사회복지사는 사회복지 전문직의 권익 증진을 위해 동료와 다른 전문직 동료와도 협력하고 협업한다.
3) 사회복지사는 동료의 윤리적이고 전문적인 행위를 촉진해야 하며, 동료가 전문적인 판단과 실천이 미흡하여 문제를 발생시켰을 때 윤리강령과 제반 법령에 따라 대처한다.
4) 사회복지사는 다른 전문직의 동료가 행한 비윤리적 행위에 대한 윤리강령과 제반 법령에 따라 대처한다.
5) 사회복지사는 동료의 직무 가치와 내용을 인정하고 이해하며, 상호 간에 민주적인 직무 관계를 이루도록 노력해야 한다.
6) 사회복지사는 동료들에게 정보통신기술을 사용한 비윤리적 행위를 하지 않는다.
7) 사회복지사는 동료가 적법하게 업무를 수행하는 과정에서 부당한 조치를 당하면 동료를 변호하고 원조해 주어야 한다.
8) 사회복지사는 동료에게 행해지는 어떤 형태의 차별, 학대, 따돌림 또는 괴롭힘과 자신의 전문적 권위를 행사하는 다른 동료와의 부적절한 성적 행동에 가담하거나 이를 용인해서는 안 된다.
9) 사회복지사는 슈퍼바이지, 학생, 훈련생, 실습생, 자신의 전문적 권위를 행사하는 다른 동료와의 성적 행위나 성적 접촉과 성적 관계에 관여해서는 안 된다.

2. 슈퍼바이저
1) 슈퍼바이저는 슈퍼바이지가 전문적 업무 수행을 할 수 있도록 지원하고 슈퍼바이지는 슈퍼바이저의 전문적 지도와 조언을 존중해야 한다.

2) 슈퍼바이저는 전문적 기준에 따라 슈퍼비전을 수행하며, 공정하게 평가하고 평가 결과를 슈퍼바이지와 공유한다.
3) 슈퍼바이저는 개인적인 이익 추구를 위해 자신의 지위를 이용해서는 안 된다.
4) 슈퍼바이저는 사회복지사 수련생과 실습생에게 인격적 · 성적으로 수치심을 주는 행위를 해서는 안 된다.

Ⅳ. 기관에 대한 윤리기준

1) 사회복지사는 기관의 사명과 비전을 확인하고, 정책과 사업 목표를 달성하기 위해 노력해야 한다.
2) 사회복지사는 소속 기관의 활동에 적극적으로 참여함으로써 기관의 성장과 발전을 위해 노력해야 한다.
3) 사회복지사는 기관의 부당한 정책이나 요구에 대해 전문직의 가치와 지식을 근거로 대응하고, 제반 법령과 규정에 따라 해결하도록 노력해야 한다.

Ⅴ. 사회에 대한 윤리기준

1) 사회복지사는 자신이 일하는 지역사회를 이해하고, 클라이언트가 지역사회에서 서로 도우며 함께 살아가도록 지원해야 한다.
2) 사회복지사는 정치적 영역이 클라이언트의 권익과 사회복지 실천에 미치는 영향을 인식하여 사회정의 실현을 위한 사회정책의 수립과 법령 제 · 개정을 지원 · 옹호해야 한다.
3) 사회복지사는 사회재난과 국가 위급 상황에서 문제를 해결하기 위해 적극적으로 활동해야 한다.
4) 사회복지사는 지역사회, 국가, 나아가 전 세계와 그 구성원의 복지 증진, 삶의 질 향상을 위해 적극적으로 노력해야 한다.
5) 사회복지사는 인간과 자연이 서로 떨어져 살 수 없음을 깨닫고, 인간과 자연환경, 생명 등 생태에 미칠 영향을 생각하며 실천해야 한다.

사회복지사 선서문

나는 모든 사람들이 인간다운 삶을 누릴 수 있도록,
인간존엄성과 사회정의의 신념을 바탕으로,
개인 · 가족 · 집단 · 조직 · 지역사회 · 전체사회와 함께 한다.
나는 언제나 소외되고 고통받는 사람들의 편에 서서, 저들의 인권과 권익을 지키며,
사회의 불의와 부정을 거부하고, 개인이익보다 공공이익을 앞세운다.
나는 사회복지사 윤리강령을 준수함으로써,
도덕성과 책임성을 갖춘 사회복지사로 헌신한다.
나는 나의 자유의지에 따라 명예를 걸고 이를 엄숙하게 선서합니다.

3) 윤리적 갈등

(1) 윤리적 갈등의 내용

사회복지사는 사회복지를 실천하는 과정에서 윤리적인 갈등 상황에서 어떠한 결정을 내려야 한다. 윤리적 갈등은 주요 가치에 기반을 두고 있는 전문직의 의무와 책무가 상충하는 상황에서 발생한다. 사회복지실천 현장에서 사회복지사가 겪게 되는 가치갈등의 내용은 다음과 같다(서미경, 김영란, 박미은, 2005).

첫째, 가치상충이다. 가치상충은 윤리적 딜레마가 가장 빈번히 야기될 수 있는 상황으로써 사회복지사가 두 가지 또는 그 이상의 경쟁적 가치와 직면했을 때 갈등이 발생하는 것을 말한다. 예를 들어, 남편의 장애로 인해서 가계를 홀로 이끄는 아내가 아이를 임신했을 때 경제적 어려움으로 인해서 낙태하기 원한다면 사회복지사는 자율성과 생명보호의 가치 사이에서 윤리적 갈등을 경험하게 된다.

둘째, 클라이언트 체계의 다중성이다. 자녀의 비행이나 부부 갈등 등 복합적인 문제를 다룰 때 사회복지사는 누가 클라이언트인지를 결정하는 데 어려움을 겪는다. 누구의 이익을 최우선으로 고려하고 어떠한 문제에 먼저 개입해야 하는지를 결정하기란 쉽지 않다. 예를 들어, 학교에 출석을 하지 않는 중학생 자녀에 관한 문제를 해결하기 위해서는 자녀 당사자를 비롯해서 부모나 형제 등 가족 구성원을 비롯해서 주변 환경이나 친구와 같이 누구에게 우선적으로 개입해야 하는지 갈등을 겪는다.

셋째, 의무상충이다. 사회복지사는 기관에 대한 의무와 클라이언트에 대한 의무 사이에서 갈등하게 된다. 사회복지사는 자신이 속한 기관의 정책을 따라야 하지만 기관의 목표가 클라이언트 이익 우선의 원칙에 위배되면 윤리적인 딜레마에 직면하게 된다. 클라이언트의 이익이 최선이라는 가치를 지켜야 하지만 기관의 한정된 자원이나 운영 철학으로 인해 클라이언트에게 최선의 서비스를 제공하지 못하는 경우이다. 예를 들면, 주거가 불안정한 클라이언트에게 기관이 운영하는 공동생활가정을 연계하려고 하나 클라이언트가 공동생활이 아닌 개인 주거시설을 원하는 상황이다.

넷째, 결과의 모호성이다. 사회복지사가 내리게 될 윤리적 결정의 결과가 최선이 될지, 올바른 결정이 어떤 것인지 결정하기 어려운 모호한 상황에 직면하게 될 때 선택의 딜레마가 발생한다. 예를 들어, 부모와의 갈등으로 학교를 중퇴하려는 청소년에게 학업을 지속하는 것과 중퇴를 하는 것 중에서 어떤 것이 나은 결정인지 모호하다.

다섯째, 전문가와 클라이언트 간의 힘 또는 권력의 불균형이다. 클라이언트는 도움을 요청하는 입장이므로 전문가에게 의존하는 관계가 되기 쉽다. 클라이언트의 자기결정권, 클라이언트 이익의 최우선성, 의사결정에서 클라이언트의 참여 우선성 등의 요인에 높은 가치를 두고 있지만 사회복지 실천과정에서 이를 충분히 반영하지 못하는 경우가 생길 수 있다. 경제적으로 어려움을 겪는 독거노인이 정서적으로도 무기력감을 느끼면서 자신의 삶에 대한 결정을 사회복지사에게 위임하려는 상황이다.

(2) 윤리적 결정을 위한 준거틀

사회복지사는 두 가지 이상의 가치나 윤리 사이에서 갈등할 때 하나의 가치나 윤리를 선택해서 서비스를 제공해야 한다. 올바른 선택 돕기 위해서 리머(Reamer, 2018), 로웬버그와 돌고프(Lowenberg & Dolgoff) 등이 윤리적 결정을 위한 지침을 제시했다. 각 지침에서 상위 기준을 하위 기준보다 우선적으로 적용하면서 윤리적 갈등 상황을 해결할 수 있다.

〈표 3-3〉 리머의 윤리적 결정 지침

순위	내용
1	삶, 건강, 복지, 생활 필수품에 대한 권리는 부, 교육, 여가와 같은 추가적인 재화에 대한 기회와 비밀에 대한 권리에 우선한다.
2	개인의 복지권은 다른 사람의 사생활, 자유, 자기결정에 대한 권리에 우선한다.
3	자기결정권에 대한 사람들의 권리는 그들의 기본적인 복지권에 우선한다.
4	복지에 대한 사람들의 권리는 법, 정책, 조직의 질서를 번복할 수도 있다.

〈표 3-4〉 로웬버그와 돌고프의 윤리 원칙

순위	내용
1	**생명보호의 원칙** 인간의 생명보호는 클라이언트를 비롯한 모든 사람들에게 적용된다. 이 원칙은 다른 여러 의무나 원칙들에 우선하여 적용되어야 한다. 생명은 가장 기본적인 것이며, 만약 생명이 침해되면 다른 어떤 권리도 의미가 없기 때문이다.
2	**평등과 불평등의 원칙** 평등(equality)과 불평등(inequality)의 원칙에서는 평등이 우선이지만, 때로는 불평등한 처우가 필요하다는 것이다. 즉, 노약자, 장애인 등에게 동등한 기회가 주어진다고 결과적 평등을 기대할 수 없으므로 차별적이고 추가적인 지원을 제공하여야 한다.
3	**자율과 자유의 원칙** 사회복지사는 개인의 자율성, 독립성 및 자유를 신장시키는 실천적 결정을 해야 한다. 이 원칙은 인간의 기본권인 자유권에 기초하고 있다.
4	**최소 손실의 원칙** 사회복지사는 항상 최소한의 손실, 즉 가장 쉽게 회복 혹은 해결될 수 있는 방향으로 조기에 개입하여 영구적인 손상을 최소화할 수 있는 선택을 해야 한다.
5	**삶의 질의 원칙** 사회복지사는 지역사회를 포함하여 모든 사람들의 삶의 질을 보다 향상시키는 기회를 선택하여야 한다.
6	**사생활 보호와 비밀보장의 원칙** 사회복지사는 모든 사람들의 사생활 보호의 권리를 신장시키는 실천적 결정을 해야 한다. 클라이언트가 정보를 제공하는 것에 동의하지 않은 정보는 공개하지 않는 것이 원칙이다.
7	**성실의 원칙** 사회복지사는 클라이언트와 다른 사람들에게 진실을 말하고, 실천적 결정에 관한 모든 정보를 충분히 개방할 수 있을 만큼 실천 타당성을 확보하기 위해 윤리강령을 성실히 준수해야 한다.

Project Based Learning

사회복지사 A는 남편의 장애로 인해 가계를 홀로 책임지는 아내 B를 상담하고 있습니다. B는 최근 원치 않는 임신을 하게 되었고, 심각한 경제적 위기 때문에 낙태를 강하게 희망하고 있습니다. 그러나 A가 근무하는 기관은 종교적 배경을 가지고 있어 낙태에 대해 매우 부정적인 정책을 가지고 있습니다. 이 사례에서 발생하는 가치상충(임산부의 자율성 vs 태아의 생명보호)과 의무상충(클라이언트에 대한 의무 vs 기관 정책에 대한 의무)을 분석해서 사회복지사가 어떤 행동을 취해야 할지 결정합시다.

생 · 각 · 해 · 보 · 기

1. 사회복지의 기본적 가치 중에서 가장 중요하다고 생각하는 가치와 이유를 설명해 보세요.

2. 우리나라 사회복지사 윤리강령 중에서 사회복지사가 준수하는데 가장 많은 노력과 관심이 필요한 것은 무엇인지 생각해 보세요.

3. 사회복지 실천과정에서 나타날 수 있는 윤리적 갈등 상황을 가정하고 이를 리머나 로웬버그와 돌고프의 원칙에 입각해서 해결해 보세요.

참고자료

1. 사회복지 가치의 의미에 관한 영상

최선희의 토인비홀(2022. 11. 8.). CM9 사회복지 가치1 - 사회복지에서 '가치'는 무엇을 의미하고, 왜 중요한가

https://www.youtube.com/watch?v=BesizQUDmvg

2. 사회복지사가 경험하는 윤리적 딜레마 사례에 관한 영상

월평빌라(2023. 1. 13.). [외부연대사업 7탄] 현장에서 마주하는 윤리적 딜레마에 관한 생각

https://www.youtube.com/watch?v=avxfIhrRCQk

주요 용어 정리

▶ **가치**: 어떤 사물이 지니고 있는 쓸모나 중요성 또는 그것에 대하여 사람마다 가지는 바람직하거나 소중하다고 여기는 속성

▶ **인간의 존엄성**: 를 기반으로 한다. 사회복지가 지향하는 본질적 인 목적은 인간의 존엄성 구현이다. 이는 인간은 누구나 그 성취 여부나 능력에 관계없이 존중받아야 한다는 천부적 가치에 대한 신념

▶ **자유**: 다른 사람의 자유를 침해하지 않으면서 자신의 삶을 주체적으로 선택할 수 있는 권리와 능력

▶ **평등**: 한정된 사회적 자원의 재분배를 통하여 사회 구성원의 삶의 질을 골고루 향상시키고자 하는 것

▶ **정의**: 각 사람에게 마땅히 돌아가야 할 것을 공정하게 배분하고 옳고 그름을 분명히 판단하여 사회 질서를 유지하는 원칙 또는 가치

▶ **연대**: 두 사람 이상이 무슨 일을 하거나 함께 책임지는 일

▶ **윤리**: 인간이 살아가는 데 지켜야 하는 도덕적 원리로서 무엇이 옳고 그른지를 결정함에 있어서 지침이 되는 원칙

▶ **윤리강령**: 전문가가 지켜야 할 전문적 행동기준과 원직을 기술해 놓은 것으로 전문가들이 공통으로 합의한 내용

▶ **윤리적 갈등**: 주요 가치에 기반을 두고 있는 전문직의 의무와 책무가 상충하는 상황에서 발생

▶ **가치상충**: 사회복지사가 두 가지 또는 그 이상의 경쟁적 가치와 직면했을 때 갈등이 발생하는 것

▶ **클라이언트 체계의 다중성**: 사회복지사가 복합적인 문제를 다룰 때 누가 클라이언트인지를 결정하는 데 따르는 갈등

▶ **의무상충**: 사회복지사는 기관에 대한 의무와 클라이언트에 대한 의무 사이에서 갈등

▶ **결과의 모호성**: 사회복지사가 내리게 될 윤리적 결정의 결과가 최선이 될지, 올바른 결정이 어떤 것인지 결정하기 어려운 모호한 상황에 직면하게 될 때 겪는 갈등

▶ **권력의 불균형**: 클라이언트가 사회복지사에게 의존하는 상황에서 사회복지사가 클라이언트의 입장을 최대한 반영하지 못하는 갈등

참/고/문/헌

강용규 외 (2007). 사회복지개론. 서울: 학지사.

권중돈, 조학수, 이봉주, 오혜경 (2019). 인간행동과 사회환경. 서울: 학지사.

김영란, 박미은, 서미경 (2001). 실천적 갈등상황에서 사회복지사들의 윤리적 선택에 관한 연구. 사회복지연구, 17, 1-28

김정진 (2015). 사회복지실천론. 서울: 학문사.

김정진 외 (2007). 사회복지개론. 고양: 공동체.

서미경, 김영란, 박미은 (2005). 사회복지실천에서의 윤리적 갈등에 관한 연구. 한국사회복지학회.

송근원, 김태성 (1995). 복지국가론. 파주: 나남.

양옥경, 김정진, 서미경, 김미옥, 김소희 (2010). 사회복지실천론. 파주: 나남.

Lowenberg, F. M., & Dolgoff, R. (1996). *Ethical decisions for social work practice*(5th ed.). F. E. Peacock Publishers.

Reamer, F. G. (2018). *Social work values and ethics*(5th ed.). Columbia University Press.

Yanca, S. J., & Johnson, L. C. (2009). *Social work practice: A generalist approach*. Allyn & Bacon.

사회복지의 구성요소

CHAPTER

1. 욕구
2. 주체
3. 자원

사회복지의 구성요소

학/습/목/표

1. 사회복지 실천의 구성요소 중 욕구를 이해할 수 있다.
2. 사회복지 실천의 구성요소 중 주체를 이해할 수 있다.
3. 사회복지 실천의 구성요소 중 자원을 이해할 수 있다.

Flipped Learning (사전 학습)

학생과 학부모는 학교폭력 문제를 심각한 수준이라고 느끼지만 전문가의 연구나 통계자료는 특별한 어려움이 없다고 나타났다. 이런 상황이라면 학교폭력 문제에 대해서 사회복지사는 어떻게 대응하고 서비스를 실행해야 할지 생각해 봅시다.

1. 욕구

사회복지의 목적은 사회 구성원이 인간다운 삶을 살도록 도우면서 인간의 존엄성을 보장하는 것이다. 그렇다면 인간다운 삶이란 무엇을 의미하는가? 또한 인간의 존엄성을 보장한다는 것은 어떤 의미인가? 그 답은 각자가 신체적, 정서적 및 관계적으로 편안하고 안전함을 느끼면서 살고 당면한 문제를 해결하거나 필요로 하는 것을 충족하면서 사는 삶이라고 할 것이다. 이것을 한마디로 정리하면 욕구를 충족하는 것이다. 그런데 사회복지가 관심을 갖는 것은 개인적인 욕구 보다는 사회적인 욕구에 있다. 사회적인 욕구는 문제의 원인이나 책임이 개인에게 있기 보다는 사회구조적인 차원에서 기인하는 경우가 많다. 예를 들면 실업, 환경오염, 가족해체, 비행, 저출생, 고령화, 산업재해 등이다.

사회적 욕구를 정리한 대표적인 학자는 브래드쇼(J. Bradshaw)이다. 그는 사회적 욕구를 규범적 욕구(normative needs), 감지적 욕구(felt need), 표현적 욕구(expressed need), 비교적 욕구(comparative need)로 구분했다.

규범적 욕구는 전문가, 행정가, 학자들이 욕구의 상태를 규정하는 것이다. 미리 바람직한 욕구 충족의 수준을 정해 놓고 이 수준과 실제 상태와의 차이에 의하여 욕구의 정도를 규정하거나 최고의 욕구 수준을 정해 놓고 실제 상태와의 차이에 의하여 욕구의 정도를 규정하는 것이다. 최저생계비의 계측은 주로 규범적 욕구의 개념을 이용하였다.

감지적 욕구는 욕구 상태에 있는 당사자에 의해 인식되는 것이다. 이것은 어떤 욕구 상태 에 있는지 혹은 어떤 서비스를 필요로 하고 있는지 물어서 파악하는 욕구이다. 따라서 이것은 실제적 욕구 측정이 되지 못하고 개인의 인식 정도에 의해 달라질 수 있으며, 허위욕구로 판명되는 경우도 있다.

표현적 욕구는 감지적 욕구가 실제 상황에서 욕구 충족의 추구행위로 나타난 것이며, 수요(demand)라고도 한다. 이것은 의료 및 보건의 욕구 파악에 많이 이용되며 실제로 서비스를 받기 원하는 사람의 수로 파악된다.

비교적 욕구는 특정 집단 구성원들의 욕구를 그 집단과 유사하다고 인식되는 다른 집단 구성원들의 욕구와 비교할 때 나타나는 욕구이다. 예를 들면 인접 지역에 위치하면서 사회경제적 상황이 유사한 두 지역의 욕구 수준을 비교하는 것이다.

〈표 4-1〉 사회적 욕구

유형	정의	예시	특징
규범적 욕구	전문가나 제도에 의해 기준 이하로 판단된 상태	한 지역의 학생 학업성취도가 국가 기준보다 낮은 경우	외부 전문가의 기준에 따라 결정됨
감지적 욕구	개인이 스스로 느끼는 욕구	주민이 공원이 부족하다고 느끼는 경우	주관적 인식에 기반한 것으로써 불만이나 요구로 표출 가능
표현적 욕구	감지적 욕구가 실제 행동으로 나타난 것	병원에 진료 받으러 오는 것이나 상담소에 직접 방문하는 것	행동으로 표출된 욕구로써 대기자 수나 이용률로 파악

비교적 욕구	다른 지역이나 집단과 비교해 상대적으로 부족한 상태	A동엔 복지관이 있는데 B동엔 없음	지역 간/집단 간 자원 비교를 통해 드러남

2. 주체

1) 공공과 민간

사회복지의 주체는 공공부문과 민간부문으로 구분할 수 있다. 공공부문은 국가와 지방자치단체 등이고 민간부문은 법인의 형태로 운영되는 것과 종교단체, 기업체 혹은 자원봉사단체 등이다. 그러나 오늘날 사회복지 주체는 공공부문과 민간부문이 혼합된 형태로 이루어진 경우가 대부분이다.

공공부문은 중앙정부와 지방정부의 재정 보조를 받는 공공기관 등을 일컫는다. 공공부문은 사회복지를 제공하는 사회복지 기관이나 시설의 소유자가 중앙 또는 지방정부이며, 사회복지의 재원이 대부분 정부 예산에서 확보된다. 중앙정부의 사회복지 주무부처는 보건복지부이며 국립중앙의료원, 질병관리본부, 국립재활원 등을 소속기관으로 두고 있다. 산하기관으로는 국민건강보험공단, 국민연금공단, 건강보험심사평가원, 한국노인인력개발원 등이 있다. 이외에도 보건 및 사회복지와 관련된 각 부문의 정책과제를 연구하고 주요 정책 과제에 대한 국민의 의견수렴과 이해증진을 위한 활동을 수행하는 각종 연구기관이 있다.

지방자치단체는 자치행정의 주체로서 국가로부터 행정권의 일부를 부여받은 공공 단체이다. 지방자치단체는 특별시, 광역시 · 도의 광역자치단체, 시 · 군 · 구의 기초자치단체 그리고 읍 · 면 · 동으로 구분된다. 지방자치단체는 사회복지사업에 관한 업무를 담당하기 위하여 사회복지사 자격을 가진 사회복지 전담공무원을 배치하고 있다. 또한 시 · 도 사회보장위원회를 두며, 시 · 군 · 구 및 읍 · 면 · 동 단위에는 지역사회보장협의체가 있다. 최근에는 사회복지에 대한 국가책임이 강화되면서 공공부문의 역할과 기능이 확대되는 추세이다.

그럼에도 불구하고 사회복지의 주체로서 민간부문이 중요한 역할을 한다. 민간부문은 비공식부문, 민간비영리부문, 민간영리부문 그리고 민간비영리와 영리부문 사이에 위치한 제3섹터(third sector)로 나눌 수 있다. 비공식부문은 가족, 친구, 친척, 이웃, 지역사회 등과 같은 1차적 집단이다. 민간비영리부문은 영리를 목적으로 하지 않는 민간단체로 사회복지의 주된 활동을 담당하는 영역으로 시민단체(NGO, NPO 등)를 예로 들 수 있다. 민간영리부문은 이윤 추구를 지향하는 기업이나 이익단체의 사회복지활동을 의미한다. 최근 고령화로 인한 노인복지서비스 확대와 의료분야의 민간영리보험 도입 등으로 인해서 이 부문이 활성화되고 있다. 그러나 영리를 추구하는 기업이 사회복지활동을 과다하게 하면 비용 상승으로 인한 서비스 수혜 축소와 사회복지활동을 통한 이윤 추구라는 어려움에 당면할 수 있다. 마지막으로 최근 증가하는 사회적 기업으로서 이는 민간비영리부문과 민간영리부문 사이에 위치한 제3섹터에 속한다. 즉 수익으로 구성원의 소득을 창출하기 때문에 전통적인 민간비영리부문은 아니지만 공공성과 사회적 목적을 추구한다는 점에서 비영리성과 유사한 성격을 갖는다.

2) 정책주체, 운영주체, 실천주제

사회복지를 실천하는 측면에서 보면 정책을 수립하고 기관을 운영하며 서비스를 제공하는 흐름에서 주체를 파악할 수 있다. 우선 정책주체이다. 정책주체는 사회복지정책을 만들고 실행하는 주체이다. 일반적으로 중앙정부와 지방자치단체가 속한다.

운영주체는 정책주체가 만든 정책에 근거해서 사회복지기관이나 시설을 운영하면서 서비스를 제공하는 주체이다. 사회복지법인, 재단법인, 종교단체, 의료법인,

사회적 기업 등이 있다. 우리나라의 상당수 사회복지기관이나 시설은 국가나 지방자치단체가 설립한 것을 민간단체가 위탁을 받아서 운영하는 형태를 띤다.

실천주체는 사회복지 서비스를 필요로 하는 클라이언트에게 서비스를 직접 전달하는 자는 사회복지사나 사회복지시설 종사자이다. 과거에는 실천주체가 사회복지사로 국한되는 경우가 많았지만 최근에는 사회복지 서비스의 형태와 종류가 다양해져서 노인, 장애인 또는 아동 돌봄인력이나 자원봉사자도 실천주체로 포함된다.

이처럼 3개 주체가 사회복지 실천을 구성하지만 위계적인 개념이 아니라 상호보완적으로 이루어진다. 즉 정책을 수립하기 위해서는 운영이나 실천 주체의 의견이나 입장을 충분히 수렴해야 하며, 효과적인 실천을 위해서는 정책과 운영 측면의 상황을 반영해야 한다.

3. 자원

일반적으로 자원은 사회복지 대상자인 클라이언트를 비롯해서 가족이나 지역사회 및 국민 전체의 사회적 욕구를 충족시키기 위한 수단을 말한다. 사회복지에 필요한 자원은 자원을 부담하는 주체의 성격에 따라 공공자원과 민간자원으로 구분할 수 있다.

1) 공공자원

사회적 욕구를 충족하고 사회복지 실천을 하는데 공공자원은 매우 중요하며 사회복지 자원의 상당수를 차지한다. 최근 들어 우리나라의 복지 자원 중에서 공공부문이 차지하는 비율이 최근 급격히 증가하고 있다. 공공부문이 제공하는 공공자원은 일반예산, 사회보험 기여금, 조세비용으로 나눌 수 있다.

일반예산은 정부가 다양한 조세제도를 통하여 거둔 세금으로 이루어진다. 조세를 통해서 이루어지는 일반예산은 안정성과 지속성이 높으며, 조세제도에 누진적 성격을 가미함으로써 소득재분배의 효과도 거둘 수 있기 때문에 중요성이 매우 크다.

사회보험 제도를 운용하기 위하여 사회보험 가입자와 가입자의 피고용자에게 부과하는 기여금이 있다. 기여금은 국가에 의하여 강제로 징수되기 때문에 사회보험을 위한 특수목적세의 성격을 가진다. 현재 우리나라는 국민연금, 건강보험, 고용보험 및 산재보험의 4대 보험에서 기여금을 부과하여 자원을 마련하고 있다.

조세비용은 실제로 정부가 비용을 지출하지는 않지만 사회적 욕구에 해당하는 부분에 대하여 세금을 감해 줌으로써 비용 지출 효과를 갖는 자원이다. 예를 들면 소득세를 자녀 수에 따라 차등 감면하는 것이다. 이 경우 국가가 자녀양육비를 직접 제공하지는 않았지만 감세된 금액만큼을 자녀 양육의 욕구를 가진 가구가 자녀 양육에 대한 자원으로 사용하는 효과를 갖는다.

2) 민간자원

급증하는 복지욕구를 충족하기 위해서 공공자원을 보충하는 민간자원의 역할은 필수적이다. 사회복지의 민간자원은 이용자 사용료, 기부금, 기업복지, 비공식 자원 등이 있다.

이용자 사용료는 사회복지 서비스를 이용하는 사람들이 부담하는 비용이다. 건강보험 이용 시 내는 자기부담이나 사회서비스 이용 가격의 일정분을 부담하는 비용 등이다.

기부금은 기업이나 개인이 자발적으로 사회복지를 위해 쓰도록 내는 자원이다. 기부금은 현금이나 현물을 포함한다. 예를 들어 사회복지공동모금회가 모금한 돈이나 지역 기업이 푸드뱅크에 식품을 무상으로 제공하는 것을 들 수 있다.

기업이 종사자들을 위해 지출하는 기업복지가 있다. 대표적으로 기업이 직원에게 제공하는 자녀학비보조, 사원주택, 직장보육시설, 퇴직연금 등이 있다.

비공식 자원은 가족이나 친척과 같은 비공식적 관계망을 통하여 사회복지를 위하여 사용되는 자원이다. 예를 들어 어르신의 부양을 위하여 자녀가 부담하는 부양비는 비공식 자원이다. 이웃 간에 물질적 혹은 정서적 등으로 서로 돕는 것도 비공식 자원의 일종이다. 현대 복지국가에서는 공식 자원이 중요해지면서 확대되고 있지만 그럼에도 불구하고 비공식 자원은 가장 기초가 되는 복지자원으로서 의미를 여전히 갖는다.

Project Based Learning

당신은 A시의 사회복지 전담 공무원입니다. 최근 B동에는 최신식 복지관이 건립되었으나, 인접한 C동 주민들은 "우리 지역은 노인 인구가 더 많은데도 이용할 시설이 없다"며 강한 불만을 제기하고 있습니다. 하지만 시 예산은 이미 고갈된 상태입니다. 공공예산이 부족한 상황에서 활용할 수 있는 민간자원이 무엇이 있을지 생각해 보세요. 그리고 서비스를 직접 전달할 실천주체를 어떻게 구성할지 계획하세요.

생 · 각 · 해 · 보 · 기

1. 자신이 거주하는 지역의 사회복지 서비스를 확인하여 욕구, 주체 및 자원을 파악해 보세요.
2. 자신이 거주하는 지역의 비영리민간부문의 기관을 확인하여 서비스 내용을 정리해 보세요.
3. 사회복지 실천에서 공식자원과 비공식자원이 어떻게 균형을 이루는 것이 바람직할지 논의해 보세요.

참고자료

1. 브래드쇼와 매슬로우가 주창한 인간의 욕구에 관한 영상

복지학개론 - 사회복지 전공자 모여라!(2021. 10. 24.). 인간의 욕구는 욕심인가 욕망인가

https://www.youtube.com/watch?v=w_cQ8IYnktM

2. 공공복지와 민간복지에 관한 영상

다복해(2021. 6. 17.). 공공복지와 민간복지 특징 장단점 4분 정리
https://www.youtube.com/watch?v=TJSznM-rj_Q

주요 용어 정리

▶ **규범적 욕구**: 전문가, 행정가, 학자들이 규정한 욕구로써 최저생계비를 들 수 있음

▶ **감지적 욕구**: 욕구 상태에 있는 당사자에 의해 인식되는 것으로써 어떤 욕구 상태에 있는지 혹은 어떤 서비스를 필요로 하고 있는지 물어서 파악함

▶ **표현적 욕구**: 감지적 욕구가 실제 상황에서 욕구 충족의 추구행위로 나타난 것

▶ **비교적 욕구**: 특정 집단 구성원들의 욕구를 그 집단과 유사하다고 인식되는 다른 집단 구성원들의 욕구와 비교할 때 나타나는 욕구

▶ **공공주체**: 중앙정부와 지방정부의 재정 보조를 받는 공공기관

▶ **민간주체**: 법인의 형태로 운영되는 것과 종교단체, 기업체, 자원봉사단체 혹은 사회적 기업

▶ **정책주체**: 사회복지정책을 만들고 실행하는 주체로써 중앙정부와 지방자치단체가 속함

▶ **운영주체**: 정책주체가 만든 정책에 근거해서 사회복지기관이나 시설을 운영하면서 서비스를 제공하는 주체

▶ **실천주체**: 사회복지 서비스를 필요로 하는 클라이언트에게 서비스를 직접 전달하는 자는 사회복지사나 사회복지시설 종사자

▶ **공공자원**: 일반예산, 사회보험 기여금, 조세비용으로 충당되는 사회복지 자원

▶ **민간자원**: 이용자 사용료, 기부금, 기업복지, 비공식 자원 등과 같은 공공자원의 보충재

참/고/문/헌

김융일, 조홍식, 유영주 (2023). **사회복지학개론**. 파주: 나남출판.

남세진 (2022). **사회복지개론**. 서울: 학문사.

조홍식 외 (2021). **사회복지실천론**. 서울: 학지사.

전재일, 이윤로 (2020). **사회복지정책론**. 파주: 형설출판사.

보건복지부 (2024). 2024 보건복지백서.

한국사회복지협의회 (2023). 사회복지의 이해.

한국사회복지사협회 (2022). 사회복지사 윤리강령.

Bradshaw, J. (1972). Social Policy: A Conceptual Framework. *Social Policy*, *1*(1), 1-16.

Maslow, A. H. (1943). A Theory of Human Motivation. *Psychological Review*, *50*(4), 370-396.

PART 02

사회복지실천의 방법

Introduction to Social Welfare

미시적 방법

CHAPTER 05

미시적 방법

학/습/목/표
1. 사회복지실천의 개념과 기본 원칙을 이해할 수 있다.
2. 사회복지실천의 과정을 이해하고 각 단계별 주요 활동과 과업을 설명할 수 있다.
3. 주요 사회복지실천모델을 이해하고 모델별 개입사례를 분석할 수 있다.

Flipped Learning (사전 학습)

1. 클라이언트의 예시 발언을 보고, 내가 사회복지사라면 어떻게 면담할 것 같은지 대사를 써봅시다.
2. 이 클라이언트에게 개인-가족-사회환경 차원에서 지원을 하거나 서비스를 연계한다면 어떤 지원이 도움이 될지 생각해봅시다.

클라이언트: "대학교 졸업을 앞두고 요즘 너무 불안해요."
"아무리 노력해도 일이 잘 안 풀리는 것 같아요."

1. 사회복지실천의 개념과 특징

1) 사회복지실천의 개념

통상적으로 우리는 '사회복지(social welfare)'라는 용어를 주로 사용하는데, 이는 일반적으로 사회복지 현장에서 이루어지는 다양한 서비스 영역을 포함하며 동시에 개인과 사회 전체의 복지를 증진시키려는 모든 형태의 사회적 노력을 포괄하는 광의의 개념이라 할 수 있다(조홍식 외, 2009). 반면 '사회복지실천(social work practice)'은 사회적 욕구를 가진 개인, 가족, 집단, 지역사회 등을 대상으로 문제를 해결하고 삶의 질을 향상시키기 위한 전문적인 활동을 일컫는 개념이다.

메리 리치몬드(Mary Richmond) 등 초기 학자들의 고전적 관점에서는 주로 사례 중심으로 개인 또는 가족을 대상으로 문제를 진단하고 개입하여 기능을 회복하거나 유지하도록 돕는 활동으로 정의하였다(Kirst-Ashman & Hull, 2009). 이후 생태체계적 관점이 등장하며 개입 대상과 개입 수준이 확장되었다. 즉 사회복지실천에서 개인뿐 아니라 인간과 환경의 상호작용을 중시하게 되었고, 사회구조와 제도, 조직 등을 함께 고려해야 함이 강조되었다(Gitterman & Germain, 2008). 이에 따라 사회복지실천은 미시 · 중간 · 거시 등 다양한 수준을 유기적으로 연결한 통합적 관점의 개입을 수행하게 되었다.

한편 국제사회복지사연맹(International Federation of Social Worker: IFSW)의 정의를 살펴보면 각 단위에서 돕는 전문적 활동에서 나아가 사회정의와 인권, 사회문제에 대한 공동 책임성, 다양성 존중을 핵심적으로 다루고 거시적 사회구조의 변화를 이끌어내는 노력까지도 포함하여야 함을 강조하고 있다(IFSW, 2014).

2) 사회복지실천의 특징

사회복지실천은 인간의 삶의 질 향상과 사회적 정의 실현을 목표로 하는 전문적 활동이다. 이는 단순히 어려움을 겪는 개인을 돕는 차원을 넘어, 인간과 환경의 상호작용 속에서 문제의 원인을 이해하고 변화를 이끌어 내는 과학적이고 체계적인 개입 과정이다. 사회복지실천은 이러한 목적을 달성하기 위한 여러 가지 고유한 특징을 지니고 있으며, 사회복지사가 수행하는 모든 전문적 행위의 기반이 된다.

사회복지실천의 특징을 정리하면 다음과 같다.

첫째, 사회복지실천은 전문성을 바탕으로 한 실천 활동이다. 사회복지사는 인간 행동과 사회환경에 대한 이론적 지식을 갖추고, 이를 실제 상황에 적용할 수 있는 실천 기술을 훈련받은 전문가이다. 따라서 사회복지실천은 단순한 봉사활동이나 자선 행위와 구별되며, 전문적 가치, 윤리, 기술을 종합적으로 활용하는 전문직

(profession)으로서의 성격을 지닌다(Kirst-Ashman & Hull, 2009).

둘째, 사회복지실천은 과정지향적인 특성을 가진다. 이는 사회복지사가 개입을 일회적 행위로 보는 것이 아니라, 문제의 발견에서부터 사정, 계획, 개입, 평가, 종결에 이르는 일련의 과정을 체계적으로 수행한다는 의미이다(김기태 외, 2019). 이러한 과정은 상황의 변화나 클라이언트의 반응에 따라 지속적으로 수정・보완되며, 문제 해결뿐 아니라 성장과 적응을 돕는 데 중점을 둔다.

셋째, 사회복지실천은 인간을 전체적인 존재로 이해하는 총체성을 특징으로 한다(Kirst-Ashman & Hull, 2009). 인간은 생물학적・심리적・사회적・문화적 요인이 복합적으로 얽혀 있는 존재이므로, 사회복지사는 문제를 단순히 개인 내부의 결함으로 보지 않는다. 오히려 개인과 환경의 부적합에서 비롯된 결과로 이해하고, 개인적 요인과 환경적 요인을 함께 고려하여 통합적으로 접근한다.

넷째, 사회복지실천은 클라이언트 중심의 실천을 지향한다. 사회복지사는 문제 해결의 주체를 사회복지사 자신이 아니라 클라이언트로 보고, 그들의 참여와 자기결정권을 존중한다. 이를 위해 사회복지사는 권위적 태도를 지양하고, 협력적 관계 속에서 클라이언트가 자신의 삶을 주체적으로 변화시킬 수 있도록 돕는다(Rooney et al., 2017). 이러한 접근은 임파워먼트(empowerment)와 강점관점(strength perspective)과도 깊이 연관된다.

다섯째, 사회복지실천은 가치와 윤리를 근간으로 한다. 사회복지사는 인간 존중, 평등, 정의, 비차별의 가치에 따라 행동하며, 비밀보장과 자기결정의 원칙을 준수한다. 이러한 윤리적 기준은 단순한 규범이 아니라, 실천의 모든 단계에서 사회복지사의 판단과 행동을 이끄는 근본적 지침이 된다.

마지막으로, 사회복지실천은 통합적이고 다학문적인 접근을 특징으로 한다. 사회복지사는 개인의 문제 해결을 위해 심리학, 교육학, 의학, 법학, 행정학 등 다양한 분야의 지식과 자원을 활용하며, 필요할 경우 여러 기관 및 전문가들과 협력한다. 이는 복잡한 사회문제를 효과적으로 해결하기 위한 네트워크 기반의 실천을 가능하게 한다.

결국 사회복지실천은 인간의 존엄성을 존중하고, 개인과 사회가 조화를 이루는 복지사회를 실현하기 위한 전문적이고 통합적인 인간지원 활동이라 할 수 있다. 이러한 특징들은 사회복지사가 단순한 서비스 제공자가 아니라, 인간과 사회의 변화를 이끄는 전문적 조력자로서의 역할을 수행하게 하는 근본적 토대가 된다.

2. 사회복지실천 원칙

사회복지실천은 전문적 가치와 지식을 기반으로 인간의 복지를 증진시키는 활동이다. 사회복지사는 클라이언트의 문제를 해결하거나 욕구를 충족시키는 데 그치지 않고, 인간의 존엄성과 사회정의를 실현하기 위해 노력한다.

그러나 이러한 목표는 단순한 선의나 동정만으로 달성될 수 없으며, 과학적 지식과 윤리적 기준에 입각한 실천의 원칙이 필요하다. 아래의 사회복지실천의 원칙은 사회복지사가 개입 전 과정에서 따라야 할 기본 지침으로, 실천의 방향성과 전문성을 보장하는 핵심 요소이다(김기태 외, 2019).

① 인간 존중과 존엄의 원칙(principle of respect for human dignity)

사회복지실천의 가장 근본적인 원칙은 모든 인간이 고유한 가치와 존엄성을 지닌 존재라는 믿음이다. 사회복지사는 클라이언트를 사회적 지위, 인종, 성별, 경제적 수준에 따라 차별하지 않고, 무조건적 존중과 수용의 태도를 유지해야 한다. NASW 윤리강령에서도 "모든 인간의 내재적 존엄과 가치 존중"을 최우선 가치로 규정하고 있다.

② 개별화의 원칙(principle of individualization)

개별화란 모든 클라이언트가 고유한 욕구, 경험, 성격, 환경을 가진 존재로서 획일적인 접근을 지양하고 개인별 맞춤 지원을 제공해야 한다는 원칙이다. 예컨대 동일한 경제적 어려움이라도 개인의 가족 관계, 건강 상태, 사회적 자원에 따라 개입 방식은 달라질 수 있다.

개별화는 인간 존중의 원칙을 구체화한 것으로, 사회복지사는 각 개인의 상황을 충분히 이해하고 공감함으로써 효과적인 개입을 설계해야 한다.

③ 수용의 원칙(principle of acceptance)

수용은 클라이언트를 있는 그대로 인정하고, 그가 표현하는 감정이나 행동을 비판하거나 거부하지 않는 태도를 말한다. 사회복지사는 클라이언트의 가치관이나 행동양식이 자신의 기준과 다르더라도 이를 존중하고, 변화의 가능성을 믿어야 한다.

이 원칙은 신뢰관계를 형성하고 상담의 효과성을 높이는 핵심적 기초이며, 특히 초기면접 단계에서 중요한 실천 윤리이다.

④ 비밀보장의 원칙(principle of confidentiality)

비밀보장은 클라이언트가 사회복지사에게 제공한 정보가 외부로 유출되지 않도록 보호하는 원칙이다. 이는 클라이언트의 사생활을 보호하고 신뢰를 유지하기 위한 법적 · 윤리적 의무로, 사회복지사는 면담 내용과 기록을 엄격히 관리해야 한다.

다만 자 · 타해의 위험이 있거나 법적 절차에 따라 공개가 필요한 경우, 슈퍼비전을 주기 위해 자료를 공유해야 하는 경우 등에는 예외적으로 제한될 수 있다. 이 원칙은 사회복지사의 전문성과 신뢰성을 지탱하는 기본 규범이다.

⑤ 자기결정의 원칙(principle of self-determination)

클라이언트는 자신의 삶과 문제 해결과정에서 스스로 선택하고 결정할 권리를 가진다. 사회복지사는 클라이언트의 선택을 존중하되, 충분한 정보 제공과 지원을 통해 자율적이고 합리적인 의사결정을 돕는다. 이는 클라이언트를 수동적 수혜자가 아니라, 변화의 주체로 세우는 핵심 가치이다.

단, 클라이언트의 결정이 자신이나 타인에게 심각한 위해를 초래할 경우에는 제한될 수 있다.

⑥ 통제된 정서적 관여의 원칙(principle of controlled emotional involvement)

사회복지사는 클라이언트의 감정에 공감하면서도, 자신의 감정이 개입에 영향을 미치지 않도록 조절해야 한다. 즉, 감정이입(empathy)과 전문적 거리 유지의 균형이 필요하다.

지나친 동일시나 냉담함은 모두 바람직하지 않으며, 사회복지사는 전문적 역할 수행을 위해 자기인식(self-awareness)과 감정조절 능력을 지속적으로 훈련해야 한다.

⑦ 비판단적 태도의 원칙(Principle of non-judgmental attitude)

사회복지사는 클라이언트의 행동을 도덕적 잣대로 평가하거나 비난하지 않는다. 모든 인간의 행동은 환경적 · 사회적 요인과 상호작용의 결과로 이해해야 하며, 사회복지사는 이해와 공감의 관점에서 접근해야 한다. 비판단적 태도는 클라이언트로 하여금 심리적 안전감을 느끼게 하고, 변화의 동기를 유발하는 데 도움이 된다.

⑧ 사회적 책임의 원칙(principle of social responsibility)

사회복지실천은 개인의 문제해결을 넘어서, 사회구조적 문제를 개선하고 정의를 실현하는 데 목적이 있다. 따라서 사회복지사는 클라이언트의 권익을 옹호하고, 불평등한 제도나 차별적 관행에 도전해야 한다.

이 원칙은 사회복지사가 개인과 사회의 매개자로서 역할을 해야 함을 강조하며, 복지정책 개발이나 지역사회 조직화에도 적극적으로 참여할 것을 요구한다.

⑨ 전문적 관계의 원칙(principle of professional relationship)

사회복지사는 클라이언트와의 관계에서 따뜻한 인간적 유대와 전문적 경계를 동시에 유지해야 한다. 관계는 목적지향적이어야 하며, 사적 감정이나 이해관계가 개입되지 않도록 주의해야 한다. 전문적 관계는 신뢰와 협력을 바탕으로 변화의 통로가 되며, 실천의 전 과정을 지탱하는 핵심 기반이다.

3. 사회복지실천 과정

사회복지실천은 인간의 복잡한 문제 상황에 전문적인 지식과 기술을 적용하여 클라이언트가 보다 바람직한 사회적 기능을 수행할 수 있도록 돕는 전문적 활동이다. 사회복지사는 개인 · 가족 · 집단 · 지역사회 등 다양한 수준에서 문제를 사정하고, 개입계획을 수립하며, 변화를 촉진하고, 종결 후에도 지속 가능한 성장과 적응이 가능하도록 지원한다. 이러한 일련의 활동은 단순한 상담이나 서비스 제공을 넘어 과학적이고 체계적인 '과정(process)'으로 이해된다. 사회복지실천의 과정은 일반적으로 초기단계(관계형성 및 사정), 중간단계(계획과 개입), 종결단계(평가와 종결)로 구분된다(양옥경 외, 2018).

1) 초기단계

초기단계는 사회복지사와 클라이언트가 처음 만나 신뢰와 협력의 관계를 형성하는 시기이다. 이는 실천의 성공을 좌우하는 핵심 단계로, 관계 형성, 문제 확인, 정보수집과 사정으로 진행된다.

(1) 관계형성(relationship building)

사회복지사는 클라이언트의 감정과 욕구를 수용하고, 비판단적 태도로 경청하며, 공감적 이해를 통해 신뢰관계를 형성해야 한다. 비밀보장, 자발성 존중, 진정성 있는 태도는 초기단계의 기본 원칙이다. 관계가 충분히 형성되지 못하면 클라이언트는 방어적 태도를 보이거나 개입에 저항할 수 있으므로, 사회복지사는 언어적 · 비언어적 기술을 활용해 심리적 안정감을 제공해야 한다.

(2) 문제 확인 및 탐색(problem identification)

클라이언트가 제기한 문제의 본질을 명확히 파악하고, 그 문제의 우선순위와 범위를 탐색한다. 이 과정에서 사회복지사는 문제를 단순히 '개인의 결함'으로 보지 않고, 환경적 요인(가족, 직장, 사회구조 등)과의 상호작용 속에서 이해해야 한다.

(3) 정보수집과 사정(information gathering & assessment)

사정은 클라이언트의 강점과 자원, 문제의 원인, 변화 가능성을 파악하기 위한 체계적 분석이다. 면접, 관찰, 문헌자료, 사회적 네트워크 분석 등을 활용하며, 생태체계적 관점을 기반으로 개인과 환경 간의 적합성을 평가한다. 이를 통해 향후 개입 목표와 전략이 설정된다.

2) 중간단계

중간단계는 실질적 변화가 이루어지는 과정으로, 계획 수립, 개입 실행, 점검 및 수정의 세 단계로 진행된다.

(1) 계획수립(planning)

사정을 토대로 구체적 개입계획을 수립한다. 계획에는 단기 · 중기 · 장기 목표, 개입방법, 역할분담, 실행일정이 포함된다. 목표는 구체성, 측정 가능성, 달성 가능성, 현실성, 시간성을 고려해야 하며, 클라이언트가 동의하고 참여하는 것이 중요하다. 사회복지사는 클라이언트를 의사결정 과정에 적극적으로 참여시켜 자기결정권을 강화한다.

(2) 개입(intervention)

개입은 문제 해결을 위한 구체적 행동의 실행이다. 개인 수준에서는 상담, 인지행동치료, 위기개입 등이 활용되고, 집단 수준에서는 집단상담, 상호지지 집단, 교육 프로그램 등이 적용된다. 지역사회 수준에서는 조직화, 자원연계, 정책옹호 활동 등이 이루어진다. 개입의 초점은 클라이언트의 문제를 단순히 제거하는 것이 아니라, 역량강화(empowerment)를 통해 스스로 변화할 수 있는 능력을 기르는 데 있다.

(3) 점검 및 평가(monitoring & evaluation)

개입이 계획대로 이루어지고 있는지를 주기적으로 점검 및 평가를 진행하며, 예상치 못한 변화가 발생할 경우 전략을 수정한다. 예를 들어, 클라이언트의 반응, 환경 변화, 자원 활용 정도를 지속적으로 모니터링하여 개입의 효율성을 높인다. 이 과정에서 사회복지사는 슈퍼비전(supervision)을 통해 전문적 피드백을 받으며, 윤리적 문제나 감정적 소진을 예방한다.

3) 종결단계

종결은 사회복지사가 더 이상 개입하지 않아도 클라이언트가 문제를 스스로 해결할 수 있을 정도로 기능이 향상된 상태에서 이루어지는 것을 목표로 하나 예기치 않은 종결이 발생하기도 한다. 이 단계의 주요 과업은 성과 평가, 종결, 사후관리가 포함된다.

(1) 성과평가(evaluation)

개입 목표가 얼마나 달성되었는지, 변화가 어느 수준에서 유지되고 있는지를 평가한다. 평가는 과정평가(formative evaluation)와 결과평가(summative evaluation)로 구분되며, 객관적 지표(출석률, 고용상태, 생활만족도 등)와 주관적 변화(자아존중감, 스트레스 감소 등)를 종합적으로 분석한다. 평가 결과는 향후 유사사례 개입에 참고자료로 활용할 수도 있다.

(2) 종결(termination)

종결은 단순한 '이별'이 아니라, 성취와 성장의 의미를 되새기고 자립을 격려하는 과정이다. 사회복지사는 종결 이전에 클라이언트와 충분히 논의하여 종결의 시기와 절차를 명확히 한다. 종결 시점에서 클라이언트는 스스로 문제를 해결할 수 있는 자신감을 갖도록 격려받아야 한다. 관계종결에 대한 상실감이나 불안을 완화하기 위해 종결면담과 피드백 시간을 마련한다.

(3) 사후관리(follow-up)

종결 후 일정 기간이 지나서도 재발 가능성이 있거나 추가 지원이 필요한 경우 사후관리를 실시한다. 전화상담, 방문, 지역사회 연계 등을 통해 클라이언트의 적응 상태를 확인하고 필요한 자원을 연결한다. 이는 사회복지실천의 연속성과 책임성을 강화하는 단계이다.

사회복지실천의 과정은 선형적인 순서로만 진행되지 않는다. 각 단계는 상호 피드백을 주고받으며, 상황 변화에 따라 다시 초기단계로 돌아가거나 중간 단계에서 재사정이 이루어지기도 한다. 또한 전 과정에서 전문적 가치와 윤리, 문화적 민감성, 클라이언트 중심성, 강점관점이 일관되게 유지되어야 한다. 사회복지사는 자신의 개입이 클라이언트의 삶과 환경에 미치는 영향을 지속적으로 성찰하고, 전문성 향상을 위해 교육과 슈퍼비전을 병행해야 한다.

4. 사회복지실천의 주요 모델

1) 생태체계모델

사회복지실천은 인간이 직면한 다양한 사회적 · 심리적 · 환경적 문제를 이해하고, 그 해결을 돕는 전문적 과정이다. 사회복지사는 클라이언트를 개인적 요인뿐 아니라 그를 둘러싼 사회적 환경 속에서 총체적으로 이해해야 한다. 이러한 관점을 이론적으로 뒷받침하는 것이 바로 생태체계모델(ecological system model)이다. 이 모델은 인간을 '환경과 상호작용하는 존재'로 보고, 개인의 문제를 그를 둘러싼 다층적 환경체계 속에서 이해하고 개입하는 접근을 강조한다.

생태체계모델은 1970년대 초 브론펜브레너(Bronfenbrenner)의 인간발달이론에서 기원하였다. 그는 인간의 발달과 행동을 개인 내부 요인뿐 아니라 개인을 둘러싼 환경체계 간의 상호작용으로 설명하였다. 이후 사회복지학에서는 저메인과 기터만(Germain & Gitterman)이 생태체계모델을 사회복지실천에 도입하여, 개인과 환경의 균형과 적합성을 강조하는 인간-환경 상호작용(person-in-environment) 관점을 발전시켰다(Gitterman & Germain, 2008). 즉, 개인의 부적응이나 문제행동은 개인의 결함이 아니라 '개인과 환경 간 부적합'으로 인한 결과로 이해된다.

(1) 생태체계모델의 주요 개념

생태체계모델의 주요 개념은 아래 〈표 5-1〉과 같다.

〈표 5-1〉 생태체계모델의 주요 개념

구분	내용
체계 (system)	• 상호 관련된 요소들이 일정한 경계를 가지고 상호 작용하는 집합 • 개방(open) 또는 폐쇄(closed) 정도에 따라 외부 환경과의 상호작용 수준이 달라짐.
환경 (environment)	• 개인을 둘러싸고 영향을 미치는 물리적 · 사회적 · 문화적 요소를 포함 • 환경은 단순히 배경이 아니라, 개인의 적응과 발달을 결정하는 핵심 요인으로, 환경과의 부적절한 상호작용은 스트레스나 문제 행동을 초래 가능
적응 (adaptation)	• 개인이 환경의 요구에 맞추어 행동을 변화시키거나, 반대로 환경을 변화시켜 균형을 이루는 과정 • 적응은 일방적 순응이 아니라 상호적 변화(mutual change)의 과정임
상호교류 (transactions)	• 개인과 환경 간 지속적인 에너지, 정보, 자원의 교환 (예: 가족 간 의사소통, 직장 내 역할 기대, 지역사회 서비스 이용 등) • 건강한 상호교류는 성장과 발달을 촉진하지만, 왜곡된 교류는 갈등과 스트레스를 초래
스트레스와 대처 (stress and coping)	• 개인이 환경적 요구를 감당하기 어려울 때 스트레스 발생 • 사회복지사는 클라이언트가 이러한 스트레스 상황을 인식하고, 문제해결 중심적 · 정서중심적 대처 전략을 사용할 수 있도록 원조
적합성 (person-environment fit)	• 개인의 능력과 환경의 요구 간 균형 상태 • 사회복지실천의 목표는 개인의 기능을 강화하고, 환경의 조건을 개선하여 적합성을 회복하거나 증진하는 것

(2) 생태체계모델의 사회복지실천 적용

사정 단계에서 생태체계모델을 적용할 때 클라이언트의 문제를 개인적 차원에서만 보는 것이 아니라, 가족 · 학교 · 직장 · 지역사회 등 다층적 체계에서의 상호작용으로 분석한다. 이를 위해 생태도(ecomap)나 가계도(genogram)를 활용하여 클라이언트의 관계망, 자원흐름, 긴장요소를 시각적으로 파악한다. 예를 들어 아동의 학습부진을 개인의 노력 부족으로 보지 않고, 가족의 의사소통 패턴이나 학교의 지원체계 부족 등 환경요인을 함께 고려한다.

또한 생태체계모델은 개입 단계에서 개인과 환경의 상호 조정을 목표로 한다. 즉, 개인의 적응능력 향상과 함께 환경을 변화시키는 상호적 접근이 이루어진다. 개인 수준에서는 자기효능감 향상, 스트레스 관리, 대처기술 교육 등이 실시되며, 가족 수준에서는 관계 개선, 의사소통 훈련, 역할 재조정이 중점이 될 수 있다. 또한 지역사회 수준에서는 자원 동원, 제도개선, 사회적 지지망 구축 등이 병행된다(윤철수 외, 2018). 사회복지사는 이러한 다층적 개입을 통해 클라이언트가 보다 건강한 환경과의 상호작용을 유지할 수 있도록 조력한다.

2) 임파워먼트 실천

사회복지실천의 핵심 목표는 단순히 클라이언트의 문제를 해결하는 데 그치지 않고, 그들이 자신의 삶을 스스로 통제하고 주체적으로 변화시킬 수 있는 힘을 회복하도록 돕는 데 있다(이경아 외, 2023). 이러한 관점에서 등장한 대표적인 접근이 바로 임파워먼트(empowerment)이다. 임파워먼트는 억압적 사회구조 속에서 개인이나 집단이 상실한 힘을 되찾고, 자신의 권리와 가능성을 인식하여 사회적 변화를 스스로 이끌어가는 과정이다. 임파워먼트는 1970년대 인권운동, 여성운동, 지역사회운동의 흐름 속에서 발전했으며, 이후 사회복지실천의 중요한 패러다임으로 자리잡았다.

임파워먼트 실천은 사회복지실천의 인간존중과 자기결정의 원리를 구체적으로 구현한 접근이다. 여기서는 클라이언트를 결핍의 존재로 보지 않고, 잠재력과 자원을 지닌 변화의 주체로 본다. 따라서 사회복지사는 문제를 '해결해 주는 전문가'가 아니라, 클라이언트가 자신의 힘을 회복하도록 함께 걷는 '동반자'로서 역할해야 한다(Gutierrez, 1990).

(1) 임파워먼트 실천의 주요 개념

개념	내용
힘 (power)	• 자신과 환경을 변화시킬 수 있는 능력 • 사회복지사는 클라이언트에게 힘을 '부여'하는 존재가 아니라, 이미 내재된 힘을 발견하고 발휘하도록 촉진하는 조력자의 역할을 수행
통제감 (control)	• 자신의 삶과 의사결정에 주체적으로 참여한다고 느끼는 감각 • 자기효능감과 자존감의 회복으로 이어지며, 문제해결 동기를 강화함
참여 (participation)	• 클라이언트를 수동적 수혜자가 아니라 실천의 적극적 파트너로 보고 의사결정 과정에서 의견을 반영하는 원리
비판적 인식 (critical consciousness)	• 개인 문제가 사회구조·제도적 장벽과 연결되어 있음을 깨닫고 자신을 변화의 주체로 재인식하는 능력
자원연결 (resource linkage)	• 클라이언트가 필요한 사회적 자원, 제도, 네트워크에 접근할 수 있도록 돕는 것. 사회복지사는 자원의 중개자이자 옹호자로서 클라이언트가 제도적 불이익을 극복하도록 지원
옹호 (advocacy)	• 클라이언트의 권익을 보호하고 차별·장벽을 해소하기 위해 제도 개선과 사회적 변화에 개입하는 활동.

(2) 사회복지실천에서의 임파워먼트 실천 적용

사회복지사는 클라이언트를 문제 중심으로 보지 않고, 강점과 잠재적 역량을 탐색한다. 이를 위해 "당신이 과거에 성공적으로 해결한 경험은 무엇인가요?"와 같은 질문을 통해 내재된 자원을 발견하도록 돕는다. 또한 문제의 사회적 맥락(빈곤, 차별, 제도적 장벽 등)을 함께 분석하여 구조적 원인을 인식시킨다.

개입 단계에서 임파워먼트 모델을 적용할 때, 개인 수준에서는 자기효능감 향상을 위한 상담, 기술교육, 의사결정훈련 등을 실시할 수 있다. 또한 집단 수준에서는 상호지지집단이나 자조모임을 통해 구성원 간 지지와 공동체 의식을 강화하며, 지역사회 수준에서는 주민참여형 프로그램, 정책 제안, 캠페인 등을 통해 구조적 변화를 촉진할 수 있다(이경아 외, 2023). 오늘날 사회복지실천 현장에서 임파워먼트 실천은 개인의 자립 지원, 여성과 장애인 권익옹호, 지역사회 조직화, 정신장애인 당사자 프로그램 등 다양한 영역에서 널리 활용되고 있다.

3) 사례관리모델

사회복지실천의 대상은 점차 복합적이고 다차원적인 문제를 지닌 개인과 가족으로 확대되고 있다. 이들은 빈곤, 질병, 정신건강, 주거, 가족 갈등 등 여러 영역에서 동시에 문제를 겪기 때문에 단일 서비스나 기관의 개입만으로는 충분한 지원이 어렵다. 이러한 복합적 욕구에 대응하기 위해 등장한 접근이 사례관리모델(case management model)이다(양옥경 외, 2018).

사례관리는 클라이언트의 욕구를 총체적으로 사정하고, 다양한 서비스 자원을 조정 · 통합하여 지속적이고 체계적인 지원을 제공하는 전문적 실천방법이다. 이는 서비스의 단절과 중복을 방지하고, 클라이언트의 삶의 질 향상과 자립을 돕는 것을 목표로 한다.

(1) 사례관리모델의 주요 개념

개념	내용
통합적 접근 (integration)	• 복지 · 의료 · 교육 · 고용 등 다양한 서비스 영역을 하나의 계획으로 연계 · 조정하는 사례관리의 핵심 원리
개별화 (individualization)	• 모든 클라이언트를 독특한 욕구 · 경험 · 성격 · 환경을 가진 고유한 존재로 이해하고, 획일적인 방식이 아닌 개인별 맞춤 개입을 제공해야 한다는 원칙

연속성 (continuity)	• 단기 지원이 아닌 지속적 · 장기적 서비스 제공을 중시하는 원리 • 필요시 사후관리를 포함
조정과 협력 (coordination and collaboration)	• 여러 기관 · 전문가 간 의사소통과 역할 조정으로 서비스 중복 · 공백을 최소화하는 활동
옹호 (advocacy)	• 클라이언트의 권익을 보호하고 차별 · 장벽을 해소하기 위해 제도 개선과 사회적 변화에 개입하는 활동

(2) 사례관리모델의 사회복지실천 적용

사례관리모델은 복합적 욕구를 가진 클라이언트에게 통합적이고 지속적인 서비스를 제공하기 위한 핵심 모델이다. 이를 통해 사회복지사는 단순한 서비스 제공자를 넘어 자원관리자, 옹호자, 조정자, 동반자로서 역할을 수행한다(양옥경 외, 2018).

사례관리모델에서 사회복지사는 사정 결과를 토대로 클라이언트와 함께 개별 서비스 계획(individual service plan: ISP)을 수립하며, 단기 · 중기 · 장기 목표를 설정하고, 필요한 서비스(의료, 상담, 고용지원 등)와 제공기관을 명확히 한다(최해경, 2017). 이후 사회복지사는 민간 복지기관 및 지자체, 공공기관과 협력하여 필요한 자원을 연계하고, 서비스 이용 과정에서 발생하는 문제를 조정한다. 또한 클라이언트가 스스로 자원을 활용할 수 있도록 교육과 상담을 제공한다. 이와 함께 서비스가 적절히 제공되고 있는지, 목표 달성에 진전이 있는지를 주기적으로 점검한다(최소연, 2022). 상황 변화에 따라 계획은 수정할 수 있으며, 클라이언트의 만족도와 참여도를 확인하는 것 또한 중요하다.

오늘날 사례관리는 정신건강, 노인복지, 아동보호, 의료사회복지, 지역사회복지 등 다양한 영역에서 활용되고 있으며, 특히 다기관 협력체계 구축과 클라이언트 중심의 통합돌봄(care integration) 정책에서 그 중요성이 더욱 커지고 있다.

5. 실천 사례

1) 사례 제시

중학교 2학년 민준이(가명, 15세)는 최근 성적이 급격히 떨어지고, 과제를 제출하지 않거나 수업에 집중하지 못하는 어려움이 지속되었다. 담임교사는 민준이가 위축되고 친구들과도 잘 어울리지 못하는 모습을 보이며, 무기력감을 호소하여 학교사회복지사에게 상담을 의뢰했다.

2) 생태체계모델의 적용

사회복지사는 민준이의 학업부진을 개인 요인으로만 보지 않고, 개인-체계와의 상호작용 측면에서 사정하였다. 개인 수준에서는 낮은 자기효능감과 수면 부족이 확인되었고, 가족 수준에서는 맞벌이 부모의 정서적 지지 부족과 가족 내 스트레스가 주요 요인으로 나타났다. 또한 학교 수준에서는 친구들의 놀림 경험의 문제가 있었으며, 지역사회 수준에서는 참여 가능한 청소년 프로그램과 활동이 있었으나 민준이는 몰라서 참여하지 않는 상태였다.

개입에서는 우선 가계도와 생태도를 통해 민준이의 가족 및 사회 관계망과 상호작용을 시각화하였다. 가족체계에 대해서는 부모교육 및 가족상담을 통하여 민준이의 상황을 부모님께서 인지하고 정서적 지지를 제공할 수 있도록 하였다. 또한 지역사회 청소년상담센터와의 연계를 통해 상담을 통한 정서 지원 및 학습 지원의 연계를 체계화하였다. 이러한 다층적 접근을 통해 민준이가 다양한 환경체계로부터 일관된 지지를 받을 수 있도록 개입하였고, 결과적으로 민준이의 학습 동기 향상과 친구 관계의 회복이 가능하게 되었다.

3) 임파워먼트 실천의 적용

임파워먼트 실천을 적용할 때 사회복지사는 민준이를 '문제가 있는 아동'이 아니라 '잠재력과 강점을 가진 변화의 주체'로 바라본다. 초기 면담에서 민준이가 보여준 무기력감 뒤에 있는 감정과 경험을 탐색하며, 과거 학업에서 성공했던 경험(예: 수학 퀴즈대회 수상)을 다시 떠올리도록 하며 자기효능감을 강화하였다.

무엇보다 개입 과정에서는 민준이가 스스로 목표를 설정하고 선택하도록 유도하였다. 예를 들어 "스스로 달성하고 싶은 작은 목표는 무엇인가요?"와 같은 질문을 통해 민준이가 주체적으로 참여하도록 촉진하였다. 가족에게도 민준이를 비난하지 않고 잠재력을 지지하는 방식으로 의사소통 하도록 교육하였다. 이 외 민준이가 학교에서 도움이 필요한 상황을 스스로 설명하고 자신의 요구를 표현할 수 있도록 자기옹호(self-advocacy) 기술을 훈련하였고, 상담이나 학습 지원 프로그램은 참여를 강요하기 보다 민준이의 선택권을 존중하였다. 이러한 개입을 통해 민준이는 할 수 있다는 믿음을 회복하고 자신의 삶에 대한 통제감을 강화할 수 있었다.

Project Based Learning

▶ 위기 상황에 놓인 1인 가구 청년을 돕는 사회복지사의 역할

오늘날 한국 사회에서는 우울, 고립, 실업, 경제적 어려움을 동시에 겪는 1인 가구 청년이 증가하고 있습니다. 이들은 정서적 지지와 제도적 지원이 동시에 필요한 상황에 놓여 있지만, 도움을 요청하는 방법을 알지 못하거나 낙인에 대한 두려움으로 지원체계를 이용하지 못하는 경우도 많습니다.

이러한 상황에서 사회복지사는 단순한 정보제공자가 아니라, 클라이언트의 삶 전반을 이해하고 개입해야 합니다. 그렇다면 실제 현장에서 사회복지사는 어떻게 이 청년을 도울 수 있을지 사회복지 실천과정에 따라 사례를 분석하고 개입계획을 세워봅시다.

(1) 이 사례에서 드러나는 주요 문제와 욕구는 무엇인가요?

(2) 사정에서 어떤 관점을 적용할 수 있을까요? (예: 강점관점, 생태체계관점 등)

(3) 단기 목표와 중장기 목표를 각각 1개씩 설정해 보세요.

(4) 구체적인 개입계획(상담, 자원연계, 정서지원 등)을 3가지 이상 제시하세요.

참고자료

1. 사회복지사 실천이야기

서울장애인종합복지관 TV(2021. 4. 5.). 사회복지사 실천 이야기+ 우리 동네 사례관리 이야기

2. 나를 만드는 5가지 세계(생태체계모델)

Sprouts 한국(2025. 4. 30.). 가난은 환경때문인가 유전때문인가
https://youtu.be/9fw9o5BpNtg?si=dPAAPGmilnZl0A7R

주요 용어 정리

- ▶ **사회복지실천:** 사회적 · 심리적 · 환경적 문제를 가진 개인 · 가족 · 집단이 기능을 회복하고 삶의 질을 향상하도록 돕는 전문적 개입 활동
- ▶ **미시적 실천:** 개인과 가족을 중심으로 상담 · 사정 · 개입 · 평가를 수행하는 직접적 서비스 제공 활동
- ▶ **과정지향성:** 사회복지실천이 문제 발견에서 종결에 이르기까지 단계적 · 체계적 과정으로 이루어진다는 특성
- ▶ **총체성:** 인간을 생물 · 심리 · 사회 · 문화적 요소가 통합된 전체적 존재로 이해하고, 문제를 개인 · 환경의 상호작용 속에서 분석하는 관점
- ▶ **클라이언트 중심성:** 클라이언트를 변화의 주체로 보고 참여와 자기결정권을 존중하며, 협력적 관계를 바탕으로 개입하는 실천 태도
- ▶ **비판단적 태도:** 도덕적 기준으로 클라이언트를 판단하거나 비난하지 않고, 이해와 공감에 기반하여 접근하는 실천 원칙
- ▶ **자기결정:** 클라이언트가 자신의 문제 해결 과정에서 스스로 선택하고 결정할 권리를 가지며, 사회복지사는 이를 지지하는 원칙
- ▶ **사후관리:** 종결 이후 일정 기간 동안 변화가 유지되고 있는지 확인하고, 필요한 경우 추가적 지원을 제공하는 활동
- ▶ **자기효능감:** 개인이 특정 과제를 수행하고 변화를 이끌어낼 수 있다는 자신의 능력에 대한 신념
- ▶ **개별서비스계획:** 통합적 · 맞춤형 서비스 제공을 위한 개인별 계획. 목표 · 전략 · 기관 역할 등을 포함

참/고/문/헌

김기태, 김수환, 김영호, 박지영 (2019). 사회복지실천론. 고양: 공동체.

양옥경, 김정진, 서미경, 김미옥, 김소희 (2018). 사회복지실천론(개정5판). 파주: 나남출판.

윤철수, 노혁, 도종수, 김정진, 김미숙 (2018). 사회복지개론. 서울: 학지사.

이경아, 박정임, 이근희, 이종은, 이금진, 신나리, 김미영 (2023). 사회복지실천기술론. 서울: 파워북.

조흥식, 김연옥, 황숙연, 김융일 (2009). 사회복지실천론. 파주: 나남출판.

최소연 (2022). 사례관리론. 파주: 양성원.

최해경 (2017). 사회복지실천론. 서울: 학지사.

Council of Social Work Education(CSWE). (2015). Educational policy and accreditation standards. CSWE.

Gitterman, A., & Germain, C. B. (2008). *The life model of social work practice: Advances in theory and practice*. Columbia University Press.

Gutierrez, L. M. (1990). Working with women of color: An empowerment perspective. *Social work*, *35*(2), 149-153.

Rooney, G. D., Rooney, R. H., Hepworth, D. H., & Strom-Gottfried, K. (2017). *Direct social work practice: Theory and skills*. Cengage Learning.

International Federation of Social Workers(2014). Global definition of the social work profession. https://www.ifsw.org/what-is-social-work/global-definition-of-social-work/

Kirst-Ashman, K. K., & Hull, G. (2009). *Understanding generalist social work practice*. Belmont, CA: Brooks/Cole Thomson Learning.

거시적 방법

CHAPTER

거시적 방법

학/습/목/표 1. 지역사회복지의 개념과 주요 실천 모델을 이해하고 실제에 적용할 수 있다.
2. 사회복지행정의 개념, 특성, 주요 이론 및 자원관리의 핵심 내용을 이해할 수 있다.

Flipped Learning (사전 학습)

1. 우리 동네의 복지문제, 누가 어떻게 해결할 수 있을까?
2. 여러분이 사는 지역에는 어떤 복지문제가 있나요? 문제를 해결하기 위해서 나(주민), 사회복지사, 지자체 및 정부의 역할을 생각해봅시다.

1. 지역사회복지

1) 지역사회복지의 개념과 요소

(1) 지역사회와 지역사회복지

지역사회(community)는 역사적으로 그 의미가 변화해 왔다. 14세기에는 '일반시민', 16세기에는 '어떤 공통된 특성을 지닌 집단', 산업혁명 이후 19세기에는 도시와 대비되는 '전통사회'를 의미하였다(오정수, 류진석, 2024). 많은 학자들이 지역사회를 정의하였는데, 이를 종합해보면, 지역사회는 지리적 영역(geographic area) 내에서 사회적으로 상호작용(social interaction)을 하는 사람들로 구성되며, 여기에 하나 이상의 공통된 유대(common tie)가 있는 집단으로 정의할 수 있다(Hillery, 1995). 최근 컴퓨터 및 인공지능의 발달로 지역사회는 지리적 차원이 아닌 기능적 차원으로 재편되고 있으며, 코로나-19와 같은 새로운 사회문제에 대해서 새로운 전략을 요구받고 있다.

워렌(Warren, 1978)는 지역사회의 기능을 다음 〈표 6-1〉과 같이 다섯 가지로 분류하였다.

〈표 6-1〉 지역사회의 기능 및 관련 제도

기능	내용	제도
생산 · 분배 · 소비	지역사회 주민들이 일상생활을 영위하는 데 필요로 하는 재화와 서비스를 생산하고 분배하고 소비하는 과정과 관련된 기능	경제
사회화	사회가 향유하고 있는 일반적인 지식, 사회적 가치 그리고 행동양식을 그 사회구성원들에게 전달시키는 과정	가족
사회통제	지역사회가 그 구성원들에게 사회의 규범에 순응하게 하는 것	정치
사회참여	사회체계를 구성하는 사회단체 조직들 간의 관계와 관련된 기능. 즉, 사람들 스스로 규범을 준수하여 바람직한 행동을 하도록 하는 것	종교
상호부조	사회구성원들이 이상에서 살펴본 주요 사회제도에 의해서 자기들의 욕구를 충족할 수 없는 경우에 필요하게 되는 기능	사회복지

출처: 이형하 외(2020) 재구성.

지역사회복지(community welfare)는 전문 또는 비전문 인력이 지역사회 수준에 개입하여 지역사회에 존재하는 각종 제도에 영향을 주고 지역사회의 문제를 예방하고 해결하고자 하는 일체의 사회적 노력으로 정의할 수 있다(김범수, 신원우, 2024).

로스(Ross, 1955)는 지역사회복지란 지역사회가 스스로 욕구(needs)와 목표(objectives)를 인식하고 정리하며, 이를 해결하기 위한 자신감(confidence)과 의지(will)를 형성하고, 필요한 내 · 외부 자원(internal and/or external resources)을 찾아 실행하는 과정으로 설명하고 있다. 이 과정에서 지역사회는 서로 협력적(co-operative)이며 협동적(collaborative)인 태도와 실천을 확대하고 발전시킨다고 하였다.

(2) 지역사회복지의 이념

지역사회복지는 다음과 같은 다섯 가지 기본이념을 갖는다(우수명 외, 2021). 첫째, 사회통합(social integration)이다. 사회통합은 갈등과 배제가 없는 공정한 사회의 중심 가치이자, 개인이나 집단 간 균열, 갈등 및 배제의 요인이 정당한 방법과 절차에 따라 효과적으로 해소되어 조화를 이루는 상태로 정의할 수 있다.

둘째, 정상화(normalization)이다. 원래 정상화는 지적장애인이 다른 사람들과 동등하게 지역사회에서 정상적인 생활을 함께 영위하는 것을 추구하는 개념이다. 이러한 개념은 지적장애인 뿐 아니라 모든 클라이언트를 대상으로 확대되었다. 즉, 정상화는 모든 지역사회 주민들이 가족생활을 기반으로 인간의 기본적 욕구를 충족하고, 사회적으로 가치있는 역할 및 교류를 수행할 수 있도록 지원하는 것이다.

셋째, 탈시설화(deinstitutionalization)이다. 탈시설화는 장애인들을 대상으로 하는 대형 시설 생활시설의 체계에서 지역사회에 기반하는 소규모 생활시설로의 전환을 의미한다. 이는 생활시설의 폐지가 아니라 소규모화, 다변화, 개방화 등의 측면이 강조된 것으로 해석할 수 있다. 이러한 개념의 이행을 위해서는 시설 및 지역사회의 인프라 개선과 동시에 지역사회의 인식 개선이 동시에 요구된다.

넷째, 주민참여(resident participation)이다. 주민참여는 지역사회의 문제 해결을 위한 정부와 지자체의 의사결정에 영향을 미치고자 하는 지역주민의 제도적 또는 비제도적 행위로 정의할 수 있다. 이 이념은 지역주민이 지역사회복지 서비스의 이용자인 동시에 제공자라는 관점을 강조하고 있다. 주민참여는 지역사회의 욕구와 문제 해결 과정에서 지역주민이 핵심적인 역할을 하는 주체임을 부각하고 있다.

다섯째, 네트워크(network)이다. 네트워크는 개인이 타인과 사회적 관계를 만들고 유지하는 과정이자 결과로 정의할 수 있다. 지역사회 내 구성원의 다양한 욕구를 개별 기관이나 주체만으로 해결하기 어렵다. 따라서 네트워크를 통해 여러 조직이 연계하고 협력하여 통합적이고 다차원적인 서비스를 제공할 필요가 있다.

2) 지역사회복지의 실천 모델

지역사회복지는 지역사회의 욕구와 문제 해결을 위한 다양한 실천 모델을 통해 접근하고 있다. 각 사회마다 문화, 전통, 경제, 사회, 정치 등 맥락이 서로 다르기 때문에 지역사회의 실천 모델은 다양하게 제시되어 왔다. 그 중에서도 가장 널리 알려진 로스만(Rothman, 1955), 테일러와 로버츠(Taylor & Roberts, 1985), 웨일과 갬블(Weil & Gamble, 1995)의 모델을 소개하고자 한다.

(1) 로스만의 모델

로스만은 지역사회복지 실천 모델로 지역사회개발(local development) 모델, 사회계획 및 정책(social planning & policy) 모델, 사회행동(social action) 모델을 제시하였다(Rothman, 1955). 로스만은 이 이념적 모델들이 서로 혼합(mixing)되어 적용될 수 있다고 하였다. 예를 들어, 지역사회개발 모델과 사회계획 및 정책 모델, 사회계획 및 정책 모델과 사회행동 모델 등과 같이 서로 혼합될 수 있다. 또한 이 모델들은 전환(phasing)을 통해 시간의 변화에 따라 적용될 수 있다고 하였다. 예를 들어, 개입 초기에는 지역사회개발 모델로 시작하였으나, 이후 구체적인 문제 해결을 위해 사회계획 및 정책 모델로 전환될 수 있다. 이 세 가지 실천 모델을 열두 가지 실천 변수에 따라 〈표 6-2〉에 정리하였다.

〈표 6-2〉 로스만의 지역사회복지 실천 모델

구분	지역사회개발 (local development)	사회계획 및 정책 (social planning & policy)	사회행동 (social action)
지역사회 활동목표	지역사회의 활동능력과 통합, 자조(과정목표)	지역사회문제의 해결 (과업목표)	권력관계와 자원의 변화, 기본적인 제도 변화(과업 및 과정목표)

지역사회 구조와 문제 상황에 관한 전제	지역사회의 상실, 아노미, 관계 및 민주적 문제해결 능력의 결여, 정태적·전통적 지역사회	실질적인 사회문제, 정신 및 신체적 건강문제, 주택, 여가 등	사회적 고통을 당하고 있는 사람, 사회부정의, 박탈, 불평등
변화전략	문제 결정 및 해결에 다수의 사람 참여	문제에 관한 자료수집과 최적의 합리적 행동조치 결정	이슈의 구체화와 표적대상에 대해 조치를 취할 수 있도록 주민 동원
변화 전술과 기법	합의; 지역사회집단 간, 이해관계 간 상호의사소통, 집단토의	합의 또는 갈등	갈등 대결, 직접행동, 협상
사회복지사 역할	조력자-촉매자, 조정자, 문제해결기술과 윤리적 가치에 대한 교사	사실수집자와 분석자, 프로그램실행자, 촉진자	행동주의적 옹호자, 선동자, 중개자, 협상자, 파당
변화의 매개체	과업지향적인 소집단 활용	공식 조직과 객관적인 자료 활용	대중조직과 정치과정 활용
권력구조에 대한 지향성	협력자로서 권력구조의 구성원	고용주와 후원자로서 권력구조	활동의 외부표적으로서 권력구조, 타도되거나 강요된 압제자
수급자체계(지역)의 범위 정의	지리적 측면에서 전체 지역사회	지역사회 전체 또는 지역사회 일부	지역사회 일부
지역사회 하위부분의 이해관계에 대한 전제	공통의 이해관계 및 조정 가능한 차이	이해관계의 조정 가능 또는 갈등	쉽게 조정할 수 없는 갈등적 이해관계, 자원의 희소성
수급자 개념	시민(citizen)	소비자(consumers)	희생자(victims)
수급자 역할의 개념	상호작용적 문제해결과정에의 참여	소비자 혹은 수령자(recipients)	고용주, 지역사회구성원, 회원
임파워먼트 활용	협동적이고 의사결정을 할 수 있는 지역사회 능력 구축, 주민의 개인적 주인의식 고취	소비자의 서비스 욕구 규명, 소비자의 서비스 선택의 정보 제공	수급자체계(지역사회)를 위한 객관적 권력(지역사회 의사결정에 영향을 미치는 권리와 수단)의 획득, 참여자의 주인의식 고취

출처: 오정수, 류진석(2024).

(2) 테일러와 로버츠의 모델

테일러와 로버츠는 로스만의 세 가지 실천 모델에 두 가지 모델을 추가하였다(Taylor & Roberts, 1985). 이 다섯 가지 모델은 다음과 같이 후원자와 클라이언트의 의사결정 권한으로 구분할 수 있다.

① 프로그램 개발 및 조정(program development and coordination) 모델: 후원자가 100%

② 계획(planning) 모델: 후원자가 7/8

③ 지역사회연계(community liaison) 모델: 후원자와 클라이언트가 각각 1/2

④ 지역사회 개발(community development) 모델: 클라이언트가 7/8

⑤ 정치적 권력 강화(political empowerment) 모델: 클라이언트가 100%

(3) 웨일과 갬블의 모델

웨일과 갬블은 다음과 같이 여덟 가지 유형으로 지역사회복지 실천 모델을 제시하였다(Weil & Gamble, 1995).

① 근린지역사회조직(neighborhood and community organizing)

- **목표:** 조직화를 위한 구성원의 능력 개발, 도시 · 지역계획과 외부 개발에 영향과 변화
- **변화의 표적체계:** 시, 외부개발자, 지역사회주민
- **일차적인 구성원:** 이웃 지역사회주민
- **관심 영역:** 지역사회주민의 삶의 질
- **사회복지사의 역할:** 조직가, 교사, 코치, 촉진자

② 기능적인 지역사회조직(functional community organizing)

- **목표:** 행위, 태도의 옹호와 변화에 초점을 둔 사회정의를 위한 행동, 서비스 제공
- **변화의 표적체계:** 일반대중, 정부기관
- **일차적인 구성원:** 동호인
- **관심 영역:** 특정 이슈와 대상을 옹호
- **사회복지사의 역할:** 조직가, 옹호자, 집필자, 정보전달자, 촉진자

③ 지역사회의 사회·경제개발(community social and economic development)

- **목표:** 지역주민 관점에 입각한 개발계획주도, 사회경제적 투자의 주민 이용 준비
- **변화의 표적체계:** 은행, 재단, 외부개발자, 지역사회주민
- **일차적인 구성원:** 지역사회의 저소득계층, 주변계층, 불이익계층
- **관심 영역:** 소득 자원, 사회적 지원 개발, 교육과 리더십 기술 향상
- **사회복지사의 역할:** 협상가, 증진자, 교사, 계획가, 관리자

④ 사회계획(social planning)

- **목표:** 선출된 기관 또는 휴먼서비스 계획 협의회가 행동을 하기 위한 제안
- **변화의 표적체계:** 지역사회 지도자의 관점, 휴먼서비스 지도자의 관점
- **일차적인 구성원:** 선거로 선출된 공무원, 사회기관과 기관 간의 조직
- **관심 영역:** 지역계획에 사회적 욕구 통합, 휴먼서비스 관계망 조정
- **사회복지사의 역할:** 조사자, 프로포절 제안자, 정보전달자, 관리자

⑤ 프로그램 개발과 지역사회 연결(program development and community liaison)

- **목표:** 지역사회서비스의 효과성을 증진시키기 위한 기관프로그램의 확대와 방향 수정
- **변화의 표적체계:** 기관프로그램의 재정 충원자, 기관 서비스의 수혜자

- 일차적인 구성원: 기관위원회 또는 행정가, 지역사회 대표자
- 관심 영역: 특정 대상자를 위한 서비스 개발
- 사회복지사의 역할: 대변자, 계획가, 관리자, 프로포절 제안자

⑥ 정치 · 사회행동(political and social action)

- 목표: 정책 또는 정책형성자의 변화에 초점을 둔 사회정의를 위한 행동
- 변화의 표적체계: 선거권자, 선출된 공무원, 잠재적 참여자
- 일차적인 구성원: 특정 정치적 권한이 있는 시민
- 관심 영역: 정치권력의 형성, 제도의 변화
- 사회복지사의 역할: 옹호자, 조직가, 조사자, 조정자

⑦ 연합(coalition)

- 목표: 프로그램의 방향이나 자원을 최대한 끌어낼 수 있는 다조직적인 권력기반 형성
- 변화의 표적체계: 선출된 공무원, 재단, 정부기관
- 일차적인 구성원: 특정 이슈에 이해관계가 있는 조직
- 관심 영역: 사회적 욕구 또는 사회적 관심과 관련된 특정 이슈
- 사회복지사의 역할: 중개자, 협상가, 대변자

⑧ 사회운동(social movement)

- 목표: 특정 대상 집단 또는 이슈에 대해 사회정의를 위한 행동
- 변화의 표적체계: 일반대중, 정치제도
- 일차적인 구성원: 새로운 비전과 이미지를 창출할 수 있는 조직과 지도자
- 관심 영역: 사회정의
- 사회복지사의 역할: 옹호자, 촉진자

3) 지역사회복지의 실제

(1) 사회복지관

「사회복지사업법」 제2조(정의)에서는 사회복지관은 지역사회를 기반으로 일정한 시설과 전문인력을 갖추고 지역주민의 참여와 협력을 통하여 지역사회의 복지문제를 예방하고 해결하기 위하여 종합적인 복지서비스를 제공하는 시설로 정의하고 있다.

사회복지관의 사업은 「사회복지사업법 시행규칙」에 따라 〈표 6-3〉과 같이 분류된다.

〈표 6-3〉 사회복지관의 사업

기능	사업분야
서비스 제공	가족기능 강화, 지역사회 보호, 교육문화, 자활지원 등 기타
사례관리	사례발굴, 사례개입, 서비스 연계
지역조직화	복지네트워크 구축, 주민 조직화, 자원 개발 및 관리

(2) 지역사회보장협의체

지역사회보장협의체는 「사회보장급여의 이용 · 제공 및 수급권자 발굴에 관한 법률」 제41조(지역사회보장협의체)에 근거하고 있다. 지역사회보장협의체는 다음과 같은 업무를 심의 및 자문한다.

① 시 · 군 · 구의 지역사회보장계획 수립 · 시행 및 평가에 관한 사항
② 시 · 군 · 구의 지역사회보장조사 및 지역사회보장지표에 관한 사항
③ 시 · 군 · 구의 사회보장급여 제공에 관한 사항
④ 시 · 군 · 구의 사회보장 추진에 관한 사항

⑤ 읍 · 면 · 동 단위 지역사회보장협의체의 구성 및 운영에 관한 사항

⑥ 그 밖에 위원장이 필요하다고 인정하는 사항

2. 사회복지행정

1) 사회복지행정의 개념과 특성

(1) 사회복지행정의 개념

사회복지행정은 그 사회의 맥락에 따라 변화하기 때문에 학자들마다 서로 다른 정의를 내리고 있다. 이들의 정의를 종합하면 협의의 개념과 광의의 개념으로 구분할 수 있다. 협의의 사회복지행정은 미시적 관점인 개별사회사업, 집단사회사업, 지역사회조직화사업이라는 실천적 맥락 속에서 개별 사회복지조직들이 조직의 실천목표를 쉽게 달성하기 위해 관리자에 의해 수행되는 상호의존적인 과업과 기능 및 관련 활동 등의 체계적인 개입과정을 의미한다(최칠성 외, 2024).

광의의 사회복지행정은 인간 생활의 사회관계 속에서 발생하는 사회문제에 대응하여 사회복지의 목표를 달성하기 위해서 사회복지정책의 형성 및 구체화를 위한 합리적 행동으로 정의할 수 있다(최칠성 외, 2024).

(2) 사회복지행정의 특성

하센펠드(Hasenfeld, 1983)는 일반행정과 다른 사회복지행정의 특성을 다음과 같이 정리하였다(신복기 외, 2024).

① 변화해야 할 속성을 안고 있는 클라이언트와 직접 접촉하면서 활동하고 있다.
② 서비스를 제공받는 클라이언트의 복지를 보호하고 증진하도록 사회에서 위임받았고 그 때문에 정당화된다. 즉, 공공의 이익을 위해서 사회적 · 물질적 · 비물질적 후원을 받는다.
③ 목표가 애매하고 모호하다. 복지기관은 인간을 대상으로 하므로 인간의 개별적인 목표에 대하여 구체적으로 합의를 얻기 어려운 점이 많다.
④ 투입되는 원료가 도덕적 가치를 지닌 인간이라는 사실 때문에 조직활동에 영향을 받는다. 따라서 거의 모든 활동이 도덕적으로 정당화되어야 하므로 기술과 활동 수행에 제약이 많다.
⑤ 외부의 많은 공공 또는 민간기관과 업무관계를 맺고 재정원천도 외부에 의존하고 있다. 따라서 서비스 대상자나 프로그램 방향 등 정책 결정이나 기술 적용에 있어 가치와 이해관계 갈등이 발생하면 많은 혼란을 겪을 수 있다.
⑥ 전반적인 사회과학적 지식의 불확실성과 원조관계에 대한 지식의 불확실성 때문에 서비스 결과의 성공률이 뚜렷하게 높지 못하다. 즉, 소기의 결과를 얻는데 불완전한 지식과 기술을 사용하고 있다.
⑦ 핵심적 활동은 종사자와 서비스 대상자인 클라이언트와의 관계로 이루어진다. 따라서 현장에서 활동하는 전문 사회복지사들의 활동이 중요시된다.
⑧ 서비스의 효과를 확실하고 타당하게 측정할 수 있는 단일한 표준척도를 만들기 어렵다. 따라서 결과에 대한 논란이 많고 변화와 혁신에 대한 저항이 다른 조직보다 더 강할 수 있다.

2) 사회복지행정의 이론

(1) 관료제 이론

관료제 이론(bureaucracy theory)은 합법적인 규칙과 효율성을 강조한다(Weber,

1947). 이 이론은 조직 구성원이 각자 할당받은 업무를 수행하면서 규칙만 잘 지킨다면 생산성이 높아질 것으로 보았다. 베버(Weber, 1947)는 관료제가 전통적 권한 및 카리스마적 권한과는 대비되는 개념인 합법적 권한에 기초하고 있다고 설명하였다. 관료제의 특성에 따른 순기능과 역기능은 〈표 6-4〉에 정리하였다.

〈표 6-4〉 관료제의 특성에 따른 순기능과 역기능

특성	순기능	역기능
권위의 위계구조	엄격한 지시이행과 조정	의사소통의 저해
규칙과 규정	지속성과 통일성	경직성과 목표전치
사적 감정 배제	합리성 확보	직원의 사기저하
분업	전문성 강화	직무에 대한 권태
경력지향성	유인체계	연공과 업적 간의 갈등

출처: 최칠성 외(2024).

(2) 과학적 관리론

과학적 관리론(scientific management theory)은 테일러(Taylor, 1911)가 주창하였다. 이 이론은 생산의 극대화와 분업의 효율성을 강조하였다. 이를 위해 관리자는 기획을 하고, 조직 구성원은 실행을 하도록 구분하였다. 과학적 관리의 핵심적 기법은 다음과 같다(신복기 외, 2024).

① **시간 및 동작 연구**: 숙련된 사람의 작업을 분석하여 표준시간과 표준동작을 정함

② **작업도구의 표준화**: 다양한 공구에 대한 조사 및 연구를 통해 표준공구를 개발함

③ **과업관리의 이율 성과급제**: 표준작업량을 설정하고 차별적인 성과급 제도를 적용함

④ **지도표(instruction card)와 기능적 직장 제도**: 관리자와 근로자의 기능적 역할을 구분함

(3) 인간관계론

인간관계론(human relationship theory)은 메이요(Mayo, 1933)의 호손 실험(Hawthorne study)에서 출발하였으며, 인간을 기계적이고 경제적인 존재로 보던 과학적 관리론을 비판하였다. 이 이론은 비합리적·비제도적·사회적·심리적·감정적 측면에 초점을 두고 인간을 관리하는 방법을 체계화하였다(김현진 외, 2021).

한편, 맥그리거(McGregor, 1960)은 인간과 조직에 대해서 X, Y이론을 주창하였다. X이론에 따르면, 인간은 본래 일하기를 싫어하며, 통제와 지시를 선호한다고 하였다. 반대로 Y이론은 인간은 본래 일하기를 좋아하며, 자기통제와 자기결정이 가능하다고 보았다.

(4) 체계이론

체계이론(system theory)은 조직을 독립적인 존재가 아닌 상호의존성을 갖는 개념을 보았다(Bertalanffy, 1968). 사회복지행정 조직은 폐쇄 체계가 아니라 개방 체계(open system)로 본다. 그 특성을 살펴보면, 외부로부터 자원을 투입(input)하여 서비스를 제공하는 전환(throughput)과정을 거치며, 클라이언트를 변화시키는 산출(output) 후 환류(feedback)하게 된다. 이러한 체계이론은 〈표 6-5〉와 같이 다섯 가지의 하위체계를 갖는다(Neugeboren, 1985).

〈표 6-5〉 체계이론의 하위체계

하위체계	내용
생산 하위체계 (production subsystem)	모든 조직은 생산과 관련된 과업을 수행하고, 결과물로서 재화나 서비스를 생산한다.
유지 하위체계 (maintenance subsystem)	조직은 유지를 위해 보상체계, 조직구조, 역할 분담, 직무훈련 등의 내부 시스템을 확립한다.
경계 하위체계 (boundary subsystem)	조직은 환경과의 관계를 고려하여, 개방체계 관점으로 외부환경에 영향을 미칠 수 있는 기반을 조성한다.

적응 하위체계 (adaptive subsystem)	조직은 업무수행 능력을 향상시키기 위한 조사 · 연구 · 평가를 실시한다.
관리 하위체계 (managerial subsystem)	조직은 리더십을 통해 상기 네 가지 하위체계를 조정 및 통합한다.

출처: 김현진 외(2021).

(5) 상황이론

상황이론(contingency theory)은 조직은 환경과 밀접한 관계를 맺고 있으며, 이 관계가 어떠한 영향을 미치는가에 초점을 두고 있다(Lawrence & Lorsch, 1967). 모든 조직에 적용되는 보편적인 최고의 방법은 존재하지 않으며, 조직의 환경 · 기술 · 규모 등 상황변수에 따라 조직의 관리 방식이 다르게 조정되어야 한다고 주장한다.

(6) 목표관리이론

목표관리이론(management by objectives: MBO)은 조직의 목표를 설정하고 이를 기준으로 성과를 관리하는 것을 의미한다. 목표관리는 참여의 과정을 통해 조직단위와 구성원들에게 측정 가능하고 1년 미만의 단기적인 목표를 명확하고 체계적으로 설정하게 하며, 그에 따라 생산활동을 수행하도록 하며 활동의 결과를 평가 · 환류시키는 체계를 의미한다(신복기 외, 2024).

3) 사회복지행정의 자원관리

(1) 인적자원관리

인적자원관리는 사회복지조직의 목표달성을 위해서 필요한 인재를 동원하고 관리하는 것을 의미한다. 일반적으로 모집, 선발, 임용, 배치, 평가 등의 과정이 수행된다. 특히 모집 단계에서는 먼저 직무분석을 통한 직무기술서와 직무명세서를 작성하는데 그 설명은 다음과 같다(신복기 외, 2024).

① 직무분석(job analysis): 특정 과업에 수반되는 의무와 자격을 명확하게 하고, 해당 과업에서 발생하는 과업의 내용, 방법, 시간과 기준, 조직 전반의 업무 내 해당 업무의 연계성 등을 분석하는 작업
② 직무기술서(job description): 특정 과업의 성격과 내용, 수행 방법, 직무를 통해 기대되는 결과 등을 서술해 놓은 것
③ 직무명세서(job specification): 특정 직무를 효과적으로 수행하는 데 필요한 종사자의 지식, 기능, 능력 등을 요약해 놓은 것

슈퍼비전(supervision)은 사회복지기관의 종사자가 업무를 수행하는 데에 지식과 기능을 최대로 활용하고 그 능력을 향상시켜 효과를 높이기 위하여 원조와 지도를 행하는 일을 말한다(김현진, 2021). 카두신(Kadushin, 1992)은 슈퍼비전을 행정적(administrative), 교육적(educational), 지지적(supportive) 기능으로 구분하였다. 행정적 슈퍼비전은 담당자에게 업무를 할당하고 조정하는 등 조직 운영에 필요한 행위를 전달하는 지원이고, 교육적 슈퍼비전은 담당자의 전문지식과 기술을 향상시키는 데 초점을 두고 있으며, 지지적 슈퍼비전은 담당자의 직무 스트레스 완화 및 직무 만족도 향상 등 심리적 지지를 제공하는 것이다(신복기 외, 2024).

(2) 재정관리

사회복지기관의 재정관리는 일반적으로 재원 확보, 예산 편성, 심의 · 의결, 집행, 결산 및 회계의 과정으로 이루어진다. 사회복지기관은 「사회복지법인 및 사회복지시설 재무 · 회계 규칙」에 의거 예 · 결산 및 회계를 집행한다. 예산은 다음과 같은 유형으로 구분될 수 있다(김현진, 2021).

① 품목별 예산(line-item budget: LIB): 수입과 지출을 각 항목별로 구체적으로 제시

② 성과주의 예산(performance budget: PB): 프로그램 단위 원가에 업무량을 곱하여 편성

③ 계획 예산(planning-programming-budgeting system: PPBS): 장기적인 사업계획(planning)을 세우고 그것을 실천하기 위한 당해 연도의 프로그램 계획(programming)과 이를 뒷받침하는 예산(budgeting)을 통합하여 수립

④ 영기준 예산(zero-based budget: ZBB): 전례를 기준으로 삼지 않고 매년 영(zero)의 수준에서 새롭게 예산을 편성

Project Based Learning

▶ **우리 지역의 복지문제를 찾아 해결방안을 제안하자**

1. 최근 각 지역에서는 고령화, 복지 사각지대, 아동 돌봄, 청년 일자리, 장애인 이동권 등 다양한 복지문제가 발생하고 있습니다. 이러한 문제를 해결하기 위해서는 주민의 참여(지역사회복지)와 행정의 협력(사회복지행정)이 함께 이루어져야 합니다. 우리 지역의 복지문제를 스스로 조사하고, 지역사회복지의 실천모델과 행정이론을 적용하여 구체적인 해결방안을 제안해 봅시다.
2. 우리 지역의 복지문제를 한 가지 정하고, 문제의 원인이 무엇인지 어떤 기관(복지관, 주민센터, 지자체, 민간단체)들이 관련되어 있는지 살펴봅니다. 자료를 찾아 통계나 실제 사례를 정리해 봅니다. 이 문제를 해결하는데 적절한 지역사회복지 실천모델을 선정하고, 사회복지행정 이론을 적용해 실행계획과 각 주체별 역할을 구체적으로 작성합니다. 이를 우리 지역 복지 문제 해결 프로젝트 제안서 형태로 정리하여 발표합니다.

생 · 각 · 해 · 보 · 기

1. 지역사회복지의 다섯 가지 기본 이념 중 '주민참여'는 지역사회의 문제를 지역주민이 직접 참여하여 해결하는 것을 의미한다. 현재 우리 지역사회의 문제는 무엇이 있으며, 여러분은 어떻게 참여할 수 있을지 생각해 보세요.

2. 로스만의 세 가지 실천 모델 중 우리 사회문제에 가장 적합한 모델이 무엇인지 생각해 보세요.

3. 카두신의 세 가지 슈퍼비전 기능 중 현장의 사회복지사에게 가장 필요한 기능은 무엇인지 생각해 보세요.

참고자료

1. 지역사회보장협의체에 관한 영상

서울시복지재단TV(2024. 1. 16.). '지역사회 보장 협의체'를 아시나요?

https://youtu.be/y0u9JSRrATo?feature=shared

2. 사회적 경제에 관한 영상

서울시복지재단TV(2024. 12. 19.). ep1. 사회적경제, 사회복지사가 관심을 가져야 하는 이유는 뭘까?

https://youtu.be/J2GkGZmgVTA

서울시복지재단TV(2024. 12. 19.). ep2. 사회적 경제, 사회복지사가 관심을 가져야 하는 이유

https://youtu.be/X0pJGjSlhG8

주요 용어 정리

- ▶ 지역사회: 지리적 영역 내에서 상호작용하며 공통된 유대를 가진 집단
- ▶ 지역사회복지: 지역사회의 문제를 해결하기 위한 사회적 노력
- ▶ 임파워먼트: 개인이나 집단의 역량을 강화하도록 하는 과정
- ▶ 사회복지행정: 사회복지조직이 사회복지서비스를 제공하는 과정
- ▶ 개별사회사업: 개인의 문제를 해결하기 위해 일대일로 개입하는 실천 방법
- ▶ 집단사회사업: 공통의 문제를 가진 집단을 대상으로 변화를 돕는 실천 방법
- ▶ 지역사회조직화사업: 지역의 문제를 해결하기 위해 자원을 조직하는 실천 방법

참/고/문/헌

김범수, 신원우 (2024). 지역사회복지론(6판). 고양: 지식터.

김현진, 이순희, 김학실, 유옥현 (2021). 사회복지행정론. 고양: 공동체.

신복기, 박경일, 윤기혁, 배의식, 손지현 (2024). 사회복지행정론. 고양: 공동체.

오정수, 류진석 (2024). 지역사회복지론(6판). 서울: 학지사.

우수명, 주경희, 김희주, 이두진 (2021). 지역사회복지론(제2판). 고양: 지식공동체.

이형하, 정민숙, 양정남, 박일연, 김혜선 (2020). 사회복지학개론(5판). 고양: 공동체.

최칠성, 전재현, 오단이, 전우일 (2024). 사회복지행정론. 고양: 공동체.

Bertalanffy, L. von. (1968). *General system theory: Foundations, development, applications*. New York, NY: George Braziller.

Drucker, P. F. (1954). *The practice of management*. New York, NY: Harper & Row.

Hasenfeld, Y., & Paton, A. (1983). *Human service organizations* (p. 50). Englewood Cliffs, NJ: Prentice-Hall.

Hillery Jr, G. A. (1955). Definitions of community: Areas of agreement. *Rural sociology*, *20*(2), 111-123.

Kadushin, A. (1992). *Supervision in social work* (3rd ed.). New York, NY: Columbia University Press.

Katz, D., & Kahn, R. L. (1978). *The social psychology of organizations* (2nd ed.). New York, NY: Wiley.

Lawrence, P. R., & Lorsch, J. W. (1967). *Organization and environment: Managing differentiation and integration*. Boston, MA: Harvard University Press.

Mayo, E. (1933). *The human problems of an industrial civilization*. New York, NY: Macmillan.

Neugeboren, B. (1985). *Organization, policy, and practice in the human services*. New York, NY: Longman.

Ross, M. G. (1955). *Community Organization: Theory and Principles*. New York, NY: Harper.

Rothman, J. (1968). Three models of community organization practice: Their mixing and phasing. In F. M. Cox, J. L. Erlich, J. Rothman, & J. E. Tropman (Eds.), *Strategies of community organization* (pp. 22-45). Itasca, IL: F. E. Peacock.

Taylor, F. W. (1911). *The principles of scientific management*. New York, NY: Harper & Brothers.

Taylor, S., & Roberts, R. W. (Eds.). (1985). *Theory and Practice of Community Social Work*. New York, NY: Columbia University Press.

Warren, R. L. (1978). *The Community in America* (3rd ed.). Chicago, IL: Rand McNally.

Weber, M. (1947). *The theory of social and economic organization* (A. M. Henderson & T. Parsons, Trans.). New York, NY: Oxford University Press. (Original work published 1922)

Weil, M. O., & Gamble, D. N. (1995). Community practice models. In R. L. Edwards & J. G. Hopps (Eds.), *Encyclopedia of Social Work* (19th ed., pp. 577-593). Washington, DC: NASW Press.

03

PART

사회복지실천 분야

아동복지

CHAPTER

1. 현대사회의 아동

2. 아동위기별 대응 체계

3. 아동복지 실천 맛보기

아동복지

학/습/목/표
1. 아동 권리를 이해하고 설명할 수 있다.
2. 다양한 아동위기 상황과 위기별 대응 체계에 대해 설명할 수 있다.
3. 아동복지 실천현장에서의 사회복지사 역할에 대해 설명할 수 있다.

Flipped Learning (사전 학습)

태어나면서부터 영아기, 유아기, 학령기, 청소년기를 거쳐 19세가 될 때까지 나에게 닥칠 수 있는 다양한 위기에 대해 생각해봅시다. 나의 가족, 또래, 이웃, 학교, 지역사회와 연관하여 생각해봅시다.

탄생 → 영아기 → 유아기 → 학령기 → 청소년기

1. 현대사회의 아동

1) 아동의 개념 및 권리

'아동'은 보편적으로 신체적, 심리적, 사회적 발달 과정 중에 있는 사람으로 가족, 사회, 국가로부터 보호가 필요한 사회적 약자이며 사회의 규범, 가치, 태도, 행동양식 등을 배우고 내면화하여 사회 구성원으로 성장해가는 과정(사회화)의 주체로 볼 수 있다.

법적으로는 주로 연령을 기준으로 정의하는데 법률에 따라 제시하는 연령 기준이 조금씩 상이하다(〈표 7-1〉 참고). 대한민국의 아동을 보호하고 권리를 증진하기 위해 제정된 기본법인 「아동복지법」에서는 '18세 미만인 사람'을 아동으로 규정하고 있다.

〈표 7-1〉 주요 법률별 아동 정의 및 연령 기준

법률명	아동의 정의 및 연령기준	참고
아동복지법	18세 미만(제3조 1호)	가장 일반적인 기준, 복지서비스 제공 대상
아동학대범죄의처벌등에 관한특례법	18세 미만(제2조 제1호)	아동학대 범죄 보호 대상
청소년복지지원법	9세 이상 24세 이하인 사람(제2조 제1호)	일부 정책은 아동기와 겹침
소년법	19세 미만(제2조)	범죄 행위에 대한 법적 책임 범위
영유아보육법	7세 이하의 취학 전 아동(제2조 제1호)	어린이집 보육 대상
장애아동복지지원법	18세 미만의 장애인으로 등록된 사람 (제2조 제2호)	장애 아동 대상 지원 근거
입양특례법	18세 미만의 사람(제2호 제2호)	입양 절차상 아동 정의

아동은 가족과 사회, 국가로부터 적절한 보호를 받고 건강하게 성장할 권리를 가지고 있다. 뿐만 아니라 자신의 생각을 표현하고 의사결정 과정에 주체적으로 참여할 수 있는 권리를 가지고 있다. 전 세계 아동의 권리를 보호하고 증진하기 위한 국제적 기준을 제시하는 UN 아동권리협약(UN Converntion on the Rights of the Child: CRC)에서는 아동의 권리를 생존권, 보호권, 발달권, 참여권으로 명시하고 있다.

생존권은 아동이 생명을 보장받고 건강하게 살아갈 권리를 의미한다. 생존에 필요한 충분한 음식, 깨끗한 물, 주거, 의료서비스 등을 받을 수 있어야 한다는 의미이다. 보호권은 아동이 부모나 사회로부터 발생하는 위험(학대, 차별, 전쟁 등)으로부터 보호받을 권리를 의미한다. 발달권은 아동의 능력과 잠재력을 충분히 발달시킬 수 있는 권리를 의미하며 적절한 교육을 받고 여가나 놀이를 즐길 수 있어야 하며 언론·출판물·시청각 자료·인터넷 등 다양한 경로를 통해 자신의 발달에 유익한 정보에 접근할 수 있어야 한다. 마지막으로 참여권은 아동이 자신과 관련된 일에 의견

을 표현하고 존중받을 권리를 의미한다.[1]

아동의 권리를 존중하기 위해 우리 사회가 시행하고 있는 제도들에 대한 예시는 다음과 같다.

〈표 7-2〉 아동권리를 보장하기 위한 제도들 예시

권리	제도
생존권	산모와 신생아 무료 건강검진 및 예방접종 지원, 학교 무상 급식, 결식아동 급식 지원, 아동수당 지급, 다자녀 공공임대주택 지원
보호권	아동학대 신고의무제도 및 즉각분리조치, 가정외보호(가정위탁, 그룹홈, 시설 보호)
발달권	초·중등 무상교육, 방과후학교, 공공어린이도서관 및 놀이터 운영, 학생정서행동특성검사, 공공학습(예: EBS) 콘텐츠 제공
참여권	학생자치회 운영, 아동청소년 참여기구[2]

우리나라는 '아동이익 최우선의 원칙' 실현을 핵심적인 목표로 '제1차(2015~2019), 제2차(2020~2024) 아동정책 기본계획'을 발표하며 아동권리 중심의 정책기조 변화를 보여주고 있다. 우리나라 지역자치단체에서도 아동권리실현을 위해 아동친화도시(child friendly city)를 구축하려고 노력하고 있다. 아동친화도시는 「UN 아동권리협약」의 이행을 도시·지역 단위에서 구체화한 것으로 아동이 안전하고 건강하게 성장하며, 자신의 의견을 자유롭게 표현하고 사회에 참여할 수 있는 환경을 갖춘 도시를 말한다. 2024년 기준, 우리나라 전국 100여 개 지방자치단체가 유니세프 한국위원회로부터 아동친화도시 인증을 받았거나 추진 중에 있다.

1 아동이 자신의 삶에 영향을 미치는 중대한 사안(예: 아동 학대로 인한 친부모와의 분리, 원가정으로 복귀)뿐만 아니라 일상생활에서 단순히 아동의 '참여'라고 이야기하는 것은 어떠한 결정에 있어 아동이 주체가 아니라 객체화시킨다는 문제가 지적되고 있다. 적극적으로 아동들에게 의사를 묻고 들어야 한다는 차원에서 '청문권'이라는 용어가 사용되기도 한다. 청문권의 의미는 단순히 아동이 말로써 표현하는 의견, 감정, 욕구를 단지 '듣는 것'이 아니라 그 이면에 숨겨져 있는 것들을 '해석'할 의무가 있다는 것이다.

2 아동권리모니터링단, 청소년참여예산단, 아동정책영향평가참여단 등

그럼에도 불구하고 여전히 우리나라 아동권리 인식 수준은 낮은 편으로 '연령'으로 인한 차별 경험을 많이 하고 있으며 성인의 아동권리 인식 수준 또한 아동에 비해 낮은 것으로 조사되고 있다. 흥미롭게도, 한 나라를 대표하는 대통령의 어린이날 기념 연설문을 분석한 연구(강희주, 이진혁, 정익중, 2024) 결과를 살펴보면 과거뿐만 아니라 2000년 이후 들어선 정부에서도 진보, 보수 정권을 막론하고 아동 중심의 아동관은 거의 드러나지 않고 있는 것으로 나타난다. 이는 유교적 사상이 뿌리내리고 있는 문화(예: 부모의 소유물로 생각하는 경향)에서 비롯된 것도 있으며 투표권이 없는 아동이 정치적 힘을 갖지 못함으로 인해 초래되는 문제이기도 하다.

따라서 앞으로 아동의 권리가 존중받고 보장될 수 있도록 우리 사회가 어떠한 제도적 장치를 마련할 것인지에 대해 고민하고 노력할 필요가 있으며 지역사회 단위에서도 아동의 권리를 옹호하기 위한 목소리를 끊임없이 낼 수 있도록 사회복지현장에서 고민할 필요가 있다.

2) 아동 위기

아동은 태어나면서부터 성인으로 성장하기까지 여러 발달 단계를 거친다. 이 과정에서 아동은 신체적, 인지적, 정서적, 사회적 변화에 직면하며, 다양한 위기를 경험할 수 있다. 유기와 학대, 장애와 질병, 빈곤, 안전문제, 학교부적응, 정신건강 문제 등의 위험 요인이 아동의 삶을 위협할 수 있다. 우리 사회가 이와 같은 아동의 위기에 관심을 갖고 나서야 하는 이유는 다음과 같다.

첫째, 아동의 위기는 단순히 개인의 문제로 인한 것이 아니라 아동을 둘러싼 가족, 학교, 지역사회, 국가 정책 등 다양한 사회적 요인과 밀접한 관련이 있다. 둘째, 아동에게 닥치는 위기는 아동 시기에만 영향을 주는 것이 아니라 성인 이후의 생애까지 지속적으로 영향을 주기 때문에 발달의 유연성(변화의 여지)이 높은 시기인 아동기에 개입하고 예방하는 것이 필요하다. 셋째, 저출산으로 인해 아동 수가 급감하고 있는 현실에서 노동인구, 소비주체, 사회 유지의 핵심 인력으로 성장할 수 있는 소수 아동 한 명 한 명이 가지는 의미가 매우 크다. 따라서 국가 차원의 선제적 투자와 지원 차원에서도 중요한 문제다.

이 절에서는 아동이 생애주기에서 겪을 수 있는 주요 위기 상황을 살펴보고, 그에 대한 사회복지적 접근과 실천 방향을 함께 탐색한다.

(1) 돌봄 부재

아동은 발달 과정에서 적절한 돌봄을 받을 권리가 있다. 과거 대가족 체제, 성역할 구분, 사회 인식의 영향으로 돌봄이 온전히 가족 내 책임으로 보았다면 1세대 가족의 보편화, 맞벌이 가구의 증가, 가족 형태의 다양화(예: 한부모 가정, 조손 가정, 다문화 가정 등) 등으로 인해 가족만의 힘으로는 돌봄이 충분히 이루어지지 못하는 경우가 늘었다. 특히 우리나라의 경우 OECD 주요 국가들에 비해 육아휴직, 가족돌봄휴가, 유연(탄력)근무제, 재택근무제도의 문화적 이행이 부족하다고 평가받고 있어 빈곤, 신체적 및 정신건강 문제, 가족 해체 등 가족 기능의 약화뿐만 아니라 보호자의 근로로 인한 아동 돌봄 문제가 지속적으로 제기되고 있다.

돌봄 부재는 단순히 보호자의 부재뿐만 아니라 아동의 신체, 정서, 교육 등의 필요에 적절하게 반응하지 못하거나 지속적이고 안정적인 관심을 주지 못하는 상황까지를 포함한다. 돌봄의 부재는 신체적 · 인지적 발달 지연, 불안정한 애착 형성, 학교생활 부적응, 미디어 과노출, 비행 등의 장기적인 문제를 초래할 수 있기 때문에 이를 예방하고 해결하기 위해서 국가가 정책과 제도를 마련하여 보호자 부재 시에도 아동이 안전하고 적절한 돌봄을 받을 수 있도록 지원할 필요가 있다.

가정 내에서 돌봄을 보충하는 차원을 넘어서 가정의 돌봄 기능을 사회가 대체해야 하는 경우도 있다. 즉, 부모의 사망, 질병, 학대, 가정 해체, 수감 등으로 인하여 아동이 일정 기간 동안 가정 내에서 돌봄을 받지 못하고 가정외 보호를 받아야 하는 경우이다. 특히, 과거에는 부모의 사망이나 유기가 원인이었다면 최근에는 부모의 학대나 가정 해체로 인해 보호가 필요한 아동의 비중이 훨씬 높다. 가정외보호 아동(out-of-homecare)은 아동복지시설이나 공동생활가정(그룹홈), 위탁가정에서 성장하게 되는데 애착형성, 낙인감 등 정서문제, 자립과 미래 준비의 어려움 등의 문제들을 겪을 수 있다.

(2) 아동학대

우리나라 아동복지법에서는 아동학대를 "보호자를 포함한 성인이 아동의 건강 또는 복지를 해치거나 정상적 발달을 저해할 수 있는 신체적 · 정신적 · 성적 폭력이나 가혹행위를 하거나, 아동을 유기(遺棄, 아동을 버리는 행위)하거나 방임(放任, 적절하게 돌보지 않는 행위)하는 것을 말한다"라고 규정하고 있다.

〈표 7-3〉 아동학대의 위험요인 & 보호요인

위험요인	부모연령, 성별, 학력, 직업유무, 음주여부, 부모기질, 부모건강문제, 부모스트레스, 과거학대경험, 가족 수, 형제 수, 갈등적 가정분위기, 부부폭력, 부정적 양육태도, 경제수준, 가족형태
보호요인	가족응집력, 부모-자녀의 긍정적 관계, 부부생활만족, 긍정적 양육태도

출처: 안선경, 양지혜, 정익중(2012) 연구에서 발췌.

2023년 아동학대 연차보고서(보건복지부, 2024)에 따르면 2023년 아동학대로 신고접수된 건은 48,522건으로 2022년 46,103건 대비 5.2% 증가하였으며, 2022년을 제외하면[3] 최근 5년간 증가 추세이다. 아동학대 신고 건수 증가는 아동학대에 대한 사회의 인식 변화(예: 부모가 아이를 때리는 것은 훈육이다, 가정사는 외부가 개입해서는 안 된다 등) 영향이 크다고 할 수 있다. 아동학대로 신고된 건 중 아동학대로 판단된 건수는 25,739건(약 53%)으로 이중 미취학아동(0~6세)이 22.6%를 차지하였다. 전체 학대행위자 중 부모의 비중은 85.9%로 절대적인 비중을 차지하고 있으며 그 중에서도

3 2022년 아동학대 신고 건수 감소는 세상을 떠들썩하게 했던 21년 입양아 학대 사건의 영향으로 신고 건수가 급등하여 그에 따른 결과이다.

친부모의 비율이 82.9%에 이른다. 학대로 인한 사망 아동의 수는 총 44명으로 학대 피해 아동 중 학대 사망 아동 비율이 19년도 0.19에서 23년 0.22명으로 가하는 추세이다.

아동학대는 아동의 전인적 발달에 심각한 부정적 영향을 미친다. 신체적 상해 또는 건강 및 발달 지연, 불안, 우울, 낮은 자존감, 애착 장애 등 정서 문제, 학습 부적응, 친구 관계 어려움, 비행이나 사회적 고립 위험 증가 뿐만 아니라 장기적으로 성인이 돼서도 신뢰 문제, 심리적 트라우마 지속, 학대의 대물림 가능성까지 매우 광범위하게 영향을 미칠 수 있다. 따라서 사회적으로 예방적 감시와 학대 발생 시 대응할 수 있는 전문적 개입이 필요하다.

(3) 빈곤

우라나라에서 발간된 2023 빈곤통계연보에 따르면, 2021년 기준 한국의 아동 상대적 빈곤율(중위소득 50% 미만[4]) 약 10.2%로 아동 10명 중 1명 이상이 빈곤 상태에 놓여 있다고 할 수 있다. 아동 빈곤은 아동의 교육, 건강, 사회적 관계 차원에서 성장 · 발달 기회를 제한하고 미래를 설계할 수 있는 기반을 위협하여 다음 세대로 이어지는 빈곤의 고리를 형성할 위험이 있다. 특히, 아동기 빈곤은 아동 스스로 해결할 수 없는 의존적 상황에 놓여 있으며 국가의 미래 투자 차원에서 복지 개입의 필요성이 매우 크다.

〈표 7-4〉 빈곤이 아동발달에 미치는 영향

신체적 측면	영양결핍(저체중, 저신장, 과체중, 비만), 질병 취약성, 의료 접근성 제한(만성질환 대처 미비) 등
정서적 측면	낮은 자존감, 불안 · 우울 · 위축, 또래 관계 어려움
교육적 측면	인지 및 언어 발달, 낮은 학업성취도, 교육 자원의 결핍(IT 교육 인프라 결핍), 학업 중단
사회적 측면	낙인 효과, 차별 경험, 사회적 고립

4 중위소득은 조사 대상 가구들을 소득 순서대로 줄 세웠을 때, 정확히 가운데 있는 가구의 소득을 의미한다.

위 표에서 확인할 수 있듯 아동 빈곤은 신체, 정서, 교육, 사회적 측면에서 광범위하게 영향을 미친다. 즉, 아동 빈곤은 단순한 소득 부족의 차원에서만 다룰 것이 아니라 교육, 주거, 보건, 돌봄, 사회관계 등의 결핍이 복합적으로 얽힌 문제로 이들을 위한 정책도 통합적으로 접근할 필요가 있다.

(4) 장애 및 질병

아동은 건강하게 자랄 권리와 차별받지 않을 권리를 가진다. 아동기에 발생하는 장애 및 질병은 이후 삶 전반에 심대한 영향을 미치므로, 조기발견과 개입이 핵심이다.

우리나라 아동(0~19세)의 장애 현황을 살펴보면 2016년 총 89,486명이었는데 2024년 총 102,766명으로 증가한 것으로 나타나고 있다. 장애유형별로 살펴보면 지적 장애아의 비중이 전체의 45.5%로 가장 높으며 자폐성(자폐 스펙트럼) 장애아의 비중이 29.2%로 점차 증가하고 있다. 발달 장애(지적 장애와 자폐성 장애)가 전체 74.7%로 대부분을 차지하고 있으며 상대적으로 뇌병변 장애, 지체 장애의 비중은 줄어들고 있다. 자폐성 장애는 유전적 감수성, 환경적 유발 요인 등 복합적 조합으로 인해 발생한다고 알려져 있다. 다만, 자폐성 장애아 유병률이 높아지고 있는 원인은 진단 기준의 확대[5]와 자폐증 증상을 숨기지 않는 분위기 등 사회적 인식의 변화를 꼽을 수 있다.

소아당뇨(제1형 당뇨병), 천식, 아토피, 알레르기 질환, 심장 질환, 뇌전증, 소아암, 비만 등 단기간 치료로 완치가 어려우며 오랜 기간 지속되거나 반복적으로 발생하는 만성질환을 가진 아동도 증가하고 있다. 2022년 자료에 의하면, 중학생 기준 비만 아동은 2018년 대비 3.13배 증가하였으며 당뇨질환(2형 당뇨)은 1.69배, 고혈압은 1.26배, 이상지질혈증(예: 콜레스테롤 수치, 중성지방 상승 등)은 1.87배 상승한 것으로

---

5 자폐증 진단 기준의 확대, 평균 또는 평균 이상의 지적 능력을 가진 사람들도 진단을 받을 수 있는 등

나타난다(Jtbc news, 2023. 10. 03.). 또한, 악성 종양 즉 암으로 어려움을 겪는 소아 환자들도 국내에서 매해 약 1,000명~1,200명이 발생하고 있으며 발생빈도는 소아 10만명당 매년 약 16명이 발생한다(한국백혈병소아암협회, 2021).

장애 및 만성질환은 인지, 사회적 관계 등 아동 발달에 영향을 주며 가족생활 전반(경제적 문제와 돌봄 문제)에도 부정적 영향을 준다. 즉, 개인의 기능을 제한할 뿐 아니라 아동과 그 가족의 삶의 조건과 환경 전체를 재구성하게 만드는 요인이기 때문에 이에 대한 국가와 사회의 개입이 필요하다.

〈표 7-5〉 장애 및 만성질병이 아동발달에 미치는 영향

구분	내용
교육적 차원	• 일반 교과 학습의 어려움(지적장애, 자폐 스펙트럼 장애 등) • 특수학습이나 특수학교 배치 어려움, 통합 교육 시 편견 등 교육 환경의 제약 • 입원, 통원 치료, 검사 등으로 잦은 결석 및 학습 결손 • 체육활동, 야외학습 등의 참여 제한 및 배제 경험
사회적 관계 차원	• 신체적 · 언어적 차이 등으로 또래 집단에서 소외되거나 따돌림의 대상 → 사회성 기술 발달을 어렵게 만듦 • 행동상의 특이점으로 인한 차별, 놀림의 대상 → 사회적 위축 경험 • 장애로 인한 신체적 · 언어적 차이, 장기 입원이나 자가 돌봄 상황 등으로 인한 또래와 상호작용 기회의 한계 → 사회적 기술이 충분히 발달하지 못할 가능성
가족 생활 차원	• 치료비, 약값, 병원비 등 가계 부담, 부모의 경제활동 포기 등 보호자의 돌봄 부담 • 아픈 아동에 관심 집중 → 아동의 형제 · 자매 소외 • 부모의 심리적 스트레스 증가

(5) 안전 문제

가정 내, 학교 내, 통학, 여가 활동 등 매 순간 안전과 관련된 다양한 위험이 존재한다. 안전 문제는 단순히 신체적 손상만이 아니라 마음의 불안과 두려움으로 이어져 삶의 질에 큰 영향을 주기도 한다. 따라서 아동 안전 문제는 사회 전체가 함께 책임져야 할 중요한 과제이다.

14세 이하 아동인구 10만 명당 안전사고(운수사고, 추락, 익사, 질식, 화상, 중독 등) 사망자수는 10만 명당 2.3명으로 집계되었다(통계청, 2024). 2000년 14.4명에 비해

큰 폭으로 하락한 이후 정체하고 있는 추세를 보이고 있다. 이는 안전사고와 관련된 제도적 · 사회적 노력이 일정 성과를 거두었음을 보여주지만, 여전히 아동 안전 문제는 중요한 과제로 남아 있다. 특히 오늘날에는 교통 · 화재 · 익사와 같은 전통적 위험 요인 외에도, 스마트 기기 및 인터넷 사용 증가에 따른 디지털 안전 문제, 미세먼지 · 기후위기와 같은 환경적 요인, 전동킥보드, 세그웨이류 등과 같은 새로운 이동장치의 출현 및 사고 급증(조선일보, 2024. 8. 10.), 지역사회 내 범죄나 아동학대와 같은 사회적 위험 요소 등이 새롭게 대두되고 있다. 이러한 변화는 다차원적이고 종합적인 아동 안전 대책이 필요함을 시사한다.

〈표 7-6〉 아동의 안전 문제

구분	내용
가정 내 안전	• 아동학대: 신체적 · 정서적 · 성적 학대 및 방임 • 가정폭력 노출: 부모 간 폭력 목격, 2차 피해 • 사고 위험: 화재, 가스, 약물 오남용 등
학교 내 안전	• 학교폭력: 집단 따돌림, 신체 · 언어폭력, 사이버폭력 • 시설안전: 노후 건물, 체육시설 안전사고 • 생활안전: 급식사고, 실험실 사고
지역사회 및 생활환경 안전	• 교통사고: 자전거 · 개인형 이동장치(예: 킥보드 등) 이용 증가 • 시설물 안전사고: 놀이터, 공공시설에서의 사고 • 범죄피해: 성범죄, 유괴, 실종 • 재난재해: 폭염, 한파, 홍수, 화재, 지진
디지털 환경 속 안전	• 사이버폭력: 악성 댓글, 온라인 따돌림 • 유해정보노출: 폭력, 음란물, 혐오 콘텐츠 • 디지털 성범죄: 불법 촬영물, 온라인 성착취 • 개인정보 유출: 사생활 침해, 사기 피해(예: 보이스 피싱, 스캠사기)

(6) 학교부적응

청소년에게 있어 학교는 가족에서 사회로 확대되는 장이며, 친구 및 교사와의 관계형성을 통해 사회적 관계를 형성해가는 장으로써 청소년기의 학교생활은 심리사회적 발달에 중요한 요소로 인식되고 있다.

학교부적응을 일으키는 요인은 무기력, 우울불안, 낮은 자존감, 내향적이고 회피적 특성 등과 같은 개인적 요인뿐만 아니라 양육 태도의 불안정성, 경제적 빈곤, 부모의 방임과 같은 가정 요인 그리고 경쟁 중심의 학업 환경, 교사의 부정적 상호작용, 학교폭력과 같은 또래관계 문제 등 학교 요인이 복합적으로 영향을 미친다고 할 수 있다. 학교부적응 아동들은 학업저하 및 중단, 비행, 우울증, 자살 등의 다양한 문제행동으로 이어지게 되며 성인기의 심리, 사회적 적응에까지 지속적인 영향을 미칠 수 있다(안은미, 조수민, 정익중, 2016에서 재인용).

특히, 최근 증가하고 있는 은둔 · 고립 청년들을 대상으로 한 연구들(노가빈, 이소민, 김제희, 2021; 호수지, 배정희, 2024)에서 학교에서의 친구들과 유대관계 형성 어려움, 학교 부적응 등 학교에서 배제되는 경험을 주요 유발 원인으로 꼽고 있다는 점에서 장기적 관점에서 매우 중요하게 다루어야 할 위기라고 할 수 있다.

또한, 학교 부적응 문제 등으로 청소년의 약 3%가 학교를 떠나고 있는데(하형석, 2024) 이들은 진로에 대한 고민, 학교 밖 청소년에 대한 고정관념과 편견의 문제, 고립감, 도박 중독, 공부습관 및 규칙적인 생활태도 미형성, 정신건강 등의 어려움도 겪고 있어 학교 밖 청소년에 대한 사회적 지원도 필요하다(김희진, 임희진, 김정숙, 2023)

〈표 7-7〉 학교부적응이 아동발달에 미치는 영향

구분	내용
학업	• 성취도 저하, 무기력감, 조기 학업 중단 위험 등 • 학업 중단으로 인한 진로 및 미래 계획 불투명
정서	• 우울, 불안, 자존감 저하, 무가치감 등
행동	• 등교거부, 반항, 학교폭력 가해/피해 등
사회성	• 또래관계 위축, 고립, 공격성 등

(7) 반사회적 행동

아동의 비행, 가출, 학교 내 도전적 행동 등 반사회적 행동은 대개 가정폭력, 학대, 학교부적응, 정서적 결핍 등 누적된 위기의 결과이다. 반사회적 행동은 사람을 의도적으로 상처 입히는 행동 혹은 사회적 규칙과 권위에 대한 도전 행위로 다른 사람들에게 부정적 영향을 미치며 공동체 생활의 질을 저하시키므로(김순양, 2010) 일시적 문제행동과는 다르다. 특히, 청소년 시기는 자율성과 독립성을 추구하지만 그것을 건강하게 표현하고 획득할 수 있는 방법을 잘 모르거나 혹은 그 과정에서 좌절되어 반사회적 행동으로 표출될 수 있다. 즉, 반사회적 행동 자체가 핵심 문제라기보다는 다른 문제들로 인해 나타나는 결과(혹은 증상)라고 볼 수 있다.

〈표 7-8〉 반사회적 행동 유형

유형	내용
공격적 행동	• 신체 폭력, 언어 폭력, 사이버 폭력, 성적 폭력 • 낙서, 기물 파손, 방화 등
도벽 및 강탈	• 상점 절도, 또래의 물건 무단으로 가져가기 • 또래 협박 및 갈취
도전적 행동	• 등교 거부, 교칙 위반 • 부모, 교사에 대한 지속적 반항, 무시 • 무면허 운전, 흡연, 음주, 약물 복용 등
기만 행동	• 부모, 교사를 조종하려는 행위 • 반복적이고 의도적인 거짓말
가출	• 무단 가출, 노숙 • 거리 범죄 가해 및 피해

반사회적 행동은 학교중도탈락, 낮은 교육 성취, 청소년기 범죄 위험 증가, 성인기 사회부적응까지 매우 장기적으로 영향을 미칠 수 있다. 따라서 반사회적 행동에 대한 제재 조치 뿐만 아니라 근본적으로 행동 교정을 위한 노력이 필요한데 이를 위해서는 표출되는 행동 이면의 원인들(개인, 가정, 학교 등)을 분석하고 개입하기 위한 시도가 되어야 한다.

(8) 정신건강 문제

우리나라 아동의 정신건강은 꾸준히 위험 신호를 보여주고 있는데 그 지표 중 하나가 바로 자살이다. 청소년의 3대 사망 원인 중 자살은 2011년부터 안전사고를 제치고 부동의 1위 자리를 고수해오고 있다(최정원, 문호영, 전진아, 박용천, 2021). 2023년 기준 극단적 선택으로 인한 사망자 수는 인구 10만 명당 11.7명으로 2018년 9.1명에 비해 증가하고 있는 추세이다(여성가족부, 2025). 특히, COVID-19 이후 일상에서 불안/걱정, 두려움, 우울, 짜증, 화/분노 등과 같은 부정적 감정을 경험하는 청소년이 지배적으로 높은 것으로 확인된다(한국청소년상담복지개발원, 2020).

또한 최근 아동 정신건강 위기 중 주목하고 있는 것은 중독 문제이다. 정신건강 문제에서 중독이란 어떠한 물질(예: 알코올, 약물 등)이나 행위(스마트폰, 도박 등)에 심리적 혹은 신체적으로 의존이 되어 스스로 물질이나 행동에 대한 조절이 어려워진 상태를 의미한다(한국생명존중희망재단 홈페이지). 알코올 · 흡연 · 약물 등 물질 중독뿐만 아니라 최근에는 인터넷 · 스마트폰, 게임, SNS, 인터넷 도박과 같은 중독이 문제가 되고 있다.

이러한 정신건강 위기는 유전적 요인, 기질, 감정조절 능력 부족과 같은 개인적 요인, 양육자의 심리적 불안정, 학대, 경제적 빈곤과 같은 가정 요인, 학업 스트레스, 학교폭력, 교사와의 부정적 관계, 소외감 등 학교 요인, SNS을 통한 비교 문화, 외모 및 성적 지상주의, 사회적 낙인과 같은 사회문화적 요인들이 복합적으로 작용하여 발생한다.

아동의 정신건강 위기는 아동의 신체 발달, 뇌 발달, 관계 형성, 학습 행동 등 전반적 아동 발달 및 삶의 질에 부정적 영향을 미치며 치료받지 못한 아동기의 정신질환은 성인기의 정신질환으로 이어질 수 있어 이에 대한 지역사회, 국가 차원의 개입이 필요하다.

〈표 7-9〉 정신건강이 아동발달에 미치는 영향

인지	주의집중력 저하, 학습 동기 감소, 학업성취도 저하 등
사회성	또래 관계 단절, 공감 능력 저하, 고립과 소외 경험 등
신체	수면 부족(혹은 과다), 신체 활동 감소, 영양 결핍

2. 아동위기별 대응 체계

앞서 설명한 아동에게 닥칠 수 있는 다양한 위기 상황은 개인의 노력이나 가족의 책임만으로는 해결하기 어렵다. 따라서 아동을 보호하고 지원하는 것은 국가와 사회 전체의 공동 책임이며, 이를 위해 우리나라 법 · 제도 · 정책 차원의 적극적인 대응 체계를 구축을 시도하고 있다.

첫째, 아동의 권리를 보장하기 위한 법적 · 제도적 기반을 마련하고 있다. 대한민국은 UN 아동권리협약을 비준하였으며, 아동의 생존 · 보호 · 발달 · 참여 권리를 국가의 책무로 인식하고 있다. 「아동복지법」, 「아동학대범죄의 처벌 등에 관한 특례법」, 「아동수당법」, 「청소년복지 지원법」 등 다양한 법률이 제정되었으며, 아동의 신체적 보호뿐 아니라 정서적 · 사회적 권리까지 포괄하고자 노력하고 있다.

둘째, 위기 아동을 조기 발견하고 맞춤형으로 지원하기 위한 통합적 서비스 체계가 운영되고 있다. 드림스타트, 지역아동센터, 아동보호전문기관, 청소년상담복지센터, 학교 등 다양한 기관과 프로그램이 지역사회 내에서 위기가정 아동, 학대피해아동, 정서 · 행동 문제를 가진 아동 등을 대상으로 통합적인 서비스를 제공한다.

셋째, 예방 중심의 보편적 접근과 취약 아동에 대한 선별적 개입이 병행되고 있다. 보편적 서비스로는 아동수당, 보육료 지원, 무상교육 및 급식, 건강검진 등이 있으며, 이는 아동의 기본적 삶의 질을 국가가 보장하는 방식이다. 동시에 위기가구 아동, 장애 아동, 다문화 아동, 보호대상 아동 등에게는 특화된 지원이 제공된다.

넷째, 아동을 둘러싼 다양한 실천 주체의 협력이 강조되고 있다. 아동복지 대응은 보건복지부, 교육부, 여성가족부, 문화관광부 등 다부처 간 협업을 필요로 하며, 민간 영역(예: NGO, 지역사회 복지기관)과의 연계도 활발하다. 최근에는 학교-가정-지역사회가 함께 대응하는 통합적 보호체계 구축이 강조되며, 이를 위한 지역사회 중심 아동 안전망 구축이 정책적으로 추진되고 있다.

〈표 7-10〉 아동위기별 대응 체계

아동위기	정책 및 서비스	관련 기관
돌봄	• 아동수당(만 8세 미만, 월 10만 원)	
	• 방과 후 아동돌봄지원	• 지역아동센터(18세 미만) • 다함께돌봄센터(6세~12세) • 학교돌봄터(6~12세) • 청소년방과후아카데미(초4~중3)
	• 가정외보호서비스(가정위탁지원, 아동복지시설운영, 공동생활가정 운영) • 가정외보호아동 자립지원(자립수당 지원 및 생활 · 주거 · 교육 · 취업 · 의료 · 심리정서지원)	• 가정위탁지원센터 • 아동복지시설 • 공동생활가정 • 자립지원전담기관
학대	• 아동학대 대응	• 신고 접수(112) • 시 · 군 · 구 아동보호전담요원(학대조사 등) • 아동보호전문기관(피해 대응)
빈곤	• 취약계층아동 및 가족 지원(아동 신체, 인지, 정서 발달 지원, 부모 교육 등) • 디딤씨앗통장 • 아동복지교사지원(기초학습, 외국어지도, 독서지도, 예체능 지도 등) • 여성청소년 생리용품 바우처 지원	• 드림스타트 • 지역아동센터 • NGOs(예: 굿네이버스, 월드비전, 초록우산 등)
장애 및 질병	• 미숙아 및 선천성이상아 의료비 지원 • 언어발달지원(장애 부모의 아동 언어발달 지원) • 장애인 활동지원(신체, 가사, 사회활동 보조 지원)) • 청소년 발달장애인 방과후활동서비스 • 건강장애학생 교육 및 심리정서적응 지원	• 장애인복지관 등 사회서비스 제공기관 • 한국백혈병어린이재단 등 소아암 관련 기관 • 병원학교 및 원격수업 기관(의료사회복지사 참여)

안전	• 실종아동 지원 • 청소년 유해 약물 · 물건 · 매체물 지정 및 관리	• 실종아동전문센터(아동권리보장원 위탁 운영)
학교부적응	• 교육복지서비스(학교복지서비스) • 학생맞춤통합지원 • 학교밖 청소년 지원	• 교육청(교육지원청), 초 · 중 · 고등학교 • 학교밖청소년지원센터
반사회적 행동	• 가정밖 청소년 지원(보호, 심리상담, 의료지원, 학업복귀 및 취업지원 등) • 청소년 회복지원(소년법 제1호 처분 청소년 대상) • 위기청소년 특별지원	• 청소년쉼터(일시, 단기, 중장기 쉼터), 청소년 자립지원관 • 청소년 회복지원시설
정신건강	• 청소년 상담 지원 • 정서 · 행동문제 청소년 지원(청소년 인터넷 · 스마트폰 과의존 치유 지원)	• 청소년상담복지센터, 청소년상담 1388 • 국립청소년인터넷드림마을, 국립대구청소년디딤센터

출처: 보건복지부, 여성가족부 정책 정보 재구성.

3. 아동복지 실천 맛보기

1) 사회복지사 역할

아동복지 실천 현장에서 사회복지사의 역할은 아동 개인의 문제 해결을 넘어서 가족 · 학교 · 지역사회 · 제도와의 연계 속에서 아동의 권리와 삶의 질을 보장하는 일까지 확장된다.

(1) 아동보호자 역할

사회복지사는 심리적 · 정서적 보호자로서 아동의 곁을 지키며 안정된 환경을 제공하는 존재이다. 특히, 학대 피해 아동, 가정외 보호 아동은 부모에게 상처를 입은 경험이 있고 심리적 · 물리적 분리로 인하여 안정된 애착을 형성하지 못하고 있어 타인을 믿고 따르는데 어려움을 겪을 수 있다. 때로는 자신의 잘못이라는 죄책감을 가지고 있기도 하다. 따라서 사회복지사는 아동에게 신뢰할 수 있는 어른으로서 역할을 하는 것이 필요하다.

(2) 조력자 역할

아동이 겪는 정서적 · 행동적 · 사회적 문제에 개입하고 그 문제를 극복하도록 구체적인 실천 전략을 제시할 수 있어야 한다. 학교 부적응, 정서 문제, 또래 관계, 건강 문제 등 다양한 위기 상황에 대해 사정(assessment)하고 해결하기 위한 전략을 수립하여 개입 활동을 수행한다.

(3) 사례관리자 역할

만성적인 문제나 여러 가지 문제들을 복합적으로 가지고 있는 경우 하나의 실천 전략만으로는 문제를 해결하기 어렵기 때문에 사회복지기관 내 다양한 팀 간 혹은 기관 간 연합으로 문제를 해결해 나가는 과정이 필요하다. 즉, 다양한 서비스를 통합적으로 연계하여 지원하는 중심 역할을 해 나가는 것이 필요하다.

(4) 자원개발자 역할

사회복지사는 아동에게 필요한 지역 자원을 탐색하여 연계하는 역할이 필요하다. 아동과 그 가족들이 필요한 서비스에 대한 대가를 지불할 역량이 없는 경우가 대부분이기 때문에 돌봄, 교육, 심리치료, 건강 등을 위해 필요한 서비스 혹은 프로그램의 혜택을 받을 수 있도록 공공, 민간 자원을 찾고 그것을 연계할 수 있는 역할을 해야 한다.

(5) 옹호자 역할

거시적 관점에서 아동의 권리를 보장받을 수 있도록 그들의 목소리를 대변하고 제도적으로 반영시키는 역할도 수행한다. 아동의 목소리를 정책에 반영하도록 아동 참여 활동을 촉진하는 활동, 지역사회 내 아동권리 침해나 복지 사각지대를 사회적으로 드러내는 활동(예: 신문 기고, 캠페인 활동, 포럼, 공청회 개최 등), 아동이 불합리한 처우를 받거나 제도적 보호를 받지 못하는 경우 법 체계 및 제도 마련을 위한 사회적 행동(예: 정치적 로비 활동) 등이 여기에 해당된다.

(6) 교육자 역할

아동 문제 예방을 위한 역할을 수행할 수 있다. 아동과, 부모, 교사, 지역주민 대상의 양육, 아동권리, 성, 또래폭력 예방, 스마트폰 과의존, 장애인식 개선, 세계시민, 다문화 감수성 등 다양한 주제의 교육 및 캠페인 활동 등을 통해 사람들의 인식을 개선하고 태도와 행동을 변화시키는 데 기여할 수 있다.

2) 실천 사례

(1) 사례 제시[6]

1. 기본 정보
   - 아동 이름: 김민수(가명), 만 7세
   - 보호자: 김기준(가명), 만 38세, 경계성 지적장애 진단
   - 거주지: 인천 ○○구 소재 임대주택

6 영화 〈I am sam〉에 나오는 상황을 바탕으로 가상으로 꾸밈

- 소득: 기초생활수급자, 일용직으로 불규칙한 수입
- 가족 구성: 민수와 아버지 2인 가구(어머니는 출산 직후 가출)

2. 상황 개요

민수는 태어난 후 줄곧 아버지 기준 씨와 함께 살아왔다. 기준 씨는 지적장애 3급 판정을 받았지만, 민수를 정성껏 키우고자 노력해왔으며, 아이에 대한 애정과 책임감이 강하다. 그러나 기준 씨는 민수의 학교 입학 준비, 예방접종 일정, 의료기관 이용, 교사 상담 등 일상적 부모 역할 수행에서 반복적인 어려움을 겪고 있다. 또한, 민수는 또래보다 언어 표현이 다소 늦고, 학교생활에서도 불안정한 정서 상태를 보이고 있어 담임교사가 아동학대 의심으로 신고하였다. 아동 학대 조사 결과 신체적 학대나 방임은 없지만, 기준 씨의 양육 역량이 아동 발달을 충분히 지원하지 못하는 수준이라고 판단하였다. 현재 민수는 일시보호시설에 임시 보호 중이며, 아동복지기관에서는 장기 위탁 또는 시설 보호 조치를 검토하고 있다.

3. 아동과 보호자의 의사

민수는 "아빠랑 같이 살고 싶다"는 의사를 반복해서 표현함.

기준 씨 역시 "민수 없으면 사는 의미가 없다"고 말하며, 보호자 교육이나 상담에도 적극적으로 참여하려는 태도를 보임.

(2) 역할 분석 연습

1. 이 가정(아버지와 아동)의 강점은 무엇일까요?

2. 이 아동에게 닥칠 수 있는 위기들은 무엇이 있을까요?

3. 사회복지사는 이 상황에서 어떠한 역할을 할 수 있을까요?

1) 가정 내 보호의 원칙에서 접근해 봅시다.

- 부모의 역할을 보충해줄 수 있는 방법들에 대해 생각해 봅시다.
- 부모의 역량 강화를 위한 방법들에 대해 생각해 봅시다.

2) 아이의 발달 지연 및 학교 적응을 도울 수 있는 방안에 대해 생각해 봅시다.
   - 언어 발달 지연과 학교 부적응 문제에 조기 개입할 수 있는 방안에 대해 생각해 봅시다.

3) 장기적 관점에서 아동의 권리 보장을 위한 방안에 대해 생각해봅시다.
   - 아동의 건강한 발달을 위해 필요한 자원들을 어떻게 연계할 수 있을지 생각해 봅시다.

Project Based Learning

음식점이나 카페 등을 중심으로 입장을 제한하는 노키즈존(No Kids Zone)이 증가하고 있습니다. 노키즈존 지도를 공유하는 웹페이지(yesnokid.net)에 따르면 2022년 기준 국내 500개 이상의 노키즈존 매장이 존재하는 것으로 알려져 있습니다(김아름, 2023). 노키즈존과 보호권(아동 차별) 관련성에 대해 생각해보며 우리 지역의 노키즈존(No Kids Zone)을 찾아 지도를 그려봅시다.

참고자료

/아동권리/

1. 아동권리모니터링단

굿네이버스(2019. 9. 19.). 우리의 권리는 우리가 지킨다! 아동권리 모니터링단 'Good motion'

https://youtu.be/rn3TJmlXAGg?si=C-WN7_yiG5ap_0ph

2. 아동의 놀권리

국가인권위원회(2021. 5. 26.). [부모를 위한 아동인권] 아동의 놀이도 권리다

https://youtu.be/1aNYYg8IYI4?si=-D3XvyPYyYPbZiMW

/아동위기/

1. 은둔 청소년 문제

MBCNEWS(2025. 3. 26.) [뉴스투데이] 고립·은둔 청소년 첫 실태 ‥70% "벗어나고 싶어"

https://youtu.be/tYc0q8z14mo?si=JpMyZrz9Np-wTMPc

2. 가족돌봄청소년

SUBUSUNEWS(2023. 10. 30.). "저한테는 선택권이 없어요" 효자가 될 수 밖에 없던 아이들, '가족돌봄청소년'

https://youtu.be/K0M6JqLOlAg?si=MbZCxEXhrIS3kN-N

3. 세계 속의 아동(중국 유수아동)

KBS 세계는지금(2023. 7. 28.). 중국 농민공의 비극, 농촌에 버려진 아이들(319회 2023. 7. 22. 방송)

https://youtu.be/fzgSZYJTlNM?si=6XhX33_VblFpQzWP

/아동복지 실천/

1. 어린이 병원학교

JTBC News(2023. 7. 24.). [밀착카메라] 암과 싸우며 공부하는 아이들… '어린이병원학교' 가보니

https://youtu.be/oro7LIecAo0?si=IRejxtHiJpUG90y-

2. 학생맞춤통합지원 홈페이지

https://www.kedi.re.kr/studentsupport/index.do

주요 용어 정리

▶ **UN 아동권리협약**: 전 세계 아동의 권리를 보장하기 위한 국제 협약. 생존권, 보호권, 발달권, 참여권이 핵심 4대 권리

▶ **아동친화도시**: UN 아동권리협약을 도시 단위에서 구현한 지역. 아동이 안전 · 참여 · 보호 · 놀이 등을 충분히 누릴 수 있는 도시 환경

▶ **가정외보호**: 보호자 사망, 학대, 질병, 수감 등의 사유로 가정에서 보호가 불가능한 경우, 아동을 보호시설 · 그룹홈 · 위탁가정 등에서 양육하는 제도

▶ **아동학대**: 신체적 · 정서적 · 성적 폭력, 방임 · 유기 등 아동의 건강 · 발달을 해치는 행위

▶ **보호요인**: 위험 상황을 완충시키고 아동을 보호하는 요인(예: 긍정적 양육, 가족응집력, 지지적 관계)

▶ **위험요인**: 학대나 문제 상황을 발생시키기 쉬운 개인 · 가정 · 환경적 특성(예: 부모 스트레스, 경제적 빈곤, 부부갈등, 음주 등

▶ **상대적 빈곤**: 중위소득 50% 미만의 가구를 의미하는 빈곤 기준

▶ **은둔 · 고립 청년**: 사회적 상호작용을 피하고 장기간 방 안에 머물며 고립되는 현상

▶ **중독**: 물질(알코올 · 약물) 또는 행위(게임 · 스마트폰 · SNS)에 대한 통제 상실 상태

▶ **보편적 서비스**: 모든 아동을 대상으로 제공되는 서비스

▶ **선별적 서비스**: 취약계층 아동에게만 제공되는 서비스

▶ **사정**: 아동 · 가족의 문제, 강점, 욕구를 분석하는 전문적 평가 과정

▶ **사례관리**: 복합적인 문제를 가진 아동에게 여러 기관 · 서비스를 연계하여 통합적으로 지원하는 과정

▶ **옹호**: 아동의 권리를 대변하고, 정책 · 제도 개선을 위해 사회적 목소리를 내는 활동

▶ **자원개발**: 아동에게 필요한 지역 내 공공 · 민간 자원을 발굴하고 연결하는 역할

▶ **가정 내 보호의 원칙**: 가능한 한 아동은 원가정에서 안전하게 양육되는 것이 우선이라는 원칙

참/고/문/헌

강희주, 이진혁, 정익중 (2024). 대한민국 역대 대통령 어린이날 기념 연설문 분석. **아동과 권리**, 28(3), 219-243.

김순양 (2010). 청소년의 반사회적 해동에 대한 효율적 대응방안의 모색. **한국사회정책** 16(2), 1-56.

김아름 (2023). 노키즈존 운영 실태와 향후 과제. **육아정책포럼**, 78, 19-35.

김희진, 임희진, 김정숙 (2023). 2023년 학교 밖 청소년 실태조사. 한국청소년정책연구원. 여성가족부.

노가빈, 이소민, 김제희 (2021). 청년 은둔형 외톨이의 경험과 발생원인에 대한 분석. **한국사회복지학**, 73(2), 57-81.

안선경, 양지혜, 정익중 (2012). 아동학대에 영향을 미치는 가족영역의 보호요인과 위험요인에 관한 메타분석. **한국가족복지학**, 38, 331-358.

안은미, 조수민, 정익중 (2016). 가정외보호 청소년의 또래관계가 학교적응 발달궤적에 미치는 영향. **청소년복지연구**, 18(4), 191-218.

여성가족부 (2025.05.27). 2025 청소년 통계 발표[보도자료]. Retrieved from https://www.mogef.go.kr/nw/rpd/nw_rpd_s001d.do?mid=news405&bbtSn=710528

최정원, 문호영, 전진아, 박용천 (2021). 10대 청소년의 정신건강 실태조사. 기본연구보고서, 2021, 1-492.

최준영 (2023). 2023년 빈곤통계연보. 한국보건사회연구원.

표태준 (2024. 8. 10.). 전동킥보드 사고 35%가 무면허, 4명 중 3명 안전모 안써요. 조선일보, Retrieved from https://www.chosun.com/national/national_general/2024/08/10/LMQ6KPINVRERBAIKQ3OJBKJAPI/

통계청 (2024). 사망원인 통계, Retrieved from https://www.index.go.kr/unify/idx-info.do?idxCd=8053

하형석 (2024). 2023년 학교 밖 청소년 규모 추청, ISSUE 통계, 1호, 한국청소년정책연구원 청소년정책분석평가센터.

한국백혈병소아암협회 (2021. 4. 9.). 소아암 관련정보, 소아암이란?, Retrieved from https://childhoodcancer.or.kr/docs/?bmode=view&idx=18052094

한국청소년상담복지개발원 (2020). 청소년상담 이슈페이퍼: 코로나19로 바뀐 일상. 부산: 한국청소년상담복지개발원.

한류경 (2023. 10. 3.). 중학생 비만 4년 전의 3배, 만성질환으로 이어질 수 있어, Jtbc news, Retrieved

from https://news.jtbc.co.kr/article/NB12146433
호수지, 배정희 (2024). 아동 · 청소년기의 부정적 경험이 은둔 청년 발생에 미치는 영향–우울의 매개 효과를 중심으로. **사회복지정책**, 51(4), 69–104.

CHAPTER 08 청년복지

1. 이행기 청년의 삶과 위기

2. 청년복지 실천 맛보기

청년복지

학/습/목/표

1. 현대사회 청년이 처한 문제와 청년복지 필요성에 대해 설명할 수 있다.
2. 청년복지 정책과 서비스의 체계 및 현황을 설명할 수 있다.
3. 청년복지 실천의 과제와 발전 방향을 논의할 수 있다.

Flipped Learning (사전 학습)

1. 주변에서 만난 청년 한 명을 떠올려 봅시다. 그 청년은 현재 어떠한 상황에 놓여 있나요? 가장 큰 고민은 무엇이라고 생각하나요?
2. 뉴스, SNS 등에서 접한 '청년' 관련 이야기 한 가지를 떠올려 봅시다. 어떤 내용이었나요? 그 이야기는 개인의 문제처럼 보였나요? 아니면 사회적인 문제처럼 보였나요?

1. 이행기 청년의 삶과 위기

1) 청년의 개념

청년의 사전적 정의는 "신체적 또는 정신적으로 한창 성장하거나 무르익은 시기에 있는 사람"이다. 전통적으로 생애주기에서 독립, 결혼, 출산, 양육이라는 발달 과업을 달성하는 하나의 단계(성인기)에서 상대적으로 '젊은 성인'으로 바라보는 시각이었다. 그러나 시대가 변화하고 이전과는 다른 사회 환경으로 인하여 '청년'이라는 집단 혹은 생애단계에 관심을 갖기 시작하였다.

청년은 다양한 기준과 관점에서 정의할 수 있는데 가장 일반적이면서 제도적으로 사용하는 방법은 연령을 기준으로 하는 것이다. 청년의 권리와 책임, 청년에 대한 체계적이고 종합적인 지원에 관한 국가 및 지역자치단체의 책무를 명시한 「청년기본법」에서는 청년을 19세 이상 34세 이하인 사람으로 정의하고 있으나 법령에 따라 연령 기준은 조금씩 상이하다. 뿐만 아니라 지역의 상황에 따라 법적(조례) 연령 기준을 다르게 정하고 있다. 특히, 청년 인구가 급격하게 줄어들고 있는 지역 소도시, 농·어촌에서는 고령화와 인구 감소에 대응하기 위해 청년의 연령 기준을 상향 조정하고 있다. 예를 들어, 전북 남원시는 청년 연령을 19세 이상 45세 이하로 확대하였고 경남 의령군은 17세부터 49세까지를 청년으로 규정하고 있다.

청년을 새로운 생애단계로 보는 접근(a new stage of life)에서는 생애발달에서 청년을 새로운 범주로 규정하는 시각이다. 이 관점은 청소년기와 성인기 사이에서 고유한 특징을 강조하며 별도의 단계라고 본다. 다시 말해, 과거에 비해 원가족과 거주하는 기간이 길어지고 경제적 의존도도 지속되기도 하지만 성인과 같은 권리와 자율성을 갖는 의존과 독립의 특징을 동시에 갖는 새로운 세대의 출현이라고 본다. 사회 변화가 고유한 생애 단계를 형성했다고 보는 것이다(이정봉, 2021). 이러한 관점에서는 성인을 커다란 하나의 단계로 보던 전통적인 관점에서 청년과 중·장년을 분리하여 하나의 생애단계로 보게 된다.

2) 청년 위기

이전에는 주목하지 않았던 청년은 왜 우리 사회의 화두로 대두되었는가? 이는 이전과 다르게 청년들이 부모로부터의 독립, 결혼, 출산, 양육이라는 발달 과업을 달성하기 어려워졌을 뿐만 아니라 의례적으로 달성해야 하는 발달 과업이라고 여기지도 않게 되었기 때문이다. 취업난, 주거불안정, 관계불안정, 정신건강문제 등 결혼, 연애, 출산을 포기한 3포 세대를 넘어 불확실성과 포기의 반복 속에 살아가는 N포 세대로 확장되고 있다. 뿐만 아니라 부의 양극화에 따른 청년 세대 내 갈등, 가치관

충돌로 인한 성별 갈등, 이전 세대와의 갈등(예: 연금 개혁 갈등, '꿀빤 세대'에 대한 커뮤니티의 논쟁, 영포티밈 현상 등) 등 청년들이 겪는 문제의 양상이 이전과는 확연히 다르게 나타나고 있다.

이러한 위기는 단지 개인의 준비 부족이나 노력의 문제가 아니라, 사회 구조의 변화와 정책적 사각지대 속에서 발생하는 현상이다. 그럼에도 불구하고 청년은 기존 복지체계에서 아동도 노인도 아닌 경계적 존재로 다뤄지며, 정책적 지원의 우선순위에서 밀려나 있는 경우가 많았다. 사회복지실천 현장에서도 아동, 청소년, 어르신, 빈곤층 등 다양한 지역주민들의 삶의 질 향상을 위해 노력해 왔지만 청년층은 예외에 가까웠다.

청년의 삶 전반에 영향을 미치는 구조적 요인을 이해하고, 다차원적 접근을 통해 이행기의 안정성과 권리 실현을 보장하는 방향으로 나아갈 필요가 있다.

(1) 고용의 위기

만 15세~29세 경제활동인구 중 실업상태에 있는 인구의 비율을 의미하는 청년실업율은 2014년 9.0%로 높아진 후 2016년, 2017년 9.8%를 기록하다가 2024년에는 다시 낮아져 5.9%로 나타나고 있다. OECD 기준으로 살펴보면 2024년 기준 6.4%이며 이는 OECD 평균 11.1%보다는 낮은 수준이다(통계청a, 2025).

그러나 청년들이 체감하는 실업율은 그보다 훨씬 높으며 2015년 22.0%를 기록한 이래 지속적으로 증가하며 25.2%(2019년 4월 기준)까지 치솟았으며 청년층이 졸업 후 첫 일자리에 취업하기까지 소요되는 기간은 2018년 기준, 평균 12개월로 이들의 노동시장 진입이 지연추세에 있으며, 첫 일자리에서의 근속기간은 19개월로 짧아지고 있어 청년들의 근로 여건은 긍정적이지 못하다(김유빈 · 강민정 · 고영우 · 김영아, 2019).

이러한 고용의 위기는 청년 빈곤 문제(김안나 · 홍현우, 2018) 및 '수저론'으로 이야기되는 세대 내 양극화(이승윤 · 백승호, 2021), 경제적 · 정신적으로 부모세대에 의존하는 캥거루족 문제(정현상, 2022), 그리고 일도 구직 활동도 하지 않은 채 그냥 쉬고 있는 상태의 청년(not in education, employment or training: NEET 청년)의 증가(통계청b, 2025)로 이어지며 장기적으로 삶의 만족도를 악화시킬 수 있다(김유빈 외, 2019).

(2) 정신건강의 위기

통계청이 발표한 사망원인 통계에 따르면, 2020년 전체 자살률은 줄었지만 자살로 사망한 10대, 20대가 크게 증가하였다. Covid-19 상황으로 인해 우울감, 무기력 등이 더 악화된 측면이 있지만 지난 몇 년간 꾸준히 청년들의 정신건강은 적신호를 보내고 있었다(장숙랑, 2021). 2021년 20~34세 청년의 우울증 환자 비율은 2.55%로 15세 이상 전체 인구의 우울증 환자 비율(1.76%)보다 높았고, 변화 추이에서는 그 차이가 더욱 명확히 확인된다. 20~34세 우울증 환자 비율은 2016년 1.00%에서 2021년 2.55%로 두 배 이상 증가하였는데, 이는 전체 우울증 환자 비율이 2016년 1.24 %에서 2021년 1.76%로 증가한 것과 대조적이다. 특히 20대 청년의 우울증 환자 비율은 2019년 1.79%에서 2020년 2.23%, 2021년 2.70%로 지속적으로 증가하였다(김형주 · 김정숙 · 김문길 · 변금선 · 배정희, 2023).

정신건강 현장(자살예방센터)의 상담원들은 청년들의 정신 건강에 영향을 미치는 요인으로 가족관계의 질, 실패의 경험, 경제적 문제, 파트너와의 이별 등을 꼽고 있다. 특히, 미래에 대한 막막함, 상대적 박탈감 등 경제적 문제가 주요한 요인으로 꼽히는데 이때, 가족 관계가 좋지 못하여 도움이나 위안을 얻기 어려운 경우 문제의 정도가 더 커질 수 있다(장숙랑, 2021). 사회적 낙인으로 정신건강 서비스 이용을 기피하는 것도 이와 관련되어 있다.

(3) 관계와 소속의 위기

현대 사회 청년들은 인간관계의 축소와 소속감의 결핍이라는 새로운 형태의 위기에 직면하고 있다. 청년기는 독립된 존재로 성장하며 동시에 사회 속에서 관계를 형성하고 소속 집단을 확장해나가는 것이 자연스러운 발달 과제이지만 오늘날 청년들은 다양한 이유로 관계의 맺음과 지속이 어려운 환경에 놓여 있다.

경쟁 중심의 사회 분위기, 불안정한 노동시장의 영향으로 실패와 좌절을 경험하는 청년들은 자발적으로 고립되며 불규칙한 생활 리듬 속에서 친구 · 동료와의 관계를 단절하게 된다. NEET 청년, 고립 · 은둔 청년들은 학업이나 직장이라는 제도 기반의 공동체에 소속되지 못하여 소속감을 가질 수 있는 사회적 기반 자체가 부족하다.

또한 온라인 기반의 SNS를 통해 연결은 늘었지만 부정적인 상향 비교와 상대적 박탈감을 야기함으로써 외로움과 정서적 소외감은 오히려 감소되고 있다(Park, & Park, 2024). SNS 이용과 청년들의 사회적 참여와의 관련성 연구(이지현, 2022)에서도 온라인의 존재감은 커지고 있지만 그럼에도 불구하고 오프라인의 네트워크를 확장시키고 공고히 하기 위해 SNS를 부수적인 도구로 활용하는 것일뿐 오프라인의 관계성을 변화시킬 만큼의 영향력을 갖고 있지 않다고 보고하고 있다.

국가 차원에서도 이러한 문제를 인식하고 2023년, 고립 · 은둔 청년 실태조사를 실시하였는데, 19~34세 청년 중 고립 · 은둔 징후가 나타난 청년은 최대 54만 명 규모로 추정되었다. 이 연구에서 고립 · 은둔은 타인과의 인적 네트워크(사회관계) 보유 및 접촉(외출) 정도에 따라 구분하였는데, 응답자의 60.5%는 고립 · 은둔 시작 시기를 20대부터로 답했고, 고립 · 은둔의 이유는 직업 관련 어려움(24.1%), 대인관계(23.5%) 순으로 높았다. 청년의 고립과 은둔은 진학과 취업 실패 등으로 인한 비자발적인 경우가 많으며 장기화할 경우, 청년들의 신체, 정신건강 문제가 심각해질 수 있다. 실제 청년 고립 · 은둔 실태조사 응답자의 63.7%는 정신건강이 좋지 않다고 응답했으며, 75.4%는 자살을 생각한 적이 있고, 이 중 26.7%가 실제로 자살 시도를 했다고 응답했다(보건복지부, 2023).

(4) 자립과 미래 설계의 위기

오늘날 청년들은 사회적 여건과 지원체계의 미비로 인해 자립 자체가 하나의 위기가 되고 있다. 많은 청년들이 여전히 부모에게 경제적으로 의존하고 있으며 스스로 삶의 방향을 설정하고 실현하는 데 큰 제약을 받고 있다.

고용 불안정과 고용의 질적 하락으로 인해 청년들은 기초 생활비, 주거비, 학자금 상환조차 감당하기 어려운 상황에 놓여 있다. '당장 먹고사는 문제'에 쫓겨 미래를 설계하거나 장기 목표를 설정할 기회 자체가 축소되고 있다.

특히, 구조적으로 자립과 미래 설계에 있어 취약한 청년 집단들이 존재한다. 첫째, 아동양육시설, 그룹홈, 위탁가정 등에서 보호를 받다가 보호 종료 후 홀로 사회에 진입하게 되는 자립준비청년들이 있다. 이들의 자립을 위해 디딤씨앗통장(아동발달계좌), 자립수당, 보호연장제도 등의 정책이 마련되었으나 여전히 부족한 편이다.

둘째, 정신건강문제, 질병, 고령, 장애, 언어적 제한 등으로 인해 조부모나 부모, 형제자매 등 가족구성원의 돌봄을 책임지고 있는 가족돌봄청년(young carer, 영케어러)이다. 이들은 학업 및 사회생활의 기회가 제한되며 자신의 미래를 계획하기보다 가족 돌봄에 삶이 고착되어 있는 경향이 높으며 돌봄 책임이 장기화될 수 있도록 빈곤, 탈진, 고립, 심리적 소진 등 복합적 위기에 놓이게 된다.

셋째, 고등교육 또는 특수학교를 졸업한 이후 취업, 일상생활 등의 한계로 인해 자립이 어려운 장애청년들이다. 특히, 발달장애 청년의 경우 지적 · 사회적 능력의 지체 또는 불완전으로 인해 언어표현 · 의사결정 · 자기조절 · 대인관계 등을 독자적으로 수행하기에 상당한 제약을 받고 있어 그들의 일상생활에 대해 타인의 지원을 필요로 한다(김지민 · 이병훈, 2021에서 재인용). 따라서 졸업 이후 직장 등 제도 기반의 공동체에 소속되지 못하고 사회 참여에 제약을 받을 수 있으며 이는 자립의지와 미래계획에 부정적 영향을 미치게 된다(김지우 · 김한솔, 2025)

넷째, 결혼이주가정자녀, 중도입국청소년, 외국인 노동자 2세 등 다양한 형태의 이주배경 청년들이다. 이들은 노동시장에서 청년이 겪는 불안정성에 '이주배경'요인이 결합되어 고용 취약성이 두드러지는 집단이다. 실제로 다른 조건이 동일하더라도 이주배경 청년은 비이주배경 청년에 비해 취업 확률이 1.3~3.5%p 더 낮아 노동시장에서 불리한 여건이었으며 또한 직업 선택에서는 이주배경 청년은 사무직과 서비스 및 판매직 대신 기능직, 단순노무직을 선택할 확률이 높은 것으로 나타나고 있다(김영아 · 강동우 · 임유진, 2024). 특히, 이주배경 아동 및 청소년의 증가로 향후 이주배경 청년이 급격하게 증가할 것으로 예상됨에 따라 이들이 겪는 자립과 미래 설계의 위기에 대해 사회적 개입이 필요한 상황이다.

2. 청년복지 실천 맛보기

기존 아동 · 노인 중심의 지원 구조 속에서 경계에 있던 청년이 새로운 복지 수요층으로 부상함에 따라 사회복지현장에서도 이들에 대한 서비스 · 프로그램 등이 시도되고 있다.

청년의 문제는 고용, 주거, 관계, 정신건강 등 복합적이고 중첩된 위기로 나타나기 때문에 통합적 지원이 중요하다고 할 수 있다. 또한 성인으로서 자기결정권을 존중하며 청년 당사자의 욕구, 생각, 의견 등을 적극적으로 묻고 서비스 이용자로서가 아닌 주체적 참여자로 청년을 바라보는 관점으로 서비스나 프로그램을 제공해야 한다. 마지막으로 위기에 봉착한 청년들의 문제를 해결하기 위한 청년 개인의 역량강화뿐만 아니라 거시적 차원에서 지역사회 및 국가의 제도 개선을 위한 옹호자의 역할을 더불어 수행하는 것이 필요하다.

1) 사회복지 현장에서 만나는 다양한 청년 유형 및 주요 지원 내용

앞서 언급한 청년들이 겪는 위기에 대응하기 위해 국가는 청년기본법을 근거로 청년정책조정위원회 구성 및 운영, 취·창업, 교육, 주거, 금융, 생활복지문화, 참여 등의 청년 정책 기본 계획 및 시행 계획 수립과 운영, 청년 상담실 운영, 청년 전용 공간 운영(청년센터), 청년 관련 정보 공유를 위한 플랫폼 구축 및 운영 등을 하고 있다(온통청년). 이는 청년 세대를 아우르는 보편적 성격의 제도들이라고 할 수 있다.

한편, 사회복지 현장에서 만나게 되는 청년들은 주로 청년 세대 내에서도 취약계층 청년이라고 할 수 있는 자립준비청년, 가족돌봄청년, 장애청년, 이주배경청년, 고립·은둔청년, 정신건강취약청년 등이 주요 타겟이 된다. 이들의 자립, 정신건강상의 안정, 사회적 통합 등을 위해 그들의 욕구에 맞추어 지원하고자 하는 시도가 지역사회 차원에서, 사회복지 조직 차원에서 이루어지고 있다.

〈표 8-1〉 위기 청년 주요 지원 내용

유형	주요 욕구	지원 내용
자립준비청년	• 자립 준비(진로 및 취업, 주거안정) • 사회적지지 체계 구축 • 긴급 지원	• 자립수당 및 자립정착금 지원(국가정책) • 진로 및 취업 지원(개인별 맞춤 지원, 교육·훈련, 인턴 연계, 취업 알선 등) • 동기강화, 정서적 안정을 위한 심리상담(개인상담, 집단 상담 프로그램 등) • 주거·고용·법률 서비스 등 연계 지원 • 자조모임, 멘토링 프로그램 등 또래집단활동 • 긴급생계비, 치료비 지원 등 응급 개입
가족돌봄청년	• 돌봄 부담 완화 • 신체적·정신적 스트레스 완화 • 학업 및 사회 참여 기회 보장	• 가족 돌봄 연계 • 돌봄휴식 지원 • 학업 및 진로 지원
장애청년	• 진로 탐색 및 고용 기회 • 지역사회 참여 • 일상생활기술 습득	• 직업 훈련 및 취업 알선 • 주간활동서비스, 활동지원서비스, • 일생생활기술 습득 훈련

이주배경청년	• 언어 · 문화 적응 • 사람들로부터 사회적 거리감 해소	• 정체성 탐색 프로그램 • 이주배경 및 비이주배경 청년 통합 프로그램 • 이중언어교육, 직업 훈련 • 의료 · 법률 · 체류 상담 지원
고립 · 은둔청년	• 관계 재형성, 정서적 안정감 • 일상생활 회복	• 고립청년 발굴 • 찾아가는 방문, 상담 서비스 • 또래모임, 자조모임, 전용 공간 지원 • 일상생활 회복 지원 • 심리치료 연계
정신건강취약 청년	• 우울 · 불안 등 심리 문제 해소 • 낙임감 해소	• 심리검사 및 상담 • 심리치료 지원 • 회복 프로그램, 자조모임

2) 실천 사례

(1) 사례 제시[1]

1. 기본 정보
   - 이름: 장미지(가명)
   - 연령: 만 29세
   - 성별: 여
   - 학력: 4년제 대학 중퇴
   - 거주지: 반지하 월세
   - 직업: 무직(과거 비정규직, 플랫폼 아르바이트 위주)
   - 가족 구성: 1인 가구(어머니 연락두절, 아버지 사망)

1 드라마 〈미지의 서울〉의 내용을 기반으로 가상으로 꾸민 사례임.

2. 상황 개요

장미지(가명, 만 29세)는 서울 강서구의 반지하 월세방에 살고 있다.

4평 남짓한 방에는 책상 대신 이불이 펼쳐져 있고, 바깥 공기는 욕실 환풍구로만 느껴진다. 미지는 4년제 대학에 입학했지만, 가정사와 학비 부담으로 3학년 때 자퇴했다. 아버지는 그녀가 스무 살 무렵 병으로 세상을 떠났고, 어머니와는 오래전 연락이 끊겼다. 처음에는 카페 아르바이트, 온라인 쇼핑몰 물류창고, 배달대행 등 다양한 일을 하며 생활비를 마련했다. 하지만 반복된 해고와 부당한 대우, 그리고 불규칙한 삶은 미지를 점점 지치게 만들었다. 하루 이틀 쉬다 보니 출근이 어려워졌고, 이력서조차 쓰기 힘든 나날이 이어졌다. 가장 괴로운 건 "나는 왜 사는 걸까?"라는 질문에 아무 대답도 떠오르지 않는다는 것이다. 무기력감은 점점 심해졌고, 식사도 거르고, 낮에는 잠들고 밤엔 멍하니 휴대폰만 들여다보는 날들이 늘어갔다. SNS 계정을 없앤 지는 1년이 넘었고, 통화 목록에는 마지막 발신 기록이 남아 있지 않았다. 그러던 어느 날, 온라인 자가진단 설문지를 통해 '청년 고립 위험군'으로 분류된 미지는 지역 청년센터의 고립청년 지원팀과 연결된다. 처음엔 전화를 받지 않았고, 3번의 방문 끝에 겨우 문을 열어주었다.

(2) 역할 분석 연습

1. 이 청년의 강점은 무엇일까요?

2. 이 청년이 겪고 있는 위기는 무엇입니까?

3. 사회복지사는 이 상황에서 어떠한 역할을 할 수 있을까요?

1) 고용, 주거, 관계, 정신건강 등 통합적 차원에서 접근해 봅시다.
- 개인의 역량 강화 측면에서 어떠한 것들을 시도해 볼 수 있을지 생각해 봅시다.

2) 장기적 관점에서 이러한 청년들의 삶의 질 향상 방안에 대해 생각해 봅시다.
- 국가와 지역사회 차원에서 시도해 볼 수 있는 지원책에는 무엇이 있을지 생각해 봅시다.

Project Based Learning

지역 간 인프라와 기회의 차이는 청년의 진로, 주거, 문화생활에도 큰 영향을 미칩니다. 우리 지역의 청년복지를 위한 정책들은 무엇이 있는지 찾아서 제시해봅시다. 또한 청년을 지원정책 수혜자로만 보는 관점을 넘어 청년이 지역 정책 형성과 실행 과정에 참여하고 있는 사례가 있다면 찾아서 제시해봅시다.

참고자료

/Issue/

1. 자립준비청년

대전MBC(2024. 5. 9.). [오늘M] 자립준비청년, 그들이 바라는 것은 금전적 지원이 아니다

https://youtu.be/KXHNIV6Cf_I?si=eLOEYLWs5n1uFj_g

2. 고립은둔청년

NATV 국회방송(2025. 7. 10.). 7년간의 고립 · 은둔, 회복하는 '쉼 청년'!

https://youtu.be/0r0CZgtRhxM?si=3zn3LqKdPsaqm-lp

3. 니트청년

SBS 뉴스(2024. 12. 15.). "그냥…집에서 쉬어요" 청년층 유독 증가하는 이유

https://youtu.be/IaMaSGQgJ0g?si=qdvAUNadCJQfd3xn

/현장 속 청년복지/

1. 서울시 1인가구 지원사업

서울시가족센터(2021. 11. 19.). 오늘은 요리친구

https://youtu.be/OruTKhlyC8o?si=KOl26nEvBwAf0D1N

2. 지역사회복지관 청소년 · 청년 지원사업(희망플랜)

원주가톨릭종합사회복지관(2024. 7. 15.). 희망플랜 사업 소개 영상

https://youtu.be/0eaOpiGmevs?si=dWAYgxmu_eMF3J7z

주요 용어 정리

▶ **청년:** 전통적으로는 '젊은 성인'이지만, 현대사회에서는 독립·결혼·출산이 지연되며 독립도 의존도 모두 높은 별도 생애단계로 인식되는 집단

▶ **청년기본법:** 청년에 대한 국가·지자체의 책무를 명시한 법

▶ **N포 세대:** 연애·결혼·출산 등을 포기한 3포 세대에서 확장된 개념. 주거·취업·관계·여가 등 여러 삶 영역의 포기를 의미

▶ **세대 내 격차:** 같은 청년 세대 내부에서도 경제력·가정 배경 등에 따라 불평등과 갈등이 심화되는 현상

▶ **영포티밈:** 40대 이상이 '꿀빤 세대'라는 온라인 커뮤니티 논쟁을 표현한 밈. 세대 간 갈등을 상징하는 개념.

▶ **NEET 청년:** 학교에도, 직장에도, 직업훈련에도 속하지 않는 청년

▶ **캥거루족:** 경제적 이유로 성인이 된 뒤에도 부모에게 지속적으로 의존하는 청년을 의미

▶ **사회적 고립:** 대면 관계 단절, 사회적 상호작용 부족으로 네트워크가 거의 없는 상태

▶ **자립준비청년(보호종료청년):** 아동양육시설·그룹홈·위탁가정에서 보호받다가 만기 후 홀로 사회로 나오는 청년

▶ **자립수당:** 보호 종료 후 청년의 초기 정착을 돕기 위한 월 단위 지원금

▶ **디딤씨앗통장(아동발달지원계좌):** 국가가 매칭 적립해 자립자금을 마련할 수 있도록 돕는 자산형성지원제도

▶ **가족돌봄청년:** 질병·장애·고령 등의 가족을 청년 본인이 주 돌봄자로 책임지는 상황

▶ **이주배경청년:** 다문화·중도입국·이주노동자 2세 등으로 구성된 다양한 배경의 청년 집단

▶ **역량 강화:** 클라이언트(청년)가 스스로 문제 해결 능력과 삶을 주도하는 힘을 갖도록 돕는 실천 전략

▶ **찾아가는 서비스:** 스스로 서비스를 찾아오지 못하는 대상에게 직접 방문/접촉하여 연결하는 방식

참/고/문/헌

고용노동부 (2025. 3 .11.). 장기 '쉬었음' 청년 77% 불안, 그러나 85%는 '삶에서 일이 중요', Retrieved from https://www.moel.go.kr/news/enews/report/enewsView.do?news_seq=17593

김안나, 홍현우 (2018). 청년 빈곤 및 고용실태 분석. **사회복지연구**, 49(2), 93-124.

김영아, 강동우, 임유진 (2024). 이주배경 청년의 노동시장 이행 연구.

김유빈, 강민정, 고영우, 김영아 (2019). 청년 삶의 질 연구 (II). 한국노동연구원.

김아름 (2023). 노키즈존 운영 실태와 향후 과제. **육아정책포럼**, 78, 19-35.

김지민, 이병훈 (2021). 청년 발달장애인의 취업을 위한 어머니의 개입활동. **한국사회정책**, 28(1), 191-223.

김지우, 김한솔 (2025). 발달장애 청년의 사회활동 참여가 미래계획 수립에 미치는 영향: 자립 의지의 매개효과를 중심으로. 한국장애인복지학, 68(68), 5-27.

김형주, 김정숙, 김문길, 변금선, 배정희 (2023). 청년 빈곤 실태와 자립안정망 체계 구축방안 연구 III. 한국청소년정책연구원.

변금선, 김정숙 (2024). 청년의 외로움과 사회적 고립 유형, 정신건강의 관계-서울 청년의 이주 경험 차이를 중심으로. **사회복지정책**, 51(3), 67-108.

여성가족부 (2025. 5. 27.). 2025 청소년 통계 발표[보도자료]. Retrieved from https://www.mogef.go.kr/nw/rpd/nw_rpd_s001d.do?mid=news405&bbtSn=710528

이승윤, 백승호 (2021, October). 청년세대 내 불안정성은 계층화되는가?: 청년불안정노동의 유형과 세대 내 격차 결정요인. 한국노동연구원.

이정봉 (2021). 이행기 관점 청년정책에 대한 비판적 검토. **한국노동사회연구소 이슈페이퍼**, 8, 1-21.

이지현 (2022). SNS 이용량이 청년들의 사회적 자본과 사회 참여에 미치는 영향(Doctoral dissertation, 한양대학교).

정현상 (2022). 지난 10년간 청년층 캥거루족 특성 변화. KLI패널브리프, 20, 1-11. 한국노동연구원

통계청a (2025). 경제활동인구조사, Retrieved from https://www.index.go.kr/unify/idx-info.do?idxCd=5028

통계청b (2025). 청년고용동향, Retrieved from https://www.index.go.kr/unity/potal/main/EachDtlPageDetail.do?idx_cd=1495

Park, H. J., & Park, Y. B. (2024). Negative upward comparison and relative deprivation: Sequential mediators between social networking service usage and loneliness. *Current Psychology*, *43*(10), 9141-9151.

노인복지

CHAPTER 09

1. 노인복지의 개념

2. 노인복지의 실천현황

3. 노인복지 분야의 사회복지사 역할

4. 실천 사례

노인복지

학/습/목/표
1. 노인복지의 개념과 필요성을 이해할 수 있다.
2. 노인복지 정책과 서비스의 체계 및 현황을 설명할 수 있다.
3. 노인복지 실천의 과제와 발전 방향을 논의할 수 있다.

Flipped Learning (사전 학습)

여러분이 체감하는 노인문제는 어떤 것이 있나요? 주변에서 본 노인복지 서비스나 제도에는 어떤 것이 있나요? 그 서비스나 제도가 실제로 노인의 삶을 얼마나 바꾸고 있는지 생각해 봅시다.

1. 노인복지의 개념

1) 고령화와 문제

우리나라는 2024년 12월 23일 기준 초고령사회(super-aged society)에 진입하였다(행정안전부, 2024). 이는 전체 주민등록 인구 중 20% 이상이 만 65세 이상 노인인구라는 의미이다. 우리나라는 2000년에 노인인구 7%의 고령화사회(aging society), 2017년에 노인인구 14%의 고령사회(aged society)를 거치고, 불과 7년 만에 초고령사회에 도달하였다(통계청, 2024a). 전 세계에서 가장 빠르게 고령화가 진행되고 있다.

고령화와 관련된 통계치를 살펴보면, 대한민국 국민의 기대수명은 83.5세(통계청, 2024b), 합계출산율은 0.82명으로 나타났다(통계청, 2025). 평균수명이 연장되고 저출산이 지속되면서 노인인구의 절대적인 수와 상대적인 비중이 동시에 증가하고 있다. 이로 인해 2025년 기준 노년부양비[1]는 29.3명으로 나타나, 생산가능인구 100명이 부양해야 할 노인인구 역시 급격하게 증가하고 있는 추세이다(통계청, 2023).

이러한 고령화는 우리 사회 전반에 다양한 영향을 미치게 되는데, 이를 〈표 9-1〉에 정리하였다.

〈표 9-1〉 고령화의 영향

구분	내용
가족	• 노인을 돌볼 가족의 수 감소 • 독거노인 증가
저축과 소비	• 저축하는 청년은 감소하고 소비하는 노인이 증가 • 저축 감소로 인한 투자 감소는 경제에 부정적 영향
노동시장	• 노동력 감소로 인한 경제성장에 부정적 영향
연금	• 연금재정수입 감소 및 연금재정지출 증가 • 공적연금의 지속가능성 위협
보건의료	• 질병 치료에 소요되는 비용의 증가로 국가 재정의 부담
장기요양서비스	• 가족케어 감소 • 장기요양 수요 및 서비스 증가

출처: 원석조(2022).

2) 노인복지의 개념

노인복지란 노인이 인간답고 안전된 생활을 영위할 수 있도록 시대적 현상을 구

1 노년부양비=65세 이상 인구÷15~64세 인구×100

조적으로 파악하여 노인의 자아실현과 문제 발생 원인 및 해결방안 등에 필요한 자원과 서비스를 제공하는 공적 · 사적 차원에서 체계적이고 지속적인 서비스 활동을 말한다(황인옥 외, 2022).

「노인복지법」 제2조(기본이념)에 따르면, ① 노인은 후손의 양육과 국가 및 사회의 발전에 기여하여 온 자로서 존경받으며 건전하고 안정된 생활을 보장받는다. ② 노인은 그 능력에 따라 적당한 일에 종사하고 사회적 활동에 참여할 기회를 보장 받는다. ③ 노인은 노령에 따르는 심신의 변화를 자각하여 항상 심신의 건강을 유지하고 그 지식과 경험을 활용하여 사회의 발전에 기여하도록 노력하여야 한다고 하였다. 이는 노인복지가 노인을 단순히 보호의 대상이 아니라, 적극적이고 주체적인 삶을 영위하는데 초점이 맞추어져 있다는 것으로 해석할 수 있다.

이러한 맥락에서 성공적 노화(successful ageing)는 노인복지의 중요한 가치로 자리매김하였다. 성공적 노화란, 질병과 장애를 최소화하고(low probability of disease and disease-related disability), 신체 · 인지적 기능을 높은 수준에서 유지하며(high cognitive and physical functional capacity), 적극적으로 삶에 참여하는 것(engagement with life)을 의미한다(Rowe & Kahn, 1997). 즉, 노인복지는 노인의 건강뿐 아니라 심리적이고 사회적인 안녕(well-being)을 포괄하는 개념으로 발전하였다고 할 수 있다.

이러한 노인복지의 개념은 국제적 기준으로 이어진다. 국제연합(United Nations: UN)의 고령화에 관한 마드리드 국제행동계획(Madrid International Plan of Action on Ageing: MIPAA)을 살펴보면, 노인과 발전(Older Persons and Development), 건강과 복지 향상(Advancing Health and Well-Being into Old Age), 활동적이고 존엄한 노화 환경 보장(Ensuring Enabling and Supportive Environments)을 3대 우선 목표로 제시하고 있다(UN, 2002). 이는 노인복지가 단순히 생물학적 노화뿐 아니라 노인의 삶의 질 향상에 초점을 맞춘 적극적 노화(active ageing)를 강조하고 있음을 알 수 있다(United Nations, 2002).

2. 노인복지의 실천현황

1) 소득보장

(1) 국민연금

「국민연금법」 제1조(목적)에 따르면, 이 법은 국민의 노령, 장애 또는 사망에 대하여 연금급여를 실시함으로써 국민의 생활 안정과 복지 증진에 이바지하는 것을 목적으로 한다고 명시하였다. 국민연금은 1988년부터 시행되었으며, 일정 수준의 보험료를 납부하고 일정 연령이 도달하게 되면 연금을 지급받는다.

급여의 종류로는 노령연금, 장애연금, 유족연금, 반환일시금이 있으며, 가입 대상은 국내에 거주하는 국민으로서 18세 이상 60세 미만인 자가 된다. 이 중 노령연금은 가입기간이 10년 이상인 가입자 또는 가입자였던 자에 대하여는 60세가 된 때부터 그가 생존하는 동안 기본연금액과 부양가족연금액을 합산하여 노령연금을 지급하게 된다.

단, 「국민연금법」(법률 제8541호, 2007. 7. 23.) 부칙 제8조(급여의 지급연령에 관한 적용례)에 따라, 2013년부터 노령연금 지급연령이 상향 조정되었다. 이를 정리하면 〈표 9-2〉와 같다.

〈표 9-2〉 출생연도별 노령연금 지급개시 연령

출생연도	~1952년	1953~56년	1957~60년	1961~64년	1965~68년	1969년~
지급개시 연령	60세	61세	62세	63세	64세	65세

(2) 기초연금

「기초연금법」 제1조(목적)에 따르면, 이 법은 노인에게 기초연금을 지급하여 안정적인 소득기반을 제공함으로써 노인의 생활안정을 지원하고 복지를 증진함을 목적으로 한다고 명시하였다. 기초연금은 2014년부터 시행되었으며, 보험료에 기반한 국민연금과는 달리 조세에 기반한 공적부조이다.

수급요건을 살펴보면, 65세 이상인 사람으로서 소득인정액이 보건복지부장관이 정하여 고시하는 금액(선정기준액) 이하인 사람이다. 2025년 선정기준액은 배우자가 없는 노인가구의 경우 월 소득인정액 2,280,000원, 배우자가 있는 노인가구의 경우 월 소득인정액 3,648,000원이며, 기준연금액은 342,510원이다. 단, 국민연금 수급이나 소득수준 및 가구유형 등에 따라 감액될 수 있다.

(3) 국민기초생활보장제도

「국민기초생활보장법」 제1조(목적)에 따르면, 이 법은 생활이 어려운 사람에게 필요한 급여를 실시하여 이들의 최저생활을 보장하고 자활을 돕는 것을 목적으로 한다고 명시하였다. 이 제도는 2000년부터 시행되었으며, 수급자가 자신의 생활의 유지·향상을 위하여 그의 소득, 재산, 근로능력 등을 활용하여 최대한 노력하는 것을 전제로 이를 보충·발전시키는 것을 기본원칙으로 한다.

급여의 기준에는 기준 중위소득이 활용되는데, 2025년 기준 중위소득은 〈표 9-3〉과 같다.

〈표 9-3〉 2025년도 기준 중위소득 (단위: 원)

가구규모	1인 가구	2인 가구	3인 가구	4인 가구	5인 가구	6인 가구	7인 가구
기준 중위소득	2,392,013	3,932,658	5,025,353	6,097,773	7,108,192	8,064,805	8,988,428

출처: 보건복지부(2025).

급여의 종류에는 생계급여, 주거급여, 의료급여, 교육급여, 해산급여, 장제급여, 자활급여가 있다. 급여내용은 다음과 같다.

① **생계급여:** 수급자에게 의복, 음식물 및 연료비와 그 밖에 일상생활에 기본적으로 필요한 금품을 지급

② **주거급여:** 수급자에게 주거 안정에 필요한 임차료, 수선유지비, 그 밖의 수급품을 지급

③ **의료급여:** 수급자에게 건강한 생활을 유지하는 데 필요한 각종 검사 및 치료 등을 지급

④ **교육급여:** 수급자에게 입학금, 수업료, 학용품비, 그 밖의 수급품을 지급

⑤ **해산급여:** 조산 및 분만 전과 분만 후에 필요한 조치와 보호

⑥ **장제급여:** 수급자가 사망한 경우 사체의 검안 · 운반 · 화장 또는 매장, 그 밖의 장제조치

⑦ **자활급여:** 수급자의 자활을 돕기 위하여 금품의 지급 또는 대여 등

급여종류별 수급자 선정기준은 〈표 9-4〉와 같다.

〈표 9-4〉 2025년도 급여종류별 수급자 선정기준 (단위: 원)

가구규모	1인 가구	2인 가구	3인 가구	4인 가구	5인 가구	6인 가구	7인 가구
생계급여 (32%)	765,444	1,258,451	1,608,148	1,951,287	2,274,621	2,580,738	2,876,297
의료급여 (40%)	956,805	1,573,063	2,010,141	2,439,109	2,843,277	3,225,922	3,595,371
주거급여 (48%)	1,148,166	1,887,766	2,412,170	2,926,931	3,411,932	3,871,106	4,314,445
교육급여 (50%)	1,196,007	1,966,329	2,512,677	3,088,867	3,554,096	4,032,643	4,494,124

출처: 보건복지부(2025a).

2) 건강보장

(1) 국민건강보험

「국민건강보험」 제1조(목적)에 따르면, 이 법은 국민의 질병 · 부상에 대한 예방 · 진단 · 치료 · 재활과 출산 · 사망 및 건강증진에 대하여 보험급여를 실시함으로써 국민보건 향상과 사회보장 증진에 이바지함을 목적으로 한다고 명시하였다. 이 제도는 지역의료보험과 직장의료보험이 통합되면서부터 2000년부터 시행되었다.

가입자는 직장가입자와 지역가입자로 구분되며, 급여의 종류로는 요양급여, 방문요양급여, 요양비, 건강검진 등이 있다. 보험료는 직장가입자의 경우 보수월액에 보험료율을 곱하여 산정하며, 2025년 보험료율은 7.09%이다. 지역가입자의 경우에는 소득, 재산, 자동차를 점수화하여 점수당 금액을 곱하여 산정한다.

(2) 노인장기요양보험

「노인장기요양보험법」 제1조(목적)에 따르면, 이 법은 고령이나 노인성 질병 등의 사유로 일상생활을 혼자서 수행하기 어려운 노인 등에게 제공하는 신체활동 또는 가사활동 지원 등의 장기요양급여에 관한 사항을 규정하여 노후의 건강증진 및 생활안정을 도모하고 그 가족의 부담을 덜어줌으로써 국민의 삶의 질을 향상하도록 함을 목적으로 한다고 명시하였다. 이 제도는 2008년부터 시행하고 있으며, 국민건강보험과 동일하게 사회보험 방식으로 운영되고 있다. 2025년 장기요양보험료는 0.9182%(건강보험료의 12.95%)이다.

노인장기요양보험의 급여는 동법 제23조에 의거, 재가급여, 시설급여, 특별현금급여로 구분할 수 있다. 구체적인 급여내용은 〈표 9-5〉와 같다.

〈표 9-5〉 장기요양급여의 종류

구분		내용
재가급여	방문요양	장기요양요원이 수급자의 가정 등을 방문하여 신체활동 및 가사활동 등을 지원
	방문목욕	장기요양요원이 목욕설비를 갖춘 장비를 이용하여 수급자의 가정 등을 방문하여 목욕을 제공
	방문간호	장기요양요원인 간호사 등이 의사, 한의사 또는 치과의사의 지시서에 따라 수급자의 가정 등을 방문하여 간호, 진료의 보조, 요양에 관한 상담 또는 구강위생 등을 제공
	주·야간보호	수급자를 하루 중 일정한 시간 동안 장기요양기관에 보호하여 신체활동 지원 및 심신기능의 유지·향상을 위한 교육·훈련 등을 제공
	단기보호	수급자를 보건복지부령으로 정하는 범위 안에서 일정 기간 동안 장기요양기관에 보호하여 신체활동 지원 및 심신기능의 유지·향상을 위한 교육·훈련 등을 제공
	기타재가급여	수급자의 일상생활·신체활동 지원 및 인지기능의 유지·향상에 필요한 용구를 제공하거나 가정을 방문하여 재활에 관한 지원 등을 제공
시설급여		장기요양기관에 장기간 입소한 수급자에게 신체활동 지원 및 심신기능의 유지·향상을 위한 교육·훈련 등을 제공
특별현금급여	가족요양비	수급자가 가족 등으로부터 방문요양에 상당한 장기요양급여를 받은 때 지급
	특례요양비	수급자가 장기요양기관이 아닌 노인요양시설 등의 기관 또는 시설에서 재가급여 또는 시설급여에 상당한 장기요양급여를 받은 때 지급
	요양병원간병비	수급자가 요양병원에 입원한 때 비용의 일부를 지급

상기 급여를 받기 위해서는 장기요양등급 인정 절차를 거치게 된다. 국민건강보험공단의 방문조사원의 장기요양 인정조사를 거쳐, 등급판정위원회에서 최종 결정하게 된다(권중돈, 2022). 「노인장기요양보험법」 시행령 제7조(등급판정기준 등)에 따른 등급별 기준과 인정점수는 〈표 9-6〉과 같다.

〈표 9-6〉 장기요양 등급판정기준

구분	내용	인정 점수
1등급	심신의 기능상태 장애로 일상생활에서 전적으로 다른 사람의 도움이 필요한 자	95점 이상

2등급	심신의 기능상태 장애로 일상생활에서 상당 부분 다른 사람의 도움이 필요한 자	95점 미만 75점 이상
3등급	심신의 기능상태 장애로 일상생활에서 부분적으로 다른 사람의 도움이 필요한 자	75점 미만 60점 이상
4등급	심신의 기능상태 장애로 일상생활에서 일정부분 다른 사람의 도움이 필요한 자	60점 미만 51점 이상
5등급	치매환자	51점 미만 45점 이상
인지지원등급	치매환자	45점 미만

3) 고용보장

노인의 고용보장 관련 대표적인 사업으로 노인 일자리 및 사회활동 지원사업을 들 수 있다. 이 사업은 「노인 일자리 및 사회활동 지원에 관한 법률」에 근거하고 있으며, 일자리와 사회활동을 통하여 활동적이고 생산적인 노후생활을 영위할 수 있도록 지원함으로써 노인의 건강과 복지를 증진하는 데 이바지함을 그 목적으로 하고 있다. 노인 일자리 및 사회활동 지원사업은 크게 공공형, 사회서비스형, 민간형으로 구분되며 구체적인 내용은 〈표 9-7〉과 같다.

〈표 9-7〉 노인 일자리 및 사회활동 지원사업 내용

구분	유형	내용
공공형	노인공익활동사업	노인이 취약계층 지원 및 지역사회 공익증진 활동 등을 하면서 소득을 보전할 수 있는 사업
사회서비스형	노인역량활용사업	노인들의 숙련된 기술, 전문성 및 경험 등을 활용하여 지역사회에 기여할 수 있는 사업
	노인역량활용 선도모델	외부자원(인적 · 물적)을 활용한 사회서비스 분야 신노년세대 맞춤형 일자리

민간형	공동체 사업단	노인에 의한 상품의 생산 · 판매 서비스의 제공 등을 목적으로 하며 참여하는 노인이 둘 이상인 사업단
	취업지원	취업을 원하는 노인에게 구인 · 구직에 관한 정보 제공, 상담, 교육 등을 지원
	현장실습 훈련 지원사업	노인의 일자리 현장적응 및 직무수행에 필요한 역량 개발 등을 위한 지원사업
	노인친화기업 · 기관	고령자가 경쟁력을 가질 수 있는 적합한 직종에서 다수의 고령자를 고용하는 기업 지원

출처: 보건복지부(2025b).

4) 주거보장

노인의 주거보장은 물리적인 주거 공간의 제공을 넘어서, 노인이 자기가 살던 곳에서 자립적으로 노년을 보낼 수 있도록 지원하는 것을 포함한다. 이를 실천하는 개념으로 'Aging in Place'를 들 수 있다. 즉, Aging in Place는 시설에 입소하지 않고 자기가 살던 곳에서 나이 들어가는 것을 의미한다(김유진, 박순미, 박소정, 2019).

1982년 UN의 제1차 세계고령화총회(World Assembly on Aging)에서 비엔나 국제고령화행동계획(Vienna International Plan of Action on Ageing: VIPAA)이 채택되었다. 보고서에서는 노인의 시설 입소는 지역사회에서 독립적인 생활을 유지하기 어려운 경우에만 정당화될 수 있다고 하였다(UN, 1982). 지역사회 내에서의 가정돌봄(home care), 오픈케어(open care), 외래 서비스(out-patient service) 등의 대안을 제시하였다. 우리나라는 Aging in Place의 실천으로, 2018년 '지역사회 통합 돌봄 기본계획'을 발표하였다. 이후 지자체의 선도사업을 거쳐, 2024년 「의료 · 요양 등 지역 돌봄의 통합지원에 관한 법률」을 제정하였다. 이러한 Aging in Place는 노인 주거보장을 위한 개념을 넘어서, 노인복지 전반의 통합적인 정책으로 확장되고 있다.

그러나 모든 지역과 모든 노인이 Aging in Place를 실현하는 것은 쉽지 않다. 이에 지역사회에서는 다양한 돌봄 환경을 제공하는데 이때 중요한 역할을 하는 것이 바로 노인복지시설이다. 우리나라의 노인복지시설은 「노인복지법」 제31조(노인복지시설의 종류)에 근거하고 있으며, 〈표 9-8〉과 같이 구분할 수 있다.

〈표 9-8〉 노인복지시설의 종류

구분	시설	내용
노인주거 복지시설	양로시설	노인을 입소시켜 급식과 그 밖에 일상생활에 필요한 편의를 제공
	노인공동생활가정	노인들에게 가정과 같은 주거여건과 급식, 그 밖에 일상생활에 필요한 편의를 제공
	노인복지주택	노인에게 주거시설을 임대하여 주거의 편의・생활지도・상담 및 안전관리 등 일상생활에 필요한 편의를 제공
노인의료 복지시설	노인요양시설	치매・중풍 등 노인성질환 등으로 심신에 상당한 장애가 발생하여 도움을 필요로 하는 노인을 입소시켜 급식・요양과 그 밖에 일상생활에 필요한 편의를 제공
	노인요양공동생활가정	치매・중풍 등 노인성질환 등으로 심신에 상당한 장애가 발생하여 도움을 필요로 하는 노인에게 가정과 같은 주거여건과 급식・요양, 그 밖에 일상생활에 필요한 편의를 제공
노인여가 복지시설	노인복지관	노인의 교양・취미생활 및 사회참여활동 등에 대한 각종 정보와 서비스를 제공하고, 건강증진 및 질병예방과 소득보장・재가복지, 그 밖에 노인의 복지증진에 필요한 서비스를 제공
	경로당	지역노인들이 자율적으로 친목도모・취미활동・공동작업장 운영 및 각종 정보교환과 기타 여가활동을 할 수 있도록 하는 장소를 제공
	노인교실	노인들에 대하여 사회활동 참여욕구를 충족시키기 위하여 건전한 취미생활・노인건강유지・소득보장 기타 일상생활과 관련한 학습프로그램을 제공
노인재가 복지시설	방문요양서비스	가정에서 일상생활을 영위하고 있는 노인으로서 신체적・정신적 장애로 어려움을 겪고 있는 노인에게 필요한 각종 편의를 제공
	주・야간보호서비스	부득이한 사유로 가족의 보호를 받을 수 없는 심신이 허약한 노인과 장애노인을 주간 또는 야간 동안 보호시설에 입소시켜 필요한 각종 편의를 제공하여 이들의 생활안정과 심신기능의 유지・향상을 도모하고, 그 가족의 신체적・정신적 부담을 덜어주기 위한 서비스
	단기보호서비스	부득이한 사유로 가족의 보호를 받을 수 없어 일시적으로 보호가 필요한 심신이 허약한 노인과 장애노인을 보호시설에 단기간 입소시켜 보호
	방문목욕서비스	목욕장비를 갖추고 재가노인을 방문하여 목욕을 제공하는 서비스

노인보호전문기관	지역 간의 연계체계를 구축하고 노인학대를 예방하기 위한 기관
노인일자리지원기관	노인의 능력과 적성에 맞는 노인 일자리 및 사회활동 지원사업을 전문적·체계적으로 수행하기 위한 전담기관
학대피해노인전용쉼터	노인학대로 인하여 피해를 입은 노인을 일정기간 보호하고 심신 치유 프로그램을 제공

3. 노인복지 분야의 사회복지사 역할

노인복지 내 세부 분야별로 사회복지사의 구체적인 업무나 역할에 다소 차이가 있을 수 있다. 하지만 실천 현장의 특성이 다를지라도, 전문직으로서 사회복지사 수행해야 하는 역할과 기능은 공통적이다고 할 수 있다. 노인복지 분야의 사회복지사 역할은 다음과 같다(Zastrow, 2017).

① 상담자(counselor): 노인의 정서적 문제, 상실, 질병 등 관련 상담
② 옹호자(advocate): 노인의 인권 보호, 차별과 학대 대응, 정책적 대변
③ 중개자(broker): 주거지원, 의료, 재가서비스, 공공자원 연결
④ 조정자(mediator): 가족 내 갈등 중재, 서비스 제공 기관 간 조율
⑤ 조직자(organizer): 노인 자조모임, 지역사회 참여 프로그램 운영
⑥ 교육자(educator): 치매 예방 및 건강 교육, 노인과 가족 대상 정보 제공 등
⑦ 연구자(researcher): 시설 만족도 및 노인복지 서비스 효과 분석, 지역사회 요구 조사

4. 실천 사례

1) 사례 제시

"박경순 어르신(가명, 89세)은 배우자 사망 후 5년째 독거 중이다. 고혈압 및 당뇨가 있고, 최근에는 경증 치매 진단(MMSE 23점)을 받았다. 반지하에 거주 중이며 월세가 3개월 연체되었다. 자녀와 연락이 두절 되었으며, 기초연금과 노령연금을 합쳐 약 60만 원 정도의 소득이 있다. 이에 이웃의 신고로 사회복지사가 가정방문을 하였다."

2) 역할 분석 연습

"사회복지사는 초기 상담 및 욕구 사정을 통해 어르신의 만성질환 관리 부족과 치매 진행 상황에 대해서 탐색하였다. 심각한 고립감과 외로움을 확인하였으며, 경제적인 어려움과 퇴거 위기 상황에 대해서도 확인하였다. 어르신은 기본적인 식사 준비 등에 어려움을 겪고 있었으며, 고혈압 등의 약 복용에 대해서도 관리가 미흡한 것으로 나타났다.

사회복지사는 긴급 개입으로 먼저 임대인과 협상을 하여 퇴거를 유예할 수 있도록 조치하였다. 관할 행정복지센터와 연계하여 주거 및 경제적 위기 상황에 대한 지원이 지속될 수 있도록 하였다. 또한 복지관과 연계하여 도시락 배달 등 식사 서비스가 지원될 수 있도록 하였다.

장기적인 개입으로는 장기요양등급 신청 절차를 진행하는 한편, 지역사회의 보건소 및 주·야간보호센터 등을 통해 건강 및 돌봄 서비스를 연계하였다. 공공임대주택 입주 신청을 하였으며, 행정복지센터를 통해 주거 급여 지원 가능 여부를 확인하였다. 특히 고령 및 치매 등을 고려하여 안전한 일상생활 영위를 위해 가스차단기나 안전손잡이 등 복지용구 지원에 대해서 확인하였다. 또한 지역사회 내 활성화된 노인 자조모임을 확인하였으며, 참여 가능한 독거노인 관련 프로그램을 살펴보았다. 이후 월 2회의 정기적인 방문을 통해 건강 및 일상생활에 대한 상담을 진행할 예정이다."

이러한 사회복지사의 개입을 역할에 따라 구분하여 정리하면 다음과 같다.

① **상담자(counselor)**: 초기 위기 상담, 정서적 지지, 치매 증상에 대한 불안 완화

② **옹호자(advocate)**: 집주인과 협상, 행정기관 설득, 퇴거 유예 및 주거권 보호

③ **중개자(broker)**: 보건소, 주 · 야간보호센터, 공공임대주택, 복지관, 의료기관 연결

④ **조정자(mediator)**: 서비스 제공자들 간 일정 조율, 중복 지원 예방

⑤ **조직자(organizer)**: 지역 독거노인 모임 연계, 자조모임 운영

⑥ **교육자(educator)**: 약 복용법, 치매 예방 생활교육, 안전 교육

⑦ **연구자(researcher)**: 서비스 효과성 평가, 지역 내 독거노인 문제에 대한 자료화

Project Based Learning

▶ **초고령사회, 우리 지역의 노인복지 해법을 찾아라!**

1. 우리나라는 2024년 초고령사회(65세 이상 인구 20%)에 진입했습니다. 여러분이 살고 있는 지역에서도 독거노인 증가, 돌봄 인력 부족, 노인빈곤, 치매 관리, 주거 불안정 등 다양한 문제가 발생하고 있습니다.
2. 팀별로 지역 내 노인 관련 문제를 선택합니다. 이 문제가 얼마나 심각한지, 이미 존재하는 복지제도나 서비스는 무엇인지, 현재 정책이나 제도의 한계점은 무엇인지 등의 현황을 조사합니다. Aging in Place의 관점에서 이 문제를 해결하기 위해 어떤 변화가 필요한지, 이때 사회복지사는 어떠한 역할을 해야하는지 살펴봅니다. 지역주민, 복지관, 지자체 등의 협력구조를 구상합니다. 지역 노인문제 해결방안을 포스터나 카드뉴스 형태로 제작하여 발표합니다.

생 · 각 · 해 · 보 · 기

1. 초고령사회에 접어든 상황에서 노인복지 제도 중 개선점은 무엇인지 생각해 보세요.

2. Aging in Place의 개념이 확대되고 있는데, 노인복지시설은 어떠한 역할을 할 수 있을지 생각해 보세요.

3. 노인의 사례는 다양하고 복합적인 문제가 있다. 이러한 상황에 개입하는 사회복지사는 어떠한 가치와 윤리적인 기준을 우선해야 하는지 생각해 보세요.

참고자료

1. 노인 돌봄에 관한 영상

보건복지부TV(2024. 4. 11.). [행복배송] ep.1 노인 돌봄, 우리 모두의 미래

https://youtu.be/Gf-XF-xJpw8?feature=shared

2. 노인 식생활에 관한 영상

KSB다큐(2025. 4. 29.). 식사는 큰 삶의 의미... 노년의 밥, 어떻게 해결해야 할까?

https://youtu.be/CvJCZJvL-uc?feature=shared

3. 노인 치매에 관한 영상

씨네몽땅(2019. 4. 24.). 당신이 늙기 전에 꼭 봐야 할 애니메이션

https://youtu.be/BHvzn_hhDac?feature=shared

주요 용어 정리

- ▶ 고령화사회: 전체 인구 중 만 65세 이상 인구 비율이 7% 이상인 사회
- ▶ 고령사회: 전체 인구 중 만 65세 이상 인구 비율이 14% 이상인 사회
- ▶ 초고령사회: 전체 인구 중 만 65세 이상 인구 비율이 20% 이상인 사회
- ▶ 성공적 노화: 신체적 · 심리적 · 사회적 기능을 유지하면서 나이 드는 것
- ▶ Aging in Place: 익숙한 곳에서 나이 드는 것
- ▶ 사회보험: 질병이나 노령 등 사회적 위험에 대비하여 보험료를 납부한 사람에게 급여를 제공하는 제도
- ▶ 기초연금: 일정 소득 이하의 노인에게 일정 금액을 지급하는 소득보장 제도
- ▶ 노령연금: 국민연금 가입자 중 일정 연령 이후 지급되는 공적연금
- ▶ 장기요양보험: 고령 또는 노인성 질병으로 일상생활이 어려운 노인에게 서비스를 제공하는 사회보험 제도

참/고/문/헌

권중돈 (2022). 노인복지론(제8판). 서울: 학지사.

김유진, 박순미, 박소정 (2019). 고령자의 에이징 인 플레이스(Aging in Place)를 위한 서비스 지원 주거 모델 개발 연구. 한국보건사회연구, 39(2), 65-102.

보건복지부 (2025a). 2025년 국민기초생활보장 사업안내. 세종: 보건복지부.

보건복지부 (2025b). 2025년 노인 일자리 및 사회활동 지원사업 운영안내. 세종: 보건복지부.

원석조 (2022). 노인복지론(제4판). 고양: 지식터.

통계청 (2023). 장래인구추계. 대전: 통계청.

통계청 (2024a). 2024 고령자통계. 대전: 통계청.

통계청 (2024b). 수명표. 대전: 통계청.

통계청 (2025). 2025년 2월 인구동향. 대전: 통계청.

행정안전부 (2024). 국내 65세 이상 인구 20% 돌파 … '초고령 사회' 진입, https://www.mois.go.kr/video/bbs/type019/commonSelectBoardArticle.do?bbsId=BBSMSTR_000000000255&nttId=114652

황인옥, 김남숙, 김동욱, 김현진, 양정하, 조재필 (2022). 사회복지학개론. 고양: 공동체.

Rowe, J. W., & Kahn, R. L. (1997). Successful aging. *The Gerontologist*, *37*(4), 433-440.

United Nations (1982). Report of the world assembly on aging, Vienna, 26 July to 6 August 1982. New York: United Nations.

United Nations (2002). Madrid International Plan of Action on Ageing: Report of the Second World Assembly on Ageing, Madrid, 8-12 April 2002 (A/CONF.197/9). New York: United Nations.

Zastrow, C. (2017). *Introduction to Social Work and Social Welfare*. Cengage Learning.

장애인복지

CHAPTER 10

1. 장애인복지의 개념

2. 장애인복지의 실천현황

3. 장애인복지 분야의 사회복지사 역할

4. 실천 사례

장애인복지

학/습/목/표
1. 장애인복지의 개념과 필요성을 이해할 수 있다.
2. 장애인복지 정책과 서비스의 체계 및 현황을 설명할 수 있다.
3. 장애인복지 실천의 과제와 발전 방향을 논의할 수 있다.

Flipped Learning (사전 학습)

내가 일상 생활 속에서 본 '장애로 인한 불편함'에는 어떤 것이 있나요? 이런 문제를 '개인'이 아니라 '사회'가 바뀌야 하는 이유는 무엇일까요? 「장애인권리협약(Convention on the Rights of Persons with Disabilities: CRPD)」 제1조를 찾아보고 그 의미를 생각해 봅시다.

1. 장애인복지의 개념

1) 장애인과 장애인복지의 개념

장애는 그 역사와 사회 · 문화적 맥락에 따라 정의가 다르다. 장애를 정의하고 개념화하는 것은 그 사회가 장애에 대해 얼마나 포용적인 의지를 갖고 있는지 가늠할 수 있는 척도가 된다. 먼저 국제적인 정의를 살펴보면, UN의 장애인권리협약(Convention on the Rights of Persons with Disabilities: CRPD)에서는 장애인을 장기간에 걸쳐 신체적(physical), 정신적(mental), 지적(intellectual) 또는 감각적(sensory) 손상(impairment)이 있으며, 이 손상이 다양한 장벽(barriers)과 상호작용(interaction)할 때, 다른 사람들과 동등하게 사회에 완전하고 효과적으로 참여하는 데 제약을 받을 수 있는 사람들로 정의한다(UN, 2006).

WHO의 국제기능 · 장애 · 건강에 관한 분류(International classification of functioning, disability and health: ICF)에서는 장애를 손상(impairment), 활동 제한(activity limitation), 참여 제한(participation restriction)을 포괄하는 상위 개념이며, 건강 상태를 가진 개인과 환경적(environmental) · 개인적(personal) 맥락 요인 간의 상호작용에서 발생하는 부정적인 측면으로 정의한다(WHO, 2001). 즉, UN과 WHO의 정의에서 살펴볼 수 있는 것은 장애가 단순히 개인의 의학적인 손상에 국한되지 않고, 개인을 둘러싸고 있는 환경과의 상호작용 속에서 부정적인 영향을 반영하는 것으로 해석해 볼 수 있다.

국내의 정의를 살펴보면, 「장애인복지법」 제2조(장애인의 정의 등)에서 장애인이란 신체적 · 정신적 장애로 오랫동안 일상생활이나 사회생활에서 상당한 제약을 받는 자로 명시하였다. 국내의 기준 역시 국제적 기준과 유사하다. 장애가 단순히 의학적인 기준뿐 아니라 장기간에 걸친 실질적인 사회적 제약 존재하는지를 함께 고려하고 있다. 또한 동법 제1조(목적)에 따르면 이 법은 장애인의 인간다운 삶과 권리보장을 위한 국가와 지방자치단체 등의 책임을 명백히 하고, 장애발생 예방과 장애인의 의료 · 교육 · 직업재활 · 생활환경개선 등에 관한 사업을 정하여 장애인복지대책을 종합적으로 추진하며, 장애인의 자립생활 · 보호 및 수당지급 등에 관하여 필요한 사항을 정하여 장애인의 생활안정에 기여하는 등 장애인의 복지와 사회활동 참여증진을 통하여 사회통합에 이바지함을 목적으로 한다고 명시하였다.

이러한 장애인의 개념을 토대로 장애인복지를 정의하면 다음과 같다. 장애인복지는 사회복지의 한 분야로서 여러 종류의 심신장애로 인해 생활의 곤란을 겪고 있는 사람에 대하여 각종 재활을 통하여 사회적 인식의 개선과 물리적 환경을 조성하며, 모든 분야에서 사회적 생활이 보장되고 심리적으로 안정된 삶을 영위하도록 원조하는 국가 및 사회의 조직적 노력의 총체를 말한다(이형하 외, 2020).

2) 장애의 분류

「장애인복지법」 시행령 제2조(장애의 종류 및 기준) 및 동법 시행규칙 제2조(장애인의 장애 정도 등)에서 장애를 구분하고 있으며, 〈표 10-1〉과 같다.

〈표 10-1〉 장애의 분류

대분류	중분류	소분류	세분류
신체적 장애	외부신체 기능장애	지체장애	절단장애, 관절장애, 지체기능장애, 척추장애, 변형 등의 장애
		뇌병변장애	뇌성마비, 외상성 뇌손상, 뇌졸중(腦卒中) 등 뇌의 기질적 병변으로 인한 장애
		시각장애	시력장애, 시야결손장애, 겹보임 등의 장애
		청각장애	청력장애, 평형기능장애
		언어장애	음성기능장애, 언어기능장애
		안면장애	안면 부위의 변형이나 기형 등의 장애
	내부기관 장애	신장장애	일상생활에 상당한 제약을 받는 신장 기능부전 및 신장 이식
		심장장애	일상생활에 상당한 제약을 받는 심장 기능부전 및 심장 이식
		호흡기장애	일상생활에 상당한 제약을 받는 호흡기 기능부전 및 폐 이식
		간장애	일상생활에 상당한 제약을 받는 간 기능부전 및 간 이식
		장루・요루장애	일상생활에 상당한 제약을 받는 간 배변기능 장애
		뇌전증장애	일상생활에 상당한 제약을 받는 뇌전증장애
정신적 장애	지적장애		지능지수가 70 이하
	자폐성장애		일상생활에 상당한 제약을 받는 소아기 자폐증, 비전형적 자폐증
	정신장애		양극성 정동장애, 조현병, 조현정동장애 및 재발성 우울장애, 강박장애, 기질성 정신장애, 투렛장애 및 기면증 등

3) 장애인복지의 역사와 발전

(1) 국외

고대 그리스와 로마 시대에는 전쟁이 잦았고, 질병에 대한 의학적 대처가 미흡하여 작은 상처가 장애로 이어지는 경우가 많았다. 이 시대에는 장애가 있으면 사회적으로 배제되곤 했다. 일부 국가에서는 전쟁에 참여할 수 없는 신체 기형인 아이는 죽이도록 하였다(이선우 · 이수경, 2021). 이는 고대 플라톤이나 아리스토텔레스의 문헌들에 근거하고 있다. 하지만 최근 연구에서는 당시 법으로 규정된 바가 없고 실제로 실행되었는지에 대한 증거가 부족하여 이를 사실로 받아들이는 것에는 무리가 있다고 보고하였다(Sneed, 2021). 오히려 신체적 장애인에게 공적으로 경제적인 지원이나 재산권 보호 등의 조치를 하기도 하였다(이선우 외, 2021).

중세에 이르러서는 장애가 기독교적 관점에서 해석되기 시작하였다. 장애는 신이 주는 시련이나 죄에 대한 응보 등으로 간주되었다. 이러한 관점은 장애인을 동정과 자선의 대상으로 여기게 되는 계기가 되었으며, 시혜적인 구호가 이루어졌다. 또한 일부 유럽국가 등에서는 병원이나 보호소 등 격리 시설이 활성화되기 시작하였다(Leppert, 2022).

산업혁명 시기에는 노동현장에서 대규모 부상과 질병이 발생하게 되면서 장애는 사회문제로 대두되기 시작하였다(Turner & Blackie, 2018). 이러한 산업화는 장애인을 지역사회의 구성원이 아닌 생산성을 저해하는 존재로 인식하게 하였으며, 사회로부터 분리하여 시설로 격리하는 정책이 확산되게 하는 계기가 되었다(이선우 외, 2021). 산업재해로 인한 장애의 증가는 세계 최초의 사회보험인 1884년 독일 비스마르크의 산업재해보험 도입으로 이어졌다.

제1 · 2차 세계대전을 겪으면서 국가가 개인의 장애와 재활에 대해서 적극적으로 개입하기 시작하였다. 동시에 "Nothing about us without us(우리를 빼고 우리에 대한 결정을 하지 말라)"라는 슬로건으로 대표되는 장애인 권리 운동도 활발해졌다(Charlton, 1998). 이러한 맥락에서 기존의 의료적 모델과 대비되는 사회적 모델

(social model of disability)이 주목받기 시작하였다. 이 모델은 장애를 개인의 손상(impairment)이 문제가 아니라 고립되고(isolated) 배제되는(excluded) 사회적 장벽이 문제라고 본다(Oliver, 1990). 이러한 사회적·학술적 추세는 자립생활모델(independent living model)과 탈시설화(deinstitutionalization) 운동으로 이어졌으며, UN의 장애인권리협약 등을 통해 인권과 평등의 문제로 패러다임을 전환시켰다.

(2) 국내

근대 이전 한국 사회에서 장애인에 대한 정책은 체계적인 법제도나 행정 시스템에 기반한 구조적 복지체계로 발전하지 못하였다(정무성 외, 2017). 당시의 장애인 구제는 대부분 일시적인 구휼이나 시혜적 차원에서 시행되었으며, 임시 방편적인 방식에 머물렀다. 다만, 고려시대에는 맹인(盲人)을 위한 복업(卜業)을 과거제도에 포함시키기도 하였다. 조선시대의 사궁구휼(四窮救恤)의 환과고독(鰥寡孤獨)은 유교사상에 영향을 받아 지역사회의 공동체가 연민과 도덕적 책임을 바탕으로 수행한 것으로 볼 수 있다. 이는 국가의 제도적인 복지라기보다는 구호적 행위에 가까웠다. 이를 종합해보면, 근대 이전의 장애인 복지는 사회적 약자 보호에 대한 기본적 인식은 있었으나, 그것이 법률과 행정제도로 구체화되지는 못한 채 제한적이고 비공식적인 수준에 머물렀다고 평가할 수 있다(정무성 외, 2017).

일제 강점기의 조선총독부는 제생원에 맹아부를 설치하여 시각장애인에게 안마술, 침술, 구술(灸術) 등에 관한 직업교육을 실시하였다(오세영, 2025). 이는 미 군정기에 이르러서는 국립맹아학교로, 현재는 국립서울농학교로 개명하여 이어지고 있다. 1949년에는 우리나라 최초의 정신지체인 보호시설인 중앙각심학원이 설립되었으며, 현재는 국립재활원으로 개명하여 이어지고 있다.

1970년대부터는 장애인 권리 향상을 위한 국제사회의 움직임이 활발해졌다. UN은 1971년 정신지체인의 권리에 관한 선언(Declaration on the Rights of Mentally Retarded Persons), 1975년 장애인 권리 선언(Declaration on the Rights of Disabled

Persons), 1981년 세계 장애인의 해(International Year of Disabled Persons: IYDP) 지정 등 장애인의 인권에 대한 관심을 촉구하는 다양한 계기를 마련하였다.

이에 우리나라에서도 1977년 「특수교육진흥법」 제정을 통해 장애인 교육 기회 제공을 위한 제도를 마련했으며, 1981년에는 국내 최초의 장애인복지 기본법이자 종합법이라 할 수 있는 「심신장애자복지법」을 제정하게 되었다. 이 「심신장애자복지법」은 2000년 개정을 통해 「장애인복지법」으로 명칭이 변경되어 현재에 이르고 있다. 1990년에는 「장애인고용촉진 등에 관한 법률」이 제정되었으며, 현재는 「장애인고용촉진 및 직업재활법」으로 명칭이 변경되었다. 2007년에는 「장애인차별금지 및 권리구제에 관한 법률」을 제정하여 모든 생활 영역에서 장애를 이유로 한 차별을 금지하도록 하였다(정무성 외, 2017).

2009년 「발달장애인 권리보장 및 지원에 관한 법률」 제정, 2012년 「장애인활동지원에 관한 법률」 제정, 2015년 「장애인 건강권 및 의료접근성 보장에 관한 법률」 제정은 장애인의 자립생활뿐 아니라 탈시설화를 통한 지역사회 참여를 촉진하는 법적 근거라고 할 수 있다.

2. 장애인복지의 실천현황

1) 장애인 관련 현황

2024년 기준 우리나라의 등록장애인은 약 263만 명에 이르고 있어, 약 5%의 비중을 차지하고 있다(보건복지부, 2024a). 이 중 지체장애인은 약 113만 명으로 가장 많으며, 이어 청각장애인이 약 44만 명, 시각장애인이 약 24만 명 순으로 나타난다. 등록장애인 중 35.7%가 경제활동에 참가하고 있으며, 임금근로자의 경우 '단순노무 종사자'가 41.0%, 비임금근로자의 경우 '농림어업 숙련 종사자'가 34.6%로 가장 많은 비중을 차지하고 있고, 평균 임금은 월 206만 원으로 나타난다(한국장애인고용공단, 2024).

「장애인복지법」 제58조(장애인복지시설)에서는 장애인복지시설을 장애인 거주시설, 장애인 지역사회재활시설, 장애인 직업재활시설, 장애인 의료재활시설로 구분하고 있으며, 최근 현황은 〈표 10-2〉와 같다.

〈표 10-2〉 장애인 복지시설 현황

<table>
<tr><th colspan="2">구분</th><th>시설수</th><th colspan="2">구분</th><th>시설수</th><th colspan="2">구분</th><th>시설수</th></tr>
<tr><td rowspan="8">거주
시설</td><td>지체장애</td><td>25</td><td rowspan="8">지역사회
재활시설</td><td>장애인복지관</td><td>266</td><td rowspan="4">직업재활
시설</td><td>근로사업장</td><td>69</td></tr>
<tr><td>시각장애</td><td>15</td><td>주간이용</td><td>849</td><td>보호작업장</td><td>704</td></tr>
<tr><td>청각장애</td><td>7</td><td>체육시설</td><td>30</td><td rowspan="2">직업적응
훈련시설</td><td rowspan="2">38</td></tr>
<tr><td>지적장애</td><td>308</td><td>생활지원센터</td><td>165</td></tr>
<tr><td>중증장애</td><td>252</td><td>수어통역센터</td><td>206</td><td colspan="2">의료재활시설</td><td>19</td></tr>
<tr><td>장애영유아</td><td>9</td><td>점자도서관</td><td>19</td><td colspan="2"></td><td></td></tr>
<tr><td>단기</td><td>167</td><td>도서및출판시설</td><td>1</td><td colspan="2"></td><td></td></tr>
<tr><td>공동</td><td>746</td><td>재활치료시설</td><td>66</td><td colspan="2"></td><td></td></tr>
</table>

출처: 보건복지부(2024b). 2023년 12월 30일 기준.

2) 장애인등급제 폐지

1989년 「장애인복지법」이 전면 개정되면서, 장애인의 의학적 상태를 기준으로 1~6급까지 등급으로 구분하는 이른바 장애인등급제가 도입되었다. 이러한 등급 구분을 통해 각 장애 유형별 급여와 서비스를 차등적으로 제공하게 되었다. 하지만 이 제도를 적용함에 있어 다양한 사회적 문제가 발생하였고 이에 따라 등급제 폐지의 필요성이 제기되었다. 정리하면 다음과 같다(김진우, 2024).

① 의학적 기준 적용의 과도한 영향력

- 등급을 결정하는데 의학적 기준 외 다양한 판단 기준에 대한 고려가 미흡함
- 장애인의 가족 양육방식, 성장과정, 요구되는 서비스 등이 다양함

② 장애등급의 욕구 대변 불가

- 장애등급은 손상의 정도를 의미할 뿐, 장애인의 욕구의 현실 등에 대한 고려가 미흡함
- 하위등급이라 할지라도 서비스 욕구가 있을 수 있음

③ 장애등급에의 과도한 의존이 불러오는 부작용

- 높은 등급을 받기 위한 편법이 존재함
- 장애등급을 후하게 매기는 병의원을 찾는 경우가 많음

이러한 이유로 인하여 장애인등급제 폐지를 위한 시민사회의 운동과 정부 주도의 시범사업이 진행되었다. 2019년 7월 1일 장애인등급제가 공식적으로 폐지되었으며, '장애의 정도가 심한 장애인(기존 1~3급)'과 '장애의 정도가 심하지 않은 장애인(기존 4~6급)'으로 구분되게 되었다.

3) 장애인 소득보장

(1) 장애연금

「국민연금법」 제67조(장애연금의 수급권자)에 따르면 가입자 또는 가입자였던 자가 질병이나 부상으로 신체상 또는 정신상의 장애가 있는 경우 장애 정도에 따라 장애연금을 지급하도록 명시되어 있다.

장애연금 수급을 위해서는 일정 요건이 충족되어야 하는데, 해당 질병 또는 부상

의 초진일 당시 연령이 18세 이상이고 노령연금의 지급 연령 미만이어야 한다. 또한 초진일 당시 연금보험료를 낸 기간이 가입대상기간의 3분의 1 이상 또는 초진일 5년 전부터 초진일까지의 기간 중 연금보험료를 낸 기간이 3년 이상 또는 초진일 당시 가입기간이 10년 이상인 경우 중 하나 이상을 만족하여야 한다.

장애 정도는 1~4급으로 구분되며, 등급에 따라 기본연금액의 100%(1급), 80%(2급), 60%(3급)에 부양가족연금액을 더한 금액이 지급된다. 4급의 경우 기본연금액의 225%에 해당하는 일시보상금이 지급된다.

「국민연금법」의 장애연금은 장애를 1~4등급, 「장애인복지법」은 심한 장애와 심하지 않은 장애, 「산업재해보상보험법」은 1~14등급으로 구분하고 있다. 이는 각 법률의 목적과 취지가 상이하기 때문이다. 국민연금의 장애연금의 경우에는 사회보험으로서 가입자가 보험료를 납부하는 기여에 의해 급여가 제공된다. 때문에 타 법령에 의해 장애인 등록만으로 장애연금이 지급되지 않고, 국민연금공단의 장애심사를 통해 등급이 결정되어야 한다(국민연금공단, 2025).

(2) 장해급여

「산업재해보상보험법」 제57조(장해급여)에 따르면 근로자가 업무상의 사유로 부상을 당하거나 질병에 걸려 치유된 후 신체 등에 장해가 있는 경우 그 근로자에게 장해급여를 지급하도록 명시하였다. 장해등급은 1급~14급으로 구분되며, 1급~3급까지는 연금으로만, 4~7급까지는 연금과 일시금 중 선택, 8~14급까지는 일시금으로만 지급된다(근로복지공단, 2025).

(3) 장애인연금

2010년 제정된 「장애인연금법」 제1조(목적)에 따르면 중증장애인의 생활 안정 지원과 복지 증진 및 사회통합을 위해 장애인연금을 지급한다고 명시하였다. 이때 중

중증장애인은 근로능력이 상실되거나 현저하게 감소되는 등 장애 정도가 중증인 등록 장애인을 말한다.

급여는 기초급여와 부가급여로 구분된다. 기초급여는 근로능력의 상실 또는 현저한 감소로 인하여 줄어드는 소득을 보전하여 주기 위하여 지급하는 급여이며, 부가급여는 장애로 인하여 추가로 드는 비용의 전부 또는 일부를 보전하여 주기 위하여 지급하는 급여이다.

수급권자는 18세 이상의 중증장애인으로서 소득인정액이 선정기준액 이하인 사람으로 한다. 2025년도 선정기준액은 배우자가 없는 가구의 경우 월 소득인정액 1,380,000원, 배우자가 있는 가구의 경우는 2,208,000원이며, 기초급여액은 342,510원이다.

(4) 사회수당

「장애인복지법」 제49조(장애수당)와 제50조(장애아동수당과 보호수당)에는 사회수당이 명시되어 있다. 장애수당은 장애인의 장애 정도와 경제적 수준을 고려하여 장애로 인한 추가적 비용을 보전하게 하기 위하여 지급한다. 기초수급 및 차상위계층에게는 월 6만 원, 보장시설 수급자에게는 월 3만 원을 지급한다(보건복지부, 2025a). 장애아동수당은 보호자의 경제적 생활수준 및 장애아동의 장애 정도를 고려하여 장애로 인한 추가적 비용을 보전하게 하기 위하여 장애아동수당을 지급한다. 장애아동수당 지급액은 〈표 10-3〉과 같다.

〈표 10-3〉 장애아동수당 지급액

구분	생계 또는 의료급여 수급자	주거 또는 교육급여 수급자	차상위계층	보장시설 수급자 (생계 또는 의료)
중증장애인	월 22만원	월 17만원	월 17만원	월 9만원
경증장애인	월 11만원	월 11만원	월 11만원	월 3만원

출처: 보건복지부(2025a).

4) 장애인 고용보장

(1) 의무고용제도

「장애인고용촉진 및 직업재활법」 제27조(국가와 지방자치단체의 장애인 고용 의무), 제28조(사업주의 장애인 고용 의무), 제28조의2(공공기관 장애인 의무고용률의 특례)에 따라 각 조직은 장애인을 일정 비율 이상 의무적으로 고용하도록 강제하고 있다. 2025년 현재 국가와 지방자치단체 및 공공기관은 3.8%, 민간기업은 3.1%로 정해져 있다.

동법 제33조(사업주의 부담금 납부 등)에 따르면 의무고용률에 못 미치는 장애인을 고용하는 사업주(상시 근로자 100명 이상)는 매년 고용부담금을 납부하게 되어 있다. 의무고용 장애인 수에서 매월 상시 고용 장애인 수를 뺀 수에 부담기초액을 곱한 금액을 연간 합계액으로 한다. 2025년 부담기초액은 1,258,000원이며, 고용률에 따라 부담기초액은 최고 2,096,270원까지 가산된다.

(2) 고용장려제도

반대로 장애인을 고용한 사업주에게는 동법 제30조(장애인 고용장려금의 지급)에 따라 고용장려금을 지급한다. 매월 상시 고용 장애인 수에서 의무고용 장애인 수를 뺀 수에 지급단가를 곱하여 산정한다. 2025년 지급단가는 경증 남성 장애인은 35만 원, 경증 여성 장애인은 50만 원, 중증 남성 장애인은 70만 원, 중증 여성 장애인 90만 원이다.

또한 동법 제21조(장애인 고용 사업주에 대한 지원)에 따르면 다음의 지원이 가능하다.

① 장애인을 고용하는 데에 필요한 시설과 장비의 구입 · 설치 · 수리 등에 드는 비용

② 장애인의 직업생활에 필요한 작업 보조 공학기기 · 장비 또는 그 공학기기 · 장비의 구입 · 대여에 드는 비용
③ 장애인의 적정한 고용관리를 위하여 장애인 직업생활 상담원, 작업 지도원, 한국수어 통역사 또는 낭독자 등을 배치하는 데에 필요한 비용

의무고용 및 고용장려제도 등을 통해 고용된 장애인은 2024년 기준 298,654명으로, 전체 고용률은 평균 3.21%, 공공부문은 3.9%, 민간부문은 3.03%로 집계되고 있다(고용노동부, 2025).

5) 장애인 차별금지

「장애인차별금지 및 권리구제 등에 관한 법률」 제4조(차별행위)에 따르면 다음을 차별에 해당한다고 명시하였다.

① 장애인을 장애를 사유로 정당한 사유 없이 제한 · 배제 · 분리 · 거부 등에 의하여 불리하게 대하는 경우
② 장애인에 대하여 형식상으로는 제한 · 배제 · 분리 · 거부 등에 의하여 불리하게 대하지 아니하지만 정당한 사유 없이 장애를 고려하지 아니하는 기준을 적용함으로써 장애인에게 불리한 결과를 초래하는 경우
③ 정당한 사유 없이 장애인에 대하여 정당한 편의 제공을 거부하는 경우
④ 정당한 사유 없이 장애인에 대한 제한 · 배제 · 분리 · 거부 등 불리한 대우를 표시 · 조장하는 광고를 직접 행하거나 그러한 광고를 허용 · 조장하는 경우

이 법에서는 상기 내용에 해당하는 장애인뿐 아니라 장애인을 대리 · 동행하는 자, 보조견 및 장애인보조기구의 정당한 사용에 대해서도 차별을 금지하고 있다. 동

법 제2장에서는 차별금지 영역에 대해서 명시하고 있으며, 고용(제1절), 교육(제2절), 재화와 용역의 제공 및 이용(제3절), 사법 · 행정절차 및 서비스와 참정권(제4절), 모 · 부성권, 성 등(제5절), 가족 · 가정 · 복지시설, 건강권 등(제6절)이 해당된다.

6) 장애인활동 지원

「장애인활동 지원에 관한 법률」 제1조(목적)에 따르면 장애인의 자립생활을 지원하고 그 가족의 부담을 줄임으로써 장애인의 삶의 질을 높이기 위해 활동지원급여를 제공한다고 명시하였다. 대상은 혼자서 일상생활과 사회생활을 하기 어려운 6세 이상 65세 미만의 등록장애인이다. 제공되는 활동지원급여의 종류는 다음과 같다.

① 활동보조: 활동지원사가 수급자의 가정 등을 방문하여 신체활동, 가사활동 및 이동보조 등을 지원

② 방문목욕: 활동지원인력이 목욕설비를 갖춘 장비를 이용하여 수급자의 가정 등을 방문하여 목욕을 제공

③ 방문간호: 간호사 등이 의사, 한의사 또는 치과의사의 지시서에 따라 수급자의 가정 등을 방문하여 간호, 진료의 보조, 요양에 관한 상담 또는 구강위생 등을 제공

활동지원급여의 구간별 월 한도액은 다음과 같다.

〈표 10-4〉 활동지원급여의 월 한도액

구간	종합점수	월 한도액	구간	종합점수	월 한도액
1	465점 이상	7,980,000원	9	225점 이상 255점 미만	3,991,000원
2	435점 이상 465점 미만	7,481,000원	10	195점 이상 225점 미만	3,492,000원
3	405점 이상 435점 미만	6,983,000원	11	165점 이상 195점 미만	2,994,000원
4	375점 이상 405점 미만	6,485,000원	12	135점 이상 165점 미만	2,495,000원

5	345점 이상 375점 미만	5,986,000원	13	105점 이상 135점 미만	1,997,000원
6	315점 이상 345점 미만	5,488,000원	14	75점 이상 105점 미만	1,499,000원
7	285점 이상 315점 미만	4,986,000원	15	42점 이상 75점 미만	1,000,000원
8	255점 이상 285점 미만	4,489,000원			

출처: 보건복지부(2025b).

3. 장애인복지 분야의 사회복지사 역할

장애인복지 분야의 현장은 서비스 대상자의 장애 유형과 정도, 생애주기, 가족상황, 지역자원에 따라 매우 다양하다. 이러한 차이에도 불구하고, 장애인복지 분야의 사회복지사가 수행해야 하는 전문직으로서의 공통된 역할과 기능은 명확하다. 사회복지사는 개인의 자립과 권익 향상을 지원하고, 포괄적인 지역사회 통합을 위해 다양한 기능을 수행한다(Zastrow, 2017).

① 상담자(counselor): 장애 수용, 자립생활 계획, 가족 갈등 등 심리·사회적 문제 상담

② 옹호자(advocate): 장애인의 권익 보호, 차별·편견에 대한 대응, 법적·제도적 권리 대변

③ 중개자(broker): 보조기기, 돌봄서비스, 이동지원, 재활 프로그램 등 자원 연계

④ 조정자(mediator): 가족·기관 간 갈등 중재, 서비스 간 중복 방지 및 협력 조율

⑤ 조직자(organizer): 장애인복지 시설, 동료상담 모임, 지역 내 당사자 조직 활성화

⑥ 교육자(educator): 장애 이해 교육, 권리교육, 가족·지역주민 대상 인식 개선 활동

⑦ 연구자(researcher): 장애인 정책 효과 분석, 욕구 조사, 지역 내 접근성 조사 등

4. 실천 사례

1) 사례 제시

"이복재 씨(가명, 36세)는 10년 전 교통사고로 인한 척수손상으로 하지마비 판정을 받았으며, 전동휠체어를 이용하고 있다. 사고 이후 고향으로 돌아와 노모와 단둘이 살고 있으며, 기초생활보장 생계급여 수급자이다. 최근 어머니의 건강 악화로 식사 준비와 외출에 큰 어려움을 겪고 있으며, 병원 및 복지시설 접근에도 제약이 많다. 이웃 주민의 소개로 지역 장애인복지관에 연계되었다."

2) 역할 분석 연습

"사회복지사는 초기 상담을 통해 이 씨의 자립생활에 필요한 보조인력, 이동지원, 식사지원 등 기본적인 욕구를 파악하였다. 또한 장기적으로 일상생활을 독립적으로 유지할 수 있도록 주거환경 개조와 자립지원 프로그램 참여를 모색하였다.

단기 개입으로는 긴급 돌봄 인력을 연계하고, 관할 보건소를 통해 어머니 건강 관리 서비스도 지원받을 수 있도록 하였다. 지역 장애인활동지원기관과 협의하여 활동지원서비스를 신청하고, 외출을 위한 이동지원 차량도 등록하였다.

장기적으로는 장애인복지관에서 동료상담 및 자조모임에 참여할 수 있도록 하였고, 컴퓨터 교육 프로그램과 일상생활기술훈련(life skills training)에 참여를 유도하였다. 주거환경 개선을 위해 안전바 설치, 문턱 제거 등 편의시설 설치 지원 사업을 신청하였으며, 장기적인 자립생활을 위한 자활센터 연계도 검토 중이다."

이러한 사회복지사의 개입을 역할에 따라 구분하여 정리하면 다음과 같다.

① 상담자(counselor): 사고 후 심리적 적응, 어머니 병환에 따른 정서적 불안 상담

② 옹호자(advocate): 이동권 보장 요청, 편의시설 미비에 대한 행정기관 설득

③ 중개자(broker): 활동지원, 식사 배달, 복지관 교육, 이동지원 서비스 연계

④ 조정자(mediator): 보건소, 활동보조기관, 복지관 등 유관기관 조율

⑤ 조직자(organizer): 복지관 내 교육 및 동료상담 프로그램 참여 연계, 지역 자조 모임 조직

⑥ 교육자(educator): 장애인 권리 및 자립생활 교육, 생활기술 교육

⑦ 연구자(researcher): 자립생활 욕구 조사, 지역 내 이동 접근성 조사 자료화

Project Based Learning

▶ **장애인의 권리와 사회의 책임: 우리는 어디까지 준비되어 있을까?**

1. 최근 우리 사회에서 논의되고 있는 장애 관련 이슈에 대해서 찬반 토론을 합니다. 예를 들어, 탈시설 정책, 가능한가? (장애인의 지역사회 자립 vs 시설의 안전성과 효율성), 장애인의 이동권 시위, 정당한가? (시민 불편 vs 권리 보장), 의무고용제, 실효성이 있는가? (기업 부담 vs 사회적 포용) 등.
2. 팀별로 해당 이슈의 배경과 현황을 조사한 후 각 이해당사자의 입장 차이를 비교하고 관련 법률과 정책을 정리합니다. 각 이슈에 대해서 찬성과 반대의 입장을 나누어 토론하고 각 입장의 논거를 3가지 이상 정리합니다. 토론 후 통합안을 도출하여 균형 있는 정책 제안서를 제출합니다.

생 · 각 · 해 · 보 · 기

1. 우리 지역 또는 학교에서 장애인이 생활하는 데 불편한 점은 무엇이고 개선점은 무엇인지 생각해 보세요.

2. 장애인이 안정적으로 생활하는데 현재 소득보장제도로 충분한지 생각해 보세요.

3. 장애인 고용장려금과 의무고용제도는 실제 고용 확대에 효과적인지 생각해 보세요.

참고자료

1. 장애인식 개선에 관한 영상

EBSCulture(2016. 3. 14.). 서울시 장애인식 개선 영상캠페인

https://youtu.be/_QGixW-4C8E?feature=shared

2. 발달장애에 관한 영상

세바시 강연(2025. 5. 3). 우리들의 블루스 한지민 언니 정은혜 작가 결혼 첫만남부터 결혼준비까지 '사랑한다면 이들처럼'

https://youtu.be/Rco_HK2aVLI?feature=shared

3. 특수학교에 관한 영상

영화등대(2021. 5. 6.). 학교 가는 길 리뷰 - 교육이란 무엇인가, 인권이란 무엇인가

https://youtu.be/vOHav1--xfg?si=JgKxmZfr4Dw1Bhrt

주요 용어 정리

- ▶ **장애인등급제:** 장애의 정도를 1~6급으로 구분하던 제도
- ▶ **장애연금:** 국민연금 가입자 중 장애인에게 지급되는 공적연금
- ▶ **장애인연금:** 중증장애인에게 지급되는 소득보장제도
- ▶ **장애수당:** 장애로 인한 추가적 비용을 보전하기 위해 지급되는 제도
- ▶ **고용부담금:** 의무고용률 미달 시 사업주가 부과해야 하는 금액
- ▶ **고용장려금:** 의무고용률 초과 시 사업주에게 지원되는 금액
- ▶ **자기결정권:** 자신의 삶을 스스로 선택하고 결정할 수 있는 권리
- ▶ **발달장애:** 연령에 맞게 발달하지 못한 상태로 지적 및 자폐성장애를 포함

참/고/문/헌

고용노동부 (2025). 의무고용 현황으로 본 장애인 일자리 상황.

국민연금공단 (2025). 알기쉬운 국민연금: 장애연금. https://www.nps.or.kr/

근로복지공단 (2025). 사업안내: 장해급여. https://www.comwel.or.kr/

김진우 (2024). **장애인복지론(제2판)**. 고양: 공동체.

보건복지부 (2024a). 장애인현황. 세종: 보건복지부.

보건복지부 (2024b). 2024 장애인 복지시설 일람표.

보건복지부 (2025a). 2025년 장애인연금 사업안내.

보건복지부 (2025b). 2025 장애인활동지원 사업안내.

오세영 (2025). 일제강점기 장애인의 삶과 복지정책: 조선총독부의 장애인식에 대한 비판적 고찰을 중심으로. **원불교사상과 종교문화**, 103, 171-202.

이선우, 이수경 (2021). **장애인복지론(제2판)**. 고양: 공동체.

이형하, 정민숙, 양정남, 박일연, 김혜선 (2020). **사회복지학개론(제5판)**. 고양: 공동체.

정무성, 양희택, 노승현, 정진옥 (2017). **장애인복지론(개정판)**. 파주: 정민사.

한국장애인고용공단 (2024). 2024 장애인 통계.

Charlton, J. I. (1998). Nothing about us without us: Disability oppression and empowerment. Univ of California Press.

Leppert, R. (2022). A Disabling medieval religious discourse: The paradox of the suffering Christ. *Journal of Theta Alpha Kappa*, *46*(2), 23-38.

Oliver, M. (1990) The Politics of Disablement. Basingstoke: Macmillan and St Martins Press.

Sneed, D. (2021). Disability and infanticide in ancient Greece. *Hesperia: The Journal of the American School of Classical Studies at Athens*, *90*(4), 747-772.

Turner, D. M, & Blackie, D. (2018). Disability in the Industrial Revolution: Physical impairment in British coalmining, 1780-1880. Manchester University Press.

United Nations. (2006). Convention on the Rights of Persons with Disabilities. https://www.un.org/development/desa/disabilities/convention-on-the-rights-of-persons-with-disabilities.html

World Health Organization. (2001). International classification of functioning, disability and health (ICF). Geneva: WHO. https://www.who.int/standards/classifications/international-classification-of-functioning-disability-and-health

Zastrow, C. (2017). *Introduction to Social Work and Social Welfare*. Cengage Learning.

CHAPTER 11

가족복지

1. 가족복지의 개념
2. 가족의 다양성
3. 주요 정책 및 서비스
4. 가족복지 분야 사회복지사의 역할
5. 실천 사례

가족복지

학/습/목/표

1. 가족복지의 개념과 필요성을 설명할 수 있다.
2. 다양한 가족 형태에 따른 복지 욕구를 이해할 수 있다.
3. 가족복지의 주요 정책, 서비스 및 실천 현장을 이해하고 설명할 수 있다.
4. 가족복지 실천의 과제와 향후 발전방향을 비판적으로 논의할 수 있다.

Flipped Learning (사전 학습)

1. 가족이라는 단어는 여러분에게 어떤 무게와 의미로 다가오나요?

   태어나면서부터 주어진 관계이든, 시간이 흐르며 스스로 만들어낸 소중한 공동체이든, 가족이라는 울타리 안에서의 경험은 여러분의 삶에 결정적인 영향을 미쳐왔을 것입니다. 여러분이 느끼는 가족의 가치와 역할은 무엇이며, 그 안에서의 관계와 경험이 현재의 '나'를 형성하는 데 어떤 영향을 주었는지 돌아봅시다.

2. 다양한 가족을 인정한다는 것은 어떤 의미일까요?

   우리 사회에는 다양한 형태의 가족이 점점 더 많아지고 있습니다. 이러한 가족 다양성(Family Diversity)을 인정하고 존중한다는 것은 무엇을 의미할까요? 다양한 가족 형태가 사회 구성원으로서 평등하게 인정받고 살아가기 위해서는 우리에게 어떤 사회적 태도와 제도적 변화가 필요할지 깊이 있게 고민해봅시다.

1. 가족복지의 개념

1) 가족의 정의

가족은 인간의 삶에서 가장 먼저 형성되는 공동체이자, 개인이 태어나 최초로 접하는 기초적인 사회 집단이다. 가족은 개인의 전 생애주기 동안 정서적 안녕과 경제적 보호, 사회적 지지를 제공하는 핵심 지지 체계라 할 수 있다. 개인은 성인이 되기까지 '가족'이라는 울타리 속에서 보호받고 양육되며, 이러한 과정을 통해 사회적 존재로 성장하게 된다. 가족이 안전하고 안정적인 지지 기반이 될 때, 개인의 행복과 웰빙이 보장될 수 있다. 이는 건강하고 지속 가능한 사회를 유지하는 데 핵심적인 조건이 된다. 이처럼 가족은 단순한 사적 공간을 넘어, 사회복지 실천의 중요한 영역이며, 국가 차원의 제도적 지원과 사회적 투자가 요구되는 핵심 집단이라 할 수 있다.

가족은 개인의 일생 동안 구성원들 사이에서 지속적으로 상호작용하고, 서로 영향을 주고받는 관계이다. 이러한 가족의 특성 때문에 사회복지정책에서는 가족을 중요한 정책 대상으로 다룰 필요가 있다. 가족은 고정된 형태가 아니라 사회와 환경의 변화에 따라 유연하게 변화하는 개방체계이다. 또한 시간의 흐름에 따라 지속적으로 변화하며, 사회적 변화에도 민감하게 반응하는 체계로 볼 수 있다(양옥경, 2005).

전통적으로 가족은 '부부와 자녀로 구성된 혈연 중심의 집단'으로 인식되어 왔으나, 오늘날에는 미혼 단독가구, 입양가족, 한부모가족, 조손가족, 다문화가족, 1인가구 등 다양한 형태로 확장되고 있다. 가족에 대한 사회적 인식은 고정되지 않고 끊임없이 변화하며, 새로운 가족 형태에 대한 이해와 포용이 필요하다. 따라서 전통적 가족 구조와 새로운 유형의 가족이 조화를 이루며 공존할 수 있도록, 사회복지 정책 역시 이러한 사회 변화에 능동적으로 대응해야할 필요가 있다(양옥경, 2005).

가족의 개념은 관련 법률 속에서 다양하게 나타난다. 우선 최상위법인 헌법에서는 "혼인과 가족생활은 개인의 존엄과 양성의 평등을 기초로 성립되고 유지되어야 하며, 국가는 이를 보장한다(제36조 제1항)"고 명시함으로써 '가족의 개념'이 헌법 가치 속에서 존중되고 있음을 알 수 있다. 가족의 범위는 민법에서 정의된다. 민법 제779조에서는 가족을 '배우자, 직계혈족 및 형제자매'와 '생계를 같이 하는 직계혈족의 배우자 및 배우자의 직계혈족, 형제자매'로 규정하고 있다.

가족에 대한 법률로는 「건강가정기본법」, 「다문화가족지원법」, 「한부모가족지원법」 등이 있다. 우선, 가족에 대한 사회적 지원을 다룬 법률로 「건강가정기본법」이 있다. 가족이 건강한 삶을 영위하고, 안정적으로 유지 · 발전할 수 있도록 지원하기 위해 제정된 법으로 2004년 2월 9일에 제정되어, 2005년 1월 1일부터 시행되고 있다. 본 법률에서는 가족을 "혼인, 혈연, 입양으로 이루어진 사회의 기본 단위"로 정의하고, 가정은 "가족구성원이 함께 살면서 생계, 주거, 돌봄, 교육 등의 일상적인 생활을 함께하는 공동체"로 본다. 국가와 지방자치단체가 가족을 지지하는 다양한 정책을 개발하고 추진해야 할 책임(제23조)을 바탕으로 건강 가정 유지를 위한 서비스 및 가정 문제 예방과 상담을 위한 기관으로 건강가정지원센터 설치와 건강가정사의 역할에 대한 법적 근거를 명시하고 있다(제35조). 이를 통해 가족복지가 국가 사회보장제도의 중요한 일부임을 강조하고 있다.

모자 또는 부자로 구성된 가족에 대한 복지지원법률로 「한부모가족지원법」이 있다. 제정 당시 법률명은 '모자복지법(1989)'이었다가 '모 · 부자복지법(2002)'을 거쳐 현재 「한부모가족지원법(2007)」으로 개정되었다.

「다문화가족지원법」은 다문화가족이 한국 사회의 일원으로서 안정적인 가족생활을 할 수 있도록 문화적 차이를 고려한 맞춤형 서비스 제공을 위해 2008년 3월 21일 제정되었다. 본 법률에서 다문화가족이란 결혼이민자(재한외국인처우기본법) 및 대한민국 국적을 취득한 자로 이루어진 가족을 의미한다(제2조). 다문화가족에게 필요한 서비스 제공을 위한 '다문화가족지원센터' 설치와 운영에 대한 법적 근거를 명시하고 있다(제12조).

이처럼 가족은 시대와 사회적 변화에 따라 다양한 형태와 기능을 가지며, 그 개념 또한 유기적으로 진화하고 있다. 사회복지 실천 현장에서는 이러한 변화에 민감하게 반응하며, 가족의 다양성을 인정하고 포용하는 관점이 요구된다.

〈표 11-1〉 가족에 대한 법률상 주요 정의

개념	정의	근거법률
가족	혼인 · 혈연 · 입양으로 이루어진 사회의 기본단위	건강가정기본법
가정	가족구성원이 생계 또는 주거를 함께하는 생활공동체로서 구성원의 일상적인 부양 · 양육 · 보호 · 교육 등이 이루어지는 생활단위	
1인가구	1명이 단독으로 생계를 유지하고 있는 생활단위	
다문화가족	가. 「재한외국인 처우 기본법」 제2조 제3호의 결혼이민자와 「국적법」 제2조부터 제4조까지의 규정에 따라 대한민국 국적을 취득한 자로 이루어진 가족 나. 「국적법」 제3조 및 제4조에 따라 대한민국 국적을 취득한 자와 같은 법 제2조부터 제4조까지의 규정에 따라 대한민국 국적을 취득한 자로 이루어진 가족	다문화가족지원법

한부모가족	모자가족 또는 부자가족	한부모가족지원법
모자가족	모가 세대주{세대주가 아니더라도 세대원(世代員)을 사실상 부양하는 자를 포함한다}인 가족	
부자가족	부가 세대주{세대주가 아니더라도 세대원을 사실상 부양하는 자를 포함한다}인 가족	
청소년 한부모	24세 이하의 모 또는 부	

2) 가족복지의 정의

가족복지는 '가족'을 하나의 단위로 보고, 가족 구성원 전체의 안정된 삶과 각 개인의 복지를 위해 다양한 사회복지 제도와 프로그램, 서비스를 제공하는 활동을 의미한다. 이때 가족복지의 대상은 단순히 가족이라는 집단뿐 아니라, 그 구성원 개개인 모두를 포함한다. 즉, 가족 전체를 중심으로 구성원의 욕구에 맞춘 통합적이고 예방적인 복지정책과 서비스를 공공과 민간 차원에서 조직적으로 제공하는 것을 목표로 한다(표갑수, 2010). 특히 위기 상황 이후의 사후적 개입보다는, 가족이 해체되거나 어려움에 처하기 전에 이를 예방하고 기능을 강화하는 데 초점을 둔다(김상균 외, 2001).

가정의 중요성과 이를 제도적으로 보호·지원할 필요성은 국제사회에서도 지속적으로 강조되어 왔다. 국제 인권 협약들은 가족을 단순히 사적인 삶의 영역으로만 보지 않고, 공적 차원에서 보호하고 지원해야 할 기본 단위로 인식하고 있다.

〈표 11-2〉 국제인권협약에서의 가족 관련 조항

▶ **세계인권선언(Universal Declaration of Human Rights)**

제16조

3. 가정은 사회의 자연적이며 기초적인 구성단위이며, 사회와 국가의 보호를 받을 권리를 가진다.

▶ **경제적 · 사회적 및 문화적 권리에 관한 국제규약(ICESCR, 1966, A규약)**

제10조

1. 사회의 자연적이고 기초적인 단위인 가정에 대하여는, 특히 가정의 성립을 위하여 그리고 가정이 부양 어린이의 양육과 교육에 책임을 맡고 있는 동안에는 가능한 한 광범위한 보호와 지원이 부여된다. 혼인은 혼인의사를 가진 양 당사자의 자유로운 동의하에 성립된다.

제11조

1. 이 규약의 당사국은 모든 사람이 적당한 식량, 의복 및 주택을 포함하여 자기 자신과 가정을 위한 적당한 생활수준을 누릴 권리와 생활조건을 지속적으로 개선할 권리를 가지는 것을 인정한다.

▶ 아동의 권리에 관한 협약」(CRC, 1989)

제5조

부모, 확대가족, 공동체 구성원, 후견인은 아동의 능력 발달에 상응하는 방식으로 적절한 감독과 지도를 행할 책임과 권리 및 의무를 가지며, 국가는 이를 존중해야 한다.

▶ 여성에 대한 모든 형태의 차별 철폐에 관한 협약(CEDAW, 1979)

제16조

1. 당사국은 혼인과 가족관계에 관한 모든 문제에 있어 여성에 대한 차별을 철폐하기 위한 모든 적절한 조치를 취하여야 하며, 특히 남녀 평등의 기초위에 다음을 보장하여야 한다.
   (가) 혼인을 할 동일한 권리
   (나) 자유로이 배우자를 선택하고 상호간의 자유롭고 완전한 동의에 의해서만 혼인을 할 동일한 권리
   (다) 혼인중 및 혼인을 해소할 때의 동일한 권리와 책임
   (라) 부모의 혼인상태를 불문하고 자녀에 관한 문제에 있어 부모로서의 동일한 권리와 책임: 모든 경우에 있어서 자녀의 이익이 최우선적으로 고려되어야 함
   (마) 자녀의 수 및 출산간격을 자유롭고 책임감있게 결정할 동일한 권리와 이 권리를 행사할 수 있게 하는 정보, 교육 및 제 수단의 혜택을 받을 동일한 권리
   (바) 아동에 대한 보호, 후견, 재산관리 및 자녀입양 또는 국내법제상 존재하는 개념중에 유사한 제도와 관련하여 동일한 권리와 책임: 모든 경우에 있어서 아동의 이익이 최우선적으로 고려되어야 함
   (사) 가족성(姓) 및 직업을 선택할 권리를 포함하여 부부로서의 동일한 개인적 권리
   (아) 무상이든 혹은 유상이든간에 재산의 소유, 취득, 운영, 관리, 향유 및 처분에 관한 양 배우자의 동일한 권리

▶ 장애인 권리 협약(CRPD, 2006)

제23조 가정과 가족에 대한 존중

1. 당사국은 다음의 사항을 보장하기 위하여, 다른 사람과 동등하게 혼인, 가족, 부모자식 관계 및 친척관계와 관련한 모든 문제에 있어 장애인에 대한 차별을 근절하기 위한 효과적이고 적절한 조치를 취한다.
   가. 결혼적령기에 있는 모든 장애인이 장래 배우자의 자유롭고 완전한 동의 아래 결혼을 하고 가정을 이룰 수 있는 권리가 인정된다.
   나. 장애인이 자녀의 수와 터울을 자유롭고 책임 있게 선택할 권리와 연령에 적합한 정보 및 출산과 가족계획 교육에 대해 접근할 권리를 인정하고, 장애인이 이러한 권리를 행사하는데 필요한 수단을 제공한다.
   다. 장애아동을 포함한 장애인은 다른 사람과 동등하게 생식능력을 유지한다.

2. 가족의 다양성

산업화 이후 한국 사회의 가족은 도시화, 여성의 경제활동 참여 확대, 농촌의 해체 등으로 인해 유례없는 구조적 변화를 경험해왔다. 도시에서는 핵가족화가 빠르게 진행되었고, 맞벌이 부부의 증가는 가족 내 역할 분담의 재조정을 요구하게 되었다. 동시에 여성의 고등교육 확대와 사회참여의 증가는 가족 내에서 여성의 전통적인 역할이 재정립되는 계기가 되었다. 가족구조 또한 과거의 '부부+자녀' 중심에서 벗어나, 동거가족, 독신가구, 한부모가족, 조손가족, 이혼 및 재혼가족, 입양 및 위탁가족, 다문화가족, 동성 가족 등으로 다양화되고 있다. 초혼 연령의 상승, 비혼과 독신가구의 증가, 출산 기피 등은 가족의 개념과 역할에 대한 인식 변화를 반영한다. 이러한 변화는 새로운 복지 욕구를 만들어내며, 기존의 가족복지 정책으로는 더 이상 충분히 대응할 수 없는 시대가 도래했음을 보여준다(표갑수, 2010).

그러나 가족의 외형이 다양해지고 전통적 역할이 약화되었다고 해서 가족의 사회적 의미가 감소한 것은 아니다. 변화된 환경 속에서도 가족은 여전히 개인의 안정과 삶의 질, 그리고 사회 통합을 지탱하는 핵심 기반으로 작용한다. 따라서 다양한 형태의 가족 속에서 살아가는 개인의 어려움과 안전, 더 나은 삶의 질을 보장하기 위해서는 가족이라는 집단의 중요성을 인정함과 동시에, 각기 다른 가족 형태에 적합한 맞춤형 복지 서비스와 제도를 마련하는 노력이 요구된다.

이러한 배경을 바탕으로 본 장에서는 다양한 가족 유형 중에서도 사회복지 서비스에 대한 수요가 높은 한부모가족과 다문화 가족, 그리고 최근 증가 추세에 있는 1인 가구를 중심으로 살펴보고자 한다. 각 가족 유형이 지닌 고유한 특성과 복지적 욕구, 그리고 이에 대응하는 정책적 과제와 최근의 정책 동향에 대해 고찰할 것이다.

1) 한부모가족

한국 사회에서 한부모가족은 더 이상 예외적인 가족 형태가 아니다. 이혼율의 지속적 증가, 결혼 기피 및 지연, 비혼 출산의 확산, 재혼 과정에서의 가족 구조 변화, 배우자의 사망이나 관계 단절 등 다양한 사회적 · 개인적 요인이 중첩되며 한부모가족은 점차 보편화되고 있다. 이는 단순히 개인의 선택이나 삶의 방식의 변화로만 설명되기 어렵다. 고용의 불안정, 상승하는 주거비용, 양육 책임의 집중, 돌봄 자원의 부족 등 구조적 환경이 가족 유지를 어렵게 만들며, 이로 인해 한부모가족은 점점 더 다양한 형태로 증가하고 있다. 특히 한부모가족의 증가 배경에는 가족에 대한 전통적인 인식 변화, 성평등 의식의 확산, 결혼과 출산을 의무가 아닌 선택으로 여기는 사회적 분위기가 자리하고 있다.

국가 차원에서 한부모가족을 지원하는 제도적 기반은 「한부모가족지원법」을 중심으로 마련되어 왔다. 이 법은 한부모가족의 정의, 지원 대상, 양육비 및 생계 지원, 자립 프로그램 운영, 주거 및 교육 지원 등에 관한 국가와 지방자치단체의 책무를 규정하고 있으며, 1989년 「모자복지법」에서 시작하여 2002년 「모 · 부자복지법」을 거쳐, 2007년 「한부모가족지원법」으로 이어지는 과정 속에서 점차 제도화되고 확장되었다. 초기에는 저소득 모자가정을 중심으로 한 제한적 지원에 머물렀지만, 현재는 부자가정, 미혼부모, 청소년 한부모 등까지 포괄하는 보다 보편적인 가족복지 체계로 전환되고 있다. 이는 한국 사회에서 가족 다양성에 대한 인식 변화와 궤를 같이하는 제도적 진전으로 평가된다.

그러나 제도적 발전에도 불구하고, 한부모가족이 실제로 경험하는 삶의 현실은 여전히 많은 제약과 어려움 속에 놓여 있다. 여성가족부가 실시한 실태조사(2024)에 따르면, 모자가정이 전체 한부모가족 중 68.7%를 차지하며, 자가점유율은 전체 가구 평균보다 낮은 수준을 보였다. 국민기초생활보장 수급 경험률은 53.8%에 달하며, 이는 절반 이상의 한부모가구가 공공부조에 의존해 생계를 유지한 경험이 있음을 의미한다. 한부모가 된 이후 부모들이 겪는 가장 큰 어려움은 혼자서 부와 모의 역할을 동시에 감당해야 한다는 책임감의 중첩이며, 미래에 대한 불안과 경제적 부담, 양육과 가사노동의 이중 부담 등이 일상생활 속 스트레스로 이어지고 있다. 집안일이나 자녀 돌봄, 긴급 상황 시 도움을 받을 수 있는 가족이나 친인척, 이웃이 없는 경우가 많아 사회적 지지망의 부재도 주요한 문제로 지적된다. 특히 '도움을 요청할 곳이 없다'는 응답은 2021년 대비 증가한 것으로 나타나, 한부모가족의 고립과 지원체계의 단절이 심화되고 있음을 보여준다(성평등가족부, 2025).

빈곤 문제 또한 심각하다. 우리나라 전체 아동빈곤율은 10.7% 대비, 한부모가구의 아동빈곤율은 47.7%로 일반 가구 아동과의 격차가 37% 수준에 이른다. 이는 OECD 회원국 중 네 번째로 높은 수준이며, 일반가정과의 빈곤율 격차는 세 번째로 크다(OECD FAMILY DATABASE, 2021; 허민숙, 2022). 이러한 수치는 한부모가구가 다차원적인 빈곤 위험에 노출되어 있음을 보여주며, 한부모가정 아동의 성장 환경, 교육 기회, 사회적 자본 형성에 심대한 영향을 미친다.

사회적 인식 측면에서 보면, 가족에 대한 정의는 점차 확장되고 있다. 「가족다양성에 대한 국민인식조사(여성가족부, 2020)」에 따르면, 이혼 · 재혼, 외국인과의 결혼, 성인의 단독 가구 등 다양한 가족 형태에 대한 수용도는 높아지고 있으며, 특히 청년층은 전 연령대 중 가장 포괄적인 가족 개념을 지지하고 있다. 그러나 이러한 인식 변화에도 불구하고, 한부모가족이 겪는 차별 경험은 여전히 존재한다. 2018년 15.6%였던 차별 경험 비율은 2021년 16.7%로 증가해, 가족 다양성에 대한 수용과 실제 삶에서의 낙인 해소 간에는 여전히 괴리가 존재함을 보여준다.

결국 한부모가족 복지는 단순한 생계 보호 차원을 넘어, 자립 역량의 강화, 양육 책임의 사회적 분담, 주거 안정성 보장, 사회적 관계망의 복원 등 포괄적이고 다층적인 목표를 지향해야 한다. 돌봄을 개인의 책임이 아닌 사회적 책임으로 전환하는 관점이 필요하며, 이는 현대 가족복지 정책의 핵심 가치인 '보호에서 자립으로', '시혜에서 권리로'의 전환과도 연결된다. 한부모가족이 겪는 복합적 어려움은 단순히 특정 집단의 문제가 아니라, 사회의 구조적 불평등과 제도의 한계를 반영하는 지표이기도 하다. 따라서 앞으로의 가족복지는 가족 다양성을 전제로 하되, 실질적인 삶의 조건 개선에 초점을 맞춘 통합적, 참여적 정책으로 나아가야 할 것이다.

2) 다문화가족

다문화가족이란 결혼이민자, 인지나 귀화를 통해 대한민국 국적을 취득한 사람, 그리고 이들과의 사이에서 태어나 대한민국 국적을 가진 자녀로 이루어진 가족을 의미한다(「다문화가족지원법」 제2조).

한국 사회에서 다문화가족은 지속적으로 증가하고 있으며, 그 구성과 특성 또한 점차 다양화되고 있다. 최근 통계에 따르면, 다문화가족 중 결혼이민자와 혼인귀화자가 전체의 82.0%를 차지하며, 기타 귀화자는 18.0%로 나타난다. 성별 구성을 살펴보면 여성이 82.4%로 대다수를 차지하고 있으며, 남성은 17.6%로 상대적으로 낮은 비중을 보인다.

또한 결혼이민자 및 귀화자 가운데 약 28.3%는 국내에 20년 이상 거주하고 있어, 다문화가족이 과거와 같은 '이주 초기 집단'이 아니라, 한국 사회에 안정적으로 정착한 장기 거주 집단으로 변화하고 있음을 보여준다. 특히 최근에는 결혼이민자의 비중은 감소하고, 기타 귀화자의 비중이 점차 증가하는 추세를 보이고 있다(한국여성정책연구원, 2025).

국적별 결혼이민자 현황을 보면 전체 181,436명 가운데 중국 출신이 60,681명으로 가장 많고, 그 뒤를 이어 베트남(41,779명), 일본(16,214명), 필리핀(12,794명) 순으로 나타난다(출입국 · 외국인정책 통계연보, 2024).

다문화가족의 경제적 취약성은 여전히 중요한 복지적 과제다. 「전국 다문화가족실태조사(2025)」에 따르면, 국민기초생활보장 수급률은 2021년 6.3%에서 2024년 6.1%로 소폭 감소했으나, 이는 단순히 일부 가구의 경제 상황이 개선되었음을 의미할 뿐, 다문화가족 전체가 사회경제적으로 안정된 위치에 있다고 보기는 어렵다. 결혼이민자와 귀화자가 경험하는 가장 큰 어려움으로는 경제적 문제(22.9%)가 첫 번째로 꼽히며, 언어 문제(20.3%), 외로움(19.7%), 문화적 차이(19.6%)가 뒤를 이었다. 가족 갈등(6.0%), 친구나 이웃 관계 형성의 어려움(5.9%), 편견과 차별(5.5%), 공공기관 이용의 어려움(3.7%)도 지속적으로 제기되고 있다. 응답자의 37.7%는 '어려움이 없다'고 답했지만, 여전히 많은 이들이 생활 전반에서 복합적인 장벽을 경험하고 있는 것이다.

사회적 고립 역시 중요한 문제다. 아플 때 의논하거나 도움을 받을 사람이 없다고 답한 비율이 21.2%, 자녀 교육 문제를 상담할 상대가 없다고 답한 비율이 21.1%에 달한다. 취업 문제(18.7%), 가정 내 어려움(17.1%), 우울감이나 스트레스를 느낄 때 도움을 받기 어려운 경우(16.0%)도 높은 수준으로 나타났다. 이는 많은 다문화가족이 필요할 때 기대고 의지할 수 있는 관계망이 충분하지 않음을 보여준다.

한국의 다문화가족은 규모가 빠르게 증가했을 뿐 아니라 내부 구성도 다양해졌다. 장기 정착한 이주민과 그 자녀가 한국 사회의 일상적인 구성원으로 살아가고 있음에도, 경제적 어려움, 언어 · 문화적 장벽, 사회적 고립과 같은 문제는 여전히 이들의 삶의 질을 제한하고 있다. 따라서 앞으로의 다문화가족정책은 단순히 초기 정착을 돕는 수준을 넘어, 사회통합, 평등한 기회 보장, 사회적 관계망 강화, 문화적 포용성 확대를 목표로 하는 장기적 복지정책으로 발전할 필요가 있다.

3) 1인가구

오늘날 한국 사회에서 1인가구는 더 이상 특수한 형태가 아니다. 1인가구는 2024년 기준 전체 가구의 36.1%(804만 5천 가구) 수준으로, 2000년 15.5%에서 20여 년 동안 꾸준히 증가해 왔다. 정부 전망에 따르면, 2042년에는 1인가구 수가 약 994만 가구에 이를 것으로 예상된다(보건복지부,2024). 짧은 기간 안에 가족구조가 크게 달라지고 있음을 보여주는 변화다.

1인가구가 늘어난 배경에는 여러 요인이 복합적으로 작용한다. 결혼 연령이 높아지고 비혼 인구가 증가한 사회적 변화가 큰 몫을 차지하며, 빠르게 증가하는 고령 인구 또한 독거노인 가구의 확대를 이끌었다. 실제로 노인 가구 중 약 32.8%가 독거 가구에 속한다.

1인가구의 법적 및 통계적 정의를 살펴보면, 「건강가정기본법」에서는 1인가구를 "1명이 단독으로 생계를 유지하는 생활 단위"로 규정하고 있다. 한편, 통계청은 일반가구 중 구성원이 1명뿐인 가구를 1인가구로 분류하여 지표상 정의하고 있다.

연령별 현황을 살펴보면 1인가구는 특정 세대에 국한되지 않는다. 70세 이상 19.1%, 29세 이하 18.6%, 60대와 30대 각각 17.3%로 분포해, 청년층과 노년층 모두에서 1인가구가 빠르게 확산되고 있는 것이 특징이다. 남성은 30대(21.8%)에, 여성은 70세 이상(28.3%)에서 비중이 높아 세대별 삶의 방식이 크게 달라지고 있음을 보여준다. 1인가구의 확대는 가족구조 전체를 재편하는 변화와 맞닿아 있다. 3인 이하 가구는 계속 증가하는 반면, 4인 이상 가구는 감소하는 추세다. 전통적 대가족 중심의 가족 형태는 약화되고 핵가족화가 심화되는 과정 속에서, 1인가구는 새로운 생활 방식의 표준으로 자리 잡고 있다. 이러한 변화는 개인의 가치관뿐 아니라 주거정책, 노동시장, 복지체계 등 사회 전반에도 영향을 미치고 있다.

특히 경제적 측면에서 1인가구는 상대적으로 취약하다. 통계청 「2024 통계로 보는 1인가구」에 따르면 2023년 1인가구의 연평균 소득은 3,223만 원으로 전체 가구 평균(7,185만 원)의 약 45% 수준이다. 경제적 여력이 부족하다 보니 필요한 지원 정책으로 '주거 안정 지원(37.9%)', '돌봄 서비스(13.9%)', '심리 · 정서 지원(10.3%)' 순으로 응답했다.

또한 사회 안전에 대한 인식도 다양하다. 2024년 1인가구의 28.6%는 사회가 안전하다고 느낀 반면, 26.1%는 안전하지 않다고 응답했다. 불안 요인으로는 범죄(17.2%), 경제적 위험(16.9%), 국가 안보(16.5%), 신종 질병(9.2%)이 주요하게 지적되었다. 혼자 사는 생활 특성상 위급 상황 대처의 어려움이나 균형 잡힌 식생활 유지의 어려움도 두드러진다. 실제로 전체 1인가구 중 42.6%는 균형 잡힌 식사를 하기 어렵다고 답했고, 37.5%는 아프거나 긴급 상황에서 혼자 대처하기 어렵다고 응답했다.

1인가구는 사회적 취약계층 내에서도 높은 비율을 차지하는 경향이 있다.

2023년 기준, 국민기초생활보장제도 수급 가구 중 73.5%, 즉 약 131만 4천 가구가 1인가구로 나타났다. 이들 중 상당수는 불안정한 고용과 낮은 소득을 경험하는 청년층이거나, 사회적 고립 위험이 큰 고령층으로 구성되어 있어 복합적인 사회·경제적 위험에 노출되어 있는 실정이다.

결국 1인가구의 증가는 가족 형태의 한 가지 변화가 아니라, 인구 구조부터 경제·주거·복지체계까지 사회 전반에 영향을 미치는 중요한 현상이라 볼 수 있다. 특히 청년층과 노년층의 1인가구 증가로 인해 사회적 고립, 소득 격차, 돌봄 공백과 같은 새로운 복지 과제가 등장하고 있다.

1인가구는 이제 한국 사회에서 일반적인 생활 단위다. 따라서 이들을 위한 주거, 건강, 안전, 돌봄, 사회적 관계를 고려한 맞춤형 정책과 제도 마련은 선택이 아니라 필수적이다. 현대 사회에서 1인가구는 복지정책의 핵심 대상이자, 앞으로의 가족복지를 설계하는 데 중요한 기준점이 되고 있다.

3. 주요 정책 및 서비스

1) 가족 지원

가족에 대한 정책적 대응은 우리 사회에서 지속적으로 발전해 왔다. 가족이 개인의 삶의 질뿐 아니라 사회 통합의 핵심 단위로 인식되면서, 국가 차원에서도 가족을 보호하고 지원하기 위한 정책과 제도적 기반이 확충되어왔다.

현행 가족정책을 총괄하는 정부 부처는 2025년 10월 출범한 성평등가족부이다.

이는 2001년 여성부 신설, 2005년 여성가족부로의 확대 개편을 거쳐 가족 다양성과 성평등을 강화하기 위한 조직 재편의 결과이다. 성평등가족부는 성평등과 고용평등, 청소년정책, 여성·아동 대상 폭력 예방 및 지원뿐 아니라 가족정책의 수립과 조정 기능을 담당한다.

부처 내에는 청소년가족정책실이 설치되어 있으며, 그 아래 가족정책관을 중심으로 가족정책과·가족지원과·가족문화과·다문화가족과·가족친화서비스과 등 다양한 영역의 가족정책을 전문적으로 수행하는 조직체계를 갖추고 있다.

가족복지를 제도적으로 뒷받침하는 대표적 법률에는 「건강가정기본법」, 「한부모가족지원법」, 「다문화가족지원법」 등이 있다.

2004년에 제정된 「건강가정기본법」은 혼인과 출산의 지원, 가족 해체 예방, 위기가족에 대한 긴급지원, 지역사회 자원의 활용 등 가족 기능을 강화하기 위한 기본법률이다. 이 법은 양성평등한 가족관계, 돌봄 부담의 완화, 가족 친화적 사회환경 조성 등을 주요 가치로 제시한다.

또한 성평등가족부는 관계부처 협의를 거쳐 5년마다 건강가정기본계획을 수립하도록 규정되어 있다(제15조). 최근 수립된 「제4차 건강가정기본계획」은 "모든 가족, 모든 가족구성원을 존중하는 사회"를 비전으로 삼고, 가족다양성 인정과 사회기반 구축, 모든 가족의 안정적 생활여건 보장, 가족다양성에 대응하는 사회적 돌봄체계 강화, 일·돌봄의 양립 환경 조성 등을 주요 과제로 제시하였다. 변화하는 사회환경 속에서 가족을 '집단' 중심이 아닌 개별 구성원의 권리 관점에서 재정립해야 한다는 점을 강조하며 1인가구 등 다양한 가족 유형을 정책 대상에 포괄하고 있다.

〈표 11-3〉 건강가정기본계획

구분	제1차 (2006~2010)	제2차 (2011~2015)	제3차 (2016~2020)	제4차 (2021~2025)
비전	• 가족 모두 평등하고 행복한 사회	• 함께 만드는 행복한 가정, 함께 성장하는 건강한 사회	• 평등한 가족, 지속가능한 사회구현	• 모든 가족, 모든 가족 구성원을 존중하는 사회

정책 목표	• 가족과 사회에서의 남녀간 · 세대간 조화 실현 • 가족 및 가족구성원의 삶의 질 증진	• 개인과 가정의 전 생애에 걸친 삶의 질 만족도 제고 • 가족을 위한, 가족을 통한 사회적 자본 확충	• 소통하고 존중하는 가족 • 일, 생활이 조화로운 사회	• 가족 다양성 인정 • 평등하게 돌보는 사회
정책 과제	• 가족돌봄의 사회화 • 직장 · 가정의 양립 • 다양한 가족에 대한 지원 • 가족친화적 사회환경 조성 • 새로운 가족관계 및 문화 조성 • 가족정책인프라 확충	• 가족가치의 확산 • 자녀돌봄지원강화 • 다양한 가족의 역량강화 • 가족친화적인 사회환경 조성 • 가족정책인프라 강화와 전문성 제고	• 민주적 가족문화 조성 • 함께 돌봄 체계 구축 • 가족형태별 맞춤형 지원 • 가족의 일 · 쉼 · 삶의 균형 • 가족정책 기반 조성	• 모든 가족을 포용하는 사회기반 구축 • 가족의 안정적 생활 여건 보장 • 가족 다양성에 대응하는 사회적 돌봄 체계 강화 • 함께 일하고 돌보는 사회환경 조성

가족지원서비스는 가족의 다양한 문제와 요구를 해결하고 가족기능을 강화하기 위한 전문적 상담, 교육, 돌봄 및 문화 프로그램을 포함한다. 이는 모든 가족을 대상으로 하되, 생애주기 및 가족유형에 따라 특화된 서비스를 제공하는 것이 특징이다. 전국에 설치된 221개 가족센터, 9개 건강가정지원센터(25년 1월 1일 기준)에서 다음과 같은 서비스 지원이 이뤄지고 있다(여성가족부 홈페이지).

① 가족상담 및 교육 서비스

- **가족상담**: 가족의 생애주기에서 발생하는 다양한 갈등을 해결하기 위한 개별 및 집단 상담 서비스 제공
- **부모교육**: 영유아기, 아동 · 청소년기, 성년기 등 자녀의 성장단계에 따른 부모 역할 이해 및 지원
- **부부교육**: 결혼, 자녀출산, 중년기, 노년기 등 부부 생애주기에 따른 성평등한 역할 수행과 관계 개선

- 이혼 전 · 후 가족지원: 이혼 과정에서 발생하는 심리적, 정서적 문제를 완화하고 이혼 후 가족 재구성을 돕는 교육 및 문화활동

② 가족관계 향상 및 기능 강화 지원

- 성평등 인식 및 인권 감수성 교육: 가족 구성원 간의 평등한 관계를 형성하기 위한 교육 제공
- 가족역량강화: 한부모, 조손가족 등 취약가족을 대상으로 한 지속적인 사례관리 및 자립 지원
- 일 · 가정 양립 지원: 맞벌이, 한부모 가정 등을 위한 직장 내 고충 상담 및 가족 생활정보 제공

③ 가족문화와 여가 프로그램

- 가족친화문화 조성: 가족캠프, 가족축제, 체험활동 등 가족구성원 간 유대감을 증진하는 문화 프로그램 운영

④ 다문화가족 지원 서비스

- 기본 프로그램: 가족생활, 성평등 · 인권, 사회통합 등을 주제로 하는 교육 및 상담 서비스 제공
- 결혼이민자 역량강화: 한국어 능력 향상, 사회 적응력 강화를 위한 프로그램 운영
- 방문교육 서비스: 센터 이용이 어려운 지역의 다문화가족에게 한국어교육, 자녀 양육지원 등을 방문형태로 제공(대상: 만 3세~12세 자녀를 둔 다문화가족)
- 이중언어 환경 조성: 자녀와의 상호작용을 증진하고 가정 내 언어역량을 강화하기 위한 부모코칭, 언어 프로그램 제공(대상: 영유아 자녀를 둔 다문화가족)
- 자녀 언어발달 지원: 언어지연을 보이는 아동을 위한 언어평가 및 1:1 언어촉진 프로그램 제공(지원기간: 1회 6개월, 최대 3회, 총 24개월)
- 통 · 번역 서비스: 일상생활, 공공기관 이용에 어려움을 겪는 결혼이민자에게 다양

한 언어의 통 · 번역 서비스 제공(대상: 다문화가족 또는 이를 지원하는 개인 · 기관)

이혼, 사별 등 다양한 가족 해체 요인으로 인해 한부모가족과 조손가족이 꾸준히 증가하고 있다. 이러한 가족은 일반적으로 양육과 생계, 정서적 돌봄을 단독으로 수행해야 하므로 경제적 · 사회적 취약성이 높으며, 특히 자녀의 성장 환경이 위협받기 쉬운 구조를 갖고 있다. 이에 따라 정부는 일정 기준을 충족하는 한부모 및 조손 가정에 대해 자녀의 건강한 성장과 가족의 생활안정을 도모하고자 다양한 공적 지원을 제공하고 있다.

지원 대상은 가구의 소득 인정액이 기준 중위소득의 63% 이하인 가정으로, 18세 미만의 자녀를 양육하는 모 또는 부를 포함한다. 자녀가 고등학교에 재학 중인 경우에는 최대 22세 미만까지 지원이 가능하다. 또한 부모의 부재로 인해 조부모가 손자녀를 양육하는 조손가족 역시 동일한 기준을 충족할 경우 지원 대상에 포함된다.

주요 지원 영역으로는 아동양육비, 아동교육지원비, 생활보조금 등이 있으며, 자녀의 성장 단계와 가정의 필요에 따라 그 항목과 금액은 일부 상이할 수 있다. 아동양육비는 기본적인 양육에 필요한 비용을 지원하며, 교육지원비는 학용품비나 학교 관련 비용을 보조하는 형태로 제공된다. 또한 생활보조금은 가계의 기본적인 생계 안정을 위한 실질적 지원으로 기능한다. 이러한 지원은 단순한 경제적 보완책이 아니라, 취약가족의 자립과 아동의 복지권 실현을 위한 중요한 사회복지정책 중 하나로 평가된다. 24세 이하 청소년한부모 대상으로는 조기 자립 지원 차원에서 검정고시 학습비, 자립촉진수당 등을 추가 지원하고 있다.

2) 공공부조

가족정책은 개별 법률뿐 아니라 사회보장제도에서도 중요한 의미를 가진다. 그 중 대표적인 것이 국민기초생활보장제도이다.

현행 국민기초생활보장제도는 기준중위소득을 바탕으로 수급자를 선정하며, 1인 가구 기준도 명확히 규정하고 있다. 부양의무자 기준은 현재 의료급여에만 적용되며, 그 범위는 수급권자의 1촌 직계혈족(부모, 자녀)과 그 배우자(며느리, 사위)를 포함한다. 단, 사망한 직계혈족의 배우자는 부양의무자에서 제외된다.

원칙적으로 국민기초생활보장제도는 대한민국 국적자를 대상으로 하지만, 일정 요건을 갖춘 외국인에게는 예외적으로 수급권을 인정한다. 「출입국관리법」 제31조에 따라 외국인등록을 한 사람 중 다음의 경우에 해당할 때 특례가 적용된다.

- 대한민국 국민과 혼인 중이며 본인 또는 배우자가 임신한 경우
- 대한민국 국민 배우자와 혼인 상태에서 미성년 자녀를 양육하는 경우
- 배우자의 대한민국 국적인 직계존속과 생계 또는 주거를 함께하는 경우
- 이혼 · 사망으로 혼인이 종료되었으나 미성년 자녀를 양육하거나 태아를 임신한 경우
- 「난민법」 제2조에 따라 난민으로 인정받은 사람

이는 가족 구성과 생계 책임이 발생하는 상황에서 기본적 생활 보장을 보완하기 위한 조치로 이해할 수 있다.

또한 위기 상황에서 단기간 생계유지가 어려운 가구를 지원하기 위해 긴급복지지원제도가 운영되고 있다. 기준중위소득 75% 이하 기준으로 1인가구도 포함되며, 생계 · 주거 · 의료 등 필요한 지원을 신속히 제공해 위기에서 벗어날 수 있도록 돕는 안전망 역할을 한다. 긴급복지지원제도는 '본인 또는 본인과 생계 및 주거를 같이 하고 있는 가구 구성원'이 위기상황이 발생하여 생계유지 등이 어렵게 된 경우 선정될 수 있다. '위기 상황'에 해당하는 경우(긴급복지지원법 제2조 제9호)는 아래와 같다.

1. 주소득자의 사망, 가출, 행방불명, 구금시설 수용 등 사유로 소득 상실
2. 중한 질병 또는 부상을 당한 경우
3. 가구구성원으로부터 방임 또는 유기되거나 학대 등을 당한 경우
4. 가정폭력을 당해 가구구성원과 함께 원만한 가정생활을 하기 곤란하거나 가구구성원으로부터 성폭력을 당한 경우
5. 화재 또는 자연재해 등으로 인하여 거주하는 주택 또는 건물에서 생활하기 곤란한 경우
6. 주소득자 또는 부소득자의 휴업, 폐업 또는 사업장의 화재 등으로 인하여 실질적인 영업이 곤란하게 된 경우
7. 주소득자 또는 부소득자의 실직으로 소득을 상실한 경우
8. 보건복지부령으로 정하는 기준에 따라 지자체 조례로 정한 사유가 발생한 경우: 소득활동 미미(가구원 간호 · 간병 · 양육), 기초수급 중지 · 미결정, 수도 · 가스 중단, 사회보험료 · 주택임차료 장기체납 등 지방자치단체의 조례로 정한 사유가 발생한 경우
9. 그 밖에 보건복지부 장관이 정하여 고시하는 경우
   ① 이혼으로 소득이 현저히 감소한 경우
   ② 단전된 경우(전류 제한기 부설 포함)
   ③ 6개월 이내에 교정시설 출소한 자가 가족이 없거나 근로능력이 없는 가구원으로 구성되어 생계곤란한 경우
   ④ 가족으로부터 방임 · 유기 또는 생계유지 곤란 등으로 6개월 미만 노숙한 사람 중 노숙인 시설 및 노숙인 종합지원센터에서 사정 후 시 · 군 · 구로 긴급지원대상자로 추천한 경우
   ⑤ 복지사각지대 발굴 대상자, 통합사례관리 대상자로서 관련 부서로부터 생계가 어렵다고 추천받은 경우
   ⑥ 자살한 자의 유족, 자살을 시도한 자 또는 그의 가족, 자살의도자인 자살 고위험군으로서 관련 기관 등으로부터 생계가 어렵다고 추천받은 경우
   ⑦ 타인의 범죄로 인해 피해자가 거주하는 주택 또는 건물에서 생활하기 곤란하여 거주지를 이전하는 경우

3) 한부모가족 지원

한부모가족은 부 또는 모 중 한 사람이 자녀를 양육하며 가정을 이끌어가는 가족 형태를 말한다. 이에는 배우자의 사망, 이혼, 별거, 혹은 혼인 없이 출산한 경우 등이 포함된다.

산업화와 사회구조의 변화, 가치관의 다원화 등의 영향으로 이러한 가족 형태는 지속적으로 증가하고 있으며, 이에 따라 국가의 가족정책에서도 한부모가족에 대한 제도적 지원의 중요성이 점차 부각되고 있다.

한부모가족에 대한 제도적 지원은 1989년 제정된 「한부모가족지원법」을 기반으로 한다. 이 법은 한부모가족의 생활 안정과 자립 지원을 목적으로 하며, 모자가정과 부자가정이 자녀를 양육하고 생활을 유지할 수 있도록 다양한 복지정책의 근거를 마련하였다. 주요 내용으로는 양육비 · 교육비 · 주거비 등의 경제적 지원이 포함되며, 아동의 건강한 성장과 한부모의 자립 역량 강화를 위한 기반이 되고 있다.

한부모가족 정책은 단순한 보호 차원을 넘어, 사회 구성원으로서의 자립과 통합을 지향하는 방향으로 발전해 왔다. 이러한 변화의 흐름을 반영하여 2023년, 「제1차 한부모가족정책기본계획(2023~2027)」이 수립되었다.

이 계획은 "한부모가족과 동행하는 따뜻한 사회, 든든한 국가"를 비전으로 삼고 있으며, 한부모가족의 생활 안정 및 자녀양육 환경 개선 · 비양육부모의 책임성 강화 · 자립 역량 강화 · 지원 기반의 확충 의 4대 핵심 과제를 중심으로 주거 · 양육 · 교육 · 의료 · 법률 지원 등의 영역에서 정책이 추진되고 있다.

한부모가족이 겪는 이혼 전후의 정서적 갈등과 자녀 양육 문제를 해결하기 위해, 상담 및 법률 지원이 강화되었다. 특히, 비양육부모의 경제적 책임 이행을 지원하기 위해 양육비 관련 상담 및 정보 제공, 합의 및 소송 지원, 추심 및 집행 절차 대행종합서비스 등의 서비스가 운영되고 있다. 이 서비스는 자녀가 성인이 될 때까지 양육비 이행을 지속적으로 관리하는 구조로 설계되었다.

청소년 부모가 자녀를 양육하면서 학업을 병행할 수 있는 환경 조성을 목표로 임신 · 출산 의료비, 생활안정비, 학업 지속 지원을 통해 청소년 한부모를 위한 지원을 확대하고 있다.

1992년 월 1만 원이던 양육비 지원 수준을 대폭 향상하여 2022년 기준으로 18세 미만 아동에게 월 20만 원까지 확대되었다. 또한, 2014년 「양육비 이행확보 및 지원에 관한 법률」 제정, 2015년 양육비이행관리원 설치를 통해 미지급 양육비 문제에 대한 체계적 대응이 가능해졌다.

4) 다문화가족 지원

다문화가족에 대한 지원은 2008년 3월 제정된 「다문화가족지원법」을 기반으로, 본 법률 제3조 2에 의거 정부는 5년마다 다문화가족정책 기본계획을 수립하여 세부 정책과 지원 서비스를 제공하고 있다. 변화하는 다문화가족의 구성과 정책 수요를 반영한 국가 차원의 중장기 전략으로 볼 수 있다. 현재 「제4차 기본계획(2023~2027)」을 바탕으로 세부 과제가 추진되고 있다.

다문화가족 자녀의 언어 및 학습 역량을 강화하기 위한 다양한 프로그램이 영유아기부터 학령기에 이르기까지 운영되고 있다. 대표적인 프로그램으로는 방문교육 서비스, 언어발달 지원, 이중언어 환경 조성 등이 있으며, 중 · 고등학생을 대상으로 한 이중언어 역량 개발 프로그램도 점차 확대되고 있다.

또한, 중도입국 청소년을 위한 지원 체계도 강화되고 있다. 교육부와의 협업을 통해 지역사회 자원을 연계한 종합서비스 모델이 구축되고 있으며, 학교 조기 적응을 지원하고, 입학 · 편입학 예정 학생을 위한 '징검다리 과정' 운영 학교를 확대함으로써, 이들의 정착 과정에서 겪는 어려움을 완화하고자 한다. 다문화가족 구성원이 교육 환경에서 차별 없이 성장할 수 있도록 하기 위한 노력도 병행되고 있다. 이를 위해 교원의 다문화 수용성 향상을 위한 연수와 교육 콘텐츠 개발이 주요 정책으로 추진 중이며, 예비교사 양성과정에도 다문화 교육을 필수적으로 반영하고 있다. 이는 학교가 다문화 학생에게 보다 포용적인 공간이 되도록 하는 데 목적이 있다.

또한, 언어 장벽으로 인해 사회서비스 이용에 어려움을 겪는 다문화가족을 위해 상담 및 통역 지원이 확대되고 있다. 대표적으로 다누리콜센터(1577-1366)에서는 총 13개 언어(베트남어, 중국어, 타갈로그어, 몽골어, 러시아어, 태국어, 크메르어, 일본어, 우즈베키스탄어, 라오스어, 네팔어, 영어, 한국어)를 통한 다언어 상담 서비스를 제공하고 있다. 또한, 건강가정·다문화가족지원센터의 통번역사와 연계한 지원체계도 함께 운영되며, 이는 다문화가족이 일상생활의 어려움이나 위기 상황에서 공공서비스에 쉽게 접근할 수 있도록 돕는 핵심 인프라로 기능하고 있다.

최근 국내 다문화가족의 구성은 더욱 다양화되고 복합화되는 양상을 보이고 있다. 이는 장기 거주 중인 결혼이민자의 증가뿐 아니라, 다문화 한부모가족, 본국 귀환 후 재정착하는 가족 등 새로운 유형의 가족으로 확대되고 있음을 보여준다. 이러한 변화는 다문화가족정책이 초기 정착 지원에만 머물 것이 아니라, 가족의 생애주기 전반에 걸친 포괄적·통합적 지원 체계로 전환되어야 함을 시사한다.

비전	다문화가족과 함께 성장하는 조화로운 사회	
목표	다문화 아동·청소년의 동등한 출발선 보장	다문화가족의 안정적 생활환경 조성

대과제	중과제
다문화 아동·청소년 성장단계별 맞춤형 지원	① 영유아 자녀양육 지원 ② 학령기 다문화 아동 학습역량 제고 ③ 다문화 청소년 진로개발 지원 ④ 다문화 아동·청소년의 정서안정 기반 조성
결혼이민자 정착주기별 지원	① 건전한 국제결혼 환경 조성 ② 다문화가족 가구상황별 맞춤형 지원 ③ 결혼이민자 경제활동 참여 확대 ④ 가정폭력 예방 및 피해자 보호
상호존중에 기반한 다문화 수용성 제고	① 다문화 이해교육 확대 ② 다양성 존중 인식 확산 ③ 다문화가족 사회 참여 활성화
다문화가족정책 추진기반 강화	① 다문화가족정책 환류 시스템 구축·운영 ② 다문화가족 지원 서비스 접근성 제고 ③ 다문화가족정책 협력체계 강화

[그림 11-1] 제4차 다문화가족정책기본계획(2023~2027, 성평등가족부)

5) 가족친화환경 조성

가족복지는 단순히 개별 가족에게 제공되는 서비스에 국한되지 않는다. 가족이 일상적으로 살아가는 지역사회, 직장, 주거환경 등이 가족에게 친화적일 때, 비로소 실질적인 복지 효과가 발휘될 수 있다. 특히 저출산과 고령화의 가속화, 여성의 경제활동 참여 증가 등 급변하는 사회 구조 속에서, 가정생활과 직장생활이 조화를 이루는 환경 조성은 국가적 과제로 부상하고 있다.

이러한 배경 속에서 제정된 것이 「가족친화 사회환경 조성 촉진에 관한 법률」(2007년 12월 14일 제정)이다. 이 법은 가족과 일의 균형을 지원하고, 직장과 사회 전반에서 가족친화적인 문화를 정착시키기 위해 국가, 지방자치단체, 기업의 책임과 역할을 규정하고 있다.

법에 따라 다음과 같은 구체적인 지원 정책이 시행되고 있다.

첫째, 기업 및 기관 내에 가족친화 교육과정 운영, 전문 강사 양성, 가족친화 프로그램 개발 및 보급이 이루어지며, 둘째, 기업과 공공기관의 가족친화지수를 측정하고 이를 사회에 공유함으로써 가족친화문화의 확산을 촉진한다. 셋째, 가족친화제도를 모범적으로 운영하는 기관에는 가족친화인증을 부여하여 그 노력을 공식적으로 인정하고, 다양한 인센티브를 제공한다.

이러한 제도적 기반은 가족이 안정적으로 생활하고, 각 구성원이 일과 돌봄을 조화롭게 병행할 수 있는 사회문화적 환경을 조성하는 데 핵심적인 역할을 하고 있다.

또한, 저출산과 고령화 문제에 대응하기 위해 2005년 제정된 「저출산 · 고령사회기본법」 역시 중요한 법적 틀을 제공한다. 이 법은 인구 감소와 가족구조 변화에 따른 사회적 위기를 해결하기 위해 국가와 지방자치단체의 역할과 책무를 명시하고 있다. 주요 조항은 다음과 같다.

〈표 11-4〉 「저출산 · 고령사회기본법」의 주요 내용

제8조(자녀의 출산과 보육 등) ① 모든 자녀가 차별 없이 안전하고 행복한 삶을 영위할 수 있도록, 교육과 인성함양에 도움이 되는 사회환경을 조성할 국가적 책무를 명시하고 있으며, ② 자녀를 임신 · 출산 · 양육 · 교육하고자 하는 이들이 직장생활과 가정생활을 병행할 수 있도록 사회적 여건을 조성 · 지원해야 한다. ③ 나아가 자녀를 양육하는 부모를 위해 양질의 보육서비스 제공 정책을 강구할 것을 규정하고 있다.
제9조(모자보건의 증진 등) ① 임산부, 태아, 영유아의 건강을 위한 진단 및 보건 증진 정책을 마련하고, ② 임신과 출산, 생명의 존엄성, 가족 내 협력의 중요성 등을 교육을 통해 인식하도록 국가가 책임져야 함을 명시하고 있다. ③ 또한 정보 제공, 교육 및 홍보를 위한 전문기관 설치 또는 위탁 운영도 가능하게 하여 실질적 이행을 보장하고 있다.
제17조(가족관계와 세대 간 이해 증진) 국가는 세대 간 교류와 이해를 증진하고, 노인이 가정과 사회에서 존중받는 문화를 조성함으로써, 민주적이고 평등한 가족관계 형성을 위한 사회적 환경을 구축할 책임이 있다.

이처럼 가족복지는 단순한 서비스 전달을 넘어서, 국가 차원의 환경 조성과 제도적 지원, 문화적 수용성 증진까지 포괄하는 복합적이고 통합적인 접근이 필요하다. 특히 법률적 기반은 복지정책의 실효성을 높이는 중요한 수단이며, 가족이 존중받고 안정적으로 생활할 수 있는 사회를 만드는 핵심축으로 기능하고 있다.

4. 가족복지 분야 사회복지사의 역할

가족복지 분야에서 사회복지사는 가족이 겪는 다양한 문제와 갈등, 자원 부족 등을 해결하고 가족 구성원 간의 관계를 회복시키기 위해 전문적 개입을 수행하는 실

천가로서, 가족의 상황에 따라 정서적 지지에서부터 정책 옹호에 이르기까지 다양한 역할을 수행한다. 가족복지 분야에서 사회복지사가 수행하는 역할은 다음과 같다(이원숙. 2016).

① 감정이입적 지지자

가족의 한계와 자원 결핍을 인지하고, 그 속에서도 가족이 지닌 강점을 발견하고 이를 명확하게 규명하여 강화하는 역할

② 교사 및 훈련가

가족이 문제를 겪는 근본적인 이유가 지식이나 기술의 결핍일 경우, 이를 보완할 수 있는 교육과 훈련의 역할

③ 자문가

특정 문제, 예를 들어 청소년 자녀 문제나 부모역할 갈등, 가정폭력, 이혼 전후 지원 등의 특수한 사안에 대해 전문적 조언을 제공하는 역할

④ 촉진자

가족 스스로는 해결이 어려운 문제를 마주했을 때, 사회복지사는 가용한 지역사회 자원이나 제도를 연결해주는 촉진자로서 역할

⑤ 동원가

지역사회, 원조체계, 공공서비스에 대한 구조적 지식을 바탕으로 가족이 필요한 자원에 접근할 수 있도록 서비스를 동원하는 역할

⑥ 중재자

가족과 지역사회 간 갈등이 있거나 가족구성원 간에 갈등이 있을 때 중재하는 역할

⑦ 옹호자

클라이언트 가족의 권리와 입장을 대변하는 옹호자(Advocate)로서의 역할, 이는 특히 사회적 낙인이나 차별, 제도적 불평등에 직면한 가족에게 중요한 기능이며, 복지정책 수준에서의 개입과 연결될 수도 있음.

5. 실천 사례

1) 사례 제시

김영수(가명) 씨는 79세의 독거노인으로, 배우자와 사별한 뒤 10년 가까이 1인가구로 생활하고 있다. 자녀 2명은 모두 다른 지역에 거주하며 코로나19 이후 방문 횟수가 더욱 줄었다. 최근 들어 영수 씨는 무릎 통증 때문에 외출이 어려워졌고, 버스 이용도 불편해 병원 방문이나 장보기조차 쉽지 않다.

지역 내 복지관에서 운영하는 노인 프로그램에 참여하고 싶지만, 이동거리가 멀어 택시비 부담이 커 참여를 망설이고 있다. 마을 내 경로당은 가까운 곳에 하나 있지만, 이미 오래전부터 형성된 친목 중심 분위기 때문에 새로 들어가기에 부담을 느껴 방문하지 않았다.

코로나19 이후 심화된 사회적 단절로 인해 영수 씨는 하루 종일 말 한마디 하지 않는 날이 대부분이다. 최근에는 식욕이 줄고 우울감을 느끼는 일이 잦아졌다. 건강보험공단의 방문건강서비스 대상이 되는 기준을 충족하지만, 신청 과정에서 복잡한 서류 제출 요구를 듣고 스스로 신청을 포기했다.

며칠 전에는 집안에서 넘어졌지만 주변에 도움을 요청할 사람이 없어 스스로 일어나느라 30분 이상 바닥에 누워 있어야 했다. 이후부터는 혹시 집에서 위험한 일이 생길까 두려움이 커져 외출을 더 줄이는 상황이다. 주변 이웃과의 접촉도 거의 없는 상태에서 영수 씨는 "사람 목소리를 듣는 게 그리운지 내 목소리가 낯설게 느껴진다"며 깊은 외로움을 표현하고 있다.

2) 역할 분석 연습

1. 사례에 제시된 정보를 바탕으로 확인 가능한 김영수씨의 욕구는 무엇인가요? 또는 필요한 사회복지자원은 무엇인가요?

   - 생리 · 건강 욕구
   - 안전 욕구
   - 정서 · 사회관계 욕구
   - 일상생활 지원 욕구
   - 서비스 접근 욕구

2. 김영수씨의 욕구 중 우선순위 1 · 2 · 3위는 무엇인가요? 왜 그렇게 생각하였나요?

3. 단기적인 목표와 장기적인 목표는 무엇이 되어야 할까요?

4. 김영수 씨의 사회적 관계 형성을 위한 지원 방안은 어떤 게 있을까요?

5. 위기 상황에 놓였을 때 어떤 서비스와 지원이 가능할까요?

6. 본 사례의 상황을 개선할 수 있는 제도와 정책이 있는지 찾아봅시다.

Project Based Learning

다양한 가족 시대'에 우리가 지켜야 할 가족의 가치란?

오늘날 한국 사회의 가족은 전통적인 핵가족 중심에서 벗어나, 한부모가족, 다문화가족, 조손가족, 비혼동거가족, 재혼가족 등 매우 다양한 형태로 변화하고 있습니다. 이러한 변화는 가족의 모습이 다양해졌다는 점에서 긍정적이지만, 동시에 기존의 '정상가족'이라는 개념이 여전히 강하게 작용하고 있어, 제도적, 사회적 충돌이 생기기도 합니다.

그렇다면 변화하는 가족의 형태 속에서도 우리가 '가족'이라고 말할 수 있는 본질적인 가치는 무엇일까요?

1. 나에게 가족이란 어떤 가치인가요?

   아래의 단어 중, 여러분이 생각하기에 가족에게 꼭 필요한 가치를 세 가지 선택해 봅시다. 그리고 그 이유를 간단히 작성해 보세요.

   신뢰, 애정, 소속감, 공감, 안정감, 상호이해, 돌봄, 보살핌, 생활안정, 보호, 책임, 생계지원, 존중, 배려, 경청, 갈등조절, 협력, 개방적 의사소통, 공정성, 자율성, 지속성, 일관성, 평등, 다양성 존중, 안전함, 자기실현, 유연성, 포용성, 지속가능성, 책임성 등

2. 이 가치를 유지하기 어려운 이유는 무엇일까요?

   우리가 선택한 가족의 가치가 현실에서는 잘 지켜지지 않거나 유지되기 어려운 경우가 많습니다. 그 이유를 다음과 같은 관점에서 생각해봅시다.

경제적 요인	
사회적 요인	
제도적 요인	
개인적 요인	

   [예시] 경제적 요인: 낮은 소득, 주거불안, 맞벌이로 인한 돌봄부족 등
   사회적 요인: 가족다양성에 대한 편견, 차별 등
   제도적 요인: 정책 사각지대, 미혼부모나 동거가족을 배제한 법적 기준 등
   개인적 요인: 가족 간 소통의 어려움, 정서적 거리 등

3. 이 가치를 지키기 위해 어떤 지원이 필요할까요?

가족의 소중한 가치를 유지하거나 회복하기 위해서는 다양한 차원의 지원이 필요합니다.
아래 네 가지 수준에서 필요한 지원이나 정책을 구체적으로 생각해 보세요

차원	필요한 지원 또는 해결 방안
개인 차원	
가족 차원	
지역사회 차원	
국가 차원	

4. 마무리 생각 나누기

내가 선택한 가치를 많은 가족이 함께 누릴 수 있으려면 사회는 무엇을 바꾸어야 할까요? 제도는 '정상 가족' 중심에서 얼마나 벗어나고 있을까요? 나 자신은 가족 안에서 이 가치를 어떻게 실천하고 있나요?

참고자료

1. 비혈연가구

특집 다큐멘터리 - 가족의 탄생 - 가족의 탄생_#001

https://www.youtube.com/watch?v=f_7GXcYtGzg&list=PLvNzObWMMx6tYd7wYXpfsbEMhViNG6o4M&index=1

2. 1인가구

특집 다큐멘터리- 가족의 탄생 - 가족의 탄생_#002

https://www.youtube.com/watch?v=wajawXywDwk&list=PLvNzObWMMx6tYd7wYXpfsbEMhViNG6o4M&index=2

3. 초저출생

다큐멘터리K - 인구대기획-초저출생 1부 《0.78 이후의 세계》 I EBS 저출생 인구위기 극복의 날

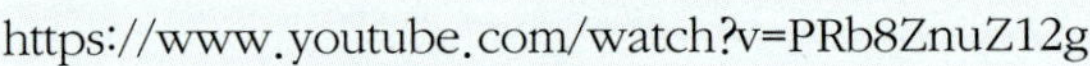

https://www.youtube.com/watch?v=PRb8ZnuZ12g

4. 돌봄 정책

[뽀라] 가족돌봄이 사라진 시대, 앞으로의 돌봄 정책은? I 돌봄과 돌볼 권리의 균형(SUB)

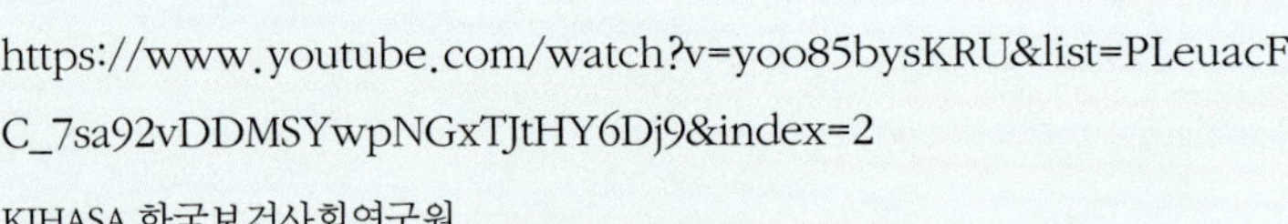

https://www.youtube.com/watch?v=yoo85bysKRU&list=PLeuacFC_7sa92vDDMSYwpNGxTJtHY6Dj9&index=2

KIHASA 한국보건사회연구원

5. 미혼부

특집 다큐멘터리 - 가족의 탄생 - 가족의 탄생_#003

https://www.youtube.com/watch?v=sZNnRTOP1fY&list=PLvNzObWMMx6tYd7wYXpfsbEMhViNG6o4M&index=3

주요 용어 정리

- **가족**: 혼인, 혈연, 입양으로 이루어진 사회의 기본 단위로, 정서적 · 경제적 지지와 보호를 제공하는 관계 집단
- **가정**: 가족구성원이 함께 거주하며 생계, 주거, 돌봄, 교육 등의 일상생활을 공유하는 공동체
- **가족복지**: 가족 전체를 대상으로 구성원의 복지를 향상시키기 위한 통합적이고 예방적인 사회복지 제도 및 서비스
- **건강가정기본법**: 가정의 건강성과 지속가능한 발전을 위해 국가와 지방자치단체의 책임과 국민의 권리를 규정한 법률
- **한부모가족**: 부 또는 모 한 사람이 자녀를 양육하며 구성된 가족 형태. 이혼, 사별, 별거, 미혼출산 등의 상황을 포함함
- **한부모가족지원법**: 한부모가족의 생활 안정과 자립을 지원하기 위해 제정된 법률
- **다문화가족**: 결혼이민자 또는 귀화자와 그 가족으로 구성된 가족. 문화적 배경이 다양한 가족을 포함함
- **다문화가족지원법**: 다문화가족의 안정적 정착과 삶의 질 향상을 위한 지원체계를 규정한 법률
- **1인가구**: 한 사람이 단독으로 생계를 유지하며 생활하는 가구. 통계청은 일반가구 중 구성원이 1명인 가구로 정의함
- **가족친화 사회환경 조성 촉진법**: 가정과 직장의 조화를 위한 가족친화 제도 운영을 장려하고, 인증 제도를 통해 확산을 도모하는 법률
- **양육비이행관리원**: 양육비 이행을 돕기 위해 상담, 소송, 합의, 추심 등 종합 서비스를 제공하는 기관
- **다누리콜센터(1577-1366)**: 다문화가족과 이민자를 위해 13개 언어로 통역 · 상담 서비스를 제공하는 통합 지원 센터
- **긴급복지지원제도**: 생계 위기 또는 일시적 곤란에 처한 가구에 대해 신속하게 생계 · 의료 · 주거 등을 지원하는 제도

▶ 국민기초생활보장제도: 소득과 재산이 일정 기준 이하인 국민에게 생계, 주거, 의료, 교육 등의 기초생활을 보장하는 공공부조 제도

▶ 가족센터: 가족상담, 부모교육, 돌봄, 가족문화 활동 등 다양한 가족서비스를 제공하는 지역 기반 복지 기관

▶ 청소년한부모: 24세 이하의 미혼 또는 이혼 상태에서 자녀를 양육하는 모 또는 부를 포함한 가족

▶ 가족다양성: 핵가족 외에도 다양한 형태의 가족(한부모, 1인가구, 동거가족 등)을 인정하고 존중하는 사회적 가치

▶ 가족정책기본계획: 5년마다 수립되는 국가 차원의 가족정책 방향과 핵심 과제를 담은 종합 정책 계획

▶ 이중언어환경조성: 다문화가정 내 부모와 자녀가 함께 사용하는 언어를 지원하고, 언어발달을 촉진하는 환경을 마련하는 정책

참/고/문/헌

김상균, 최일섭, 최성재, 조흥식, 김혜란 (2001). 사회복지개론. 파주: 나남.

법무부 (2024). 출입국 · 외국인정책 통계연보 2024.

보건복지부 (2024). 통계로 보는 사회보장.

성평등가족부 (2021). 다양한 가족에 대한 국민인식조사.

성평등가족부 (2023). 제4차 다문화가족정책 기본계획(안) (2023~2027).

성평등가족부 (2025). 2024년 전국 다문화가족 실태조사.

성평등가족부 (2025). 2024년 한부모가족 실태조사.

세계법제정보센터 (2019). 경제적, 사회적 및 문화적 권리에 관한 국제규약(International Covenant on Economic, Social and Cultural Rights. New York, 16 December 1966), https://world.moleg.go.kr/web/wli/lgslInfoReadPage.do?CTS_SEQ=11016&AST_SEQ=309&

양옥경 (2025). 가족과 사회복지. 서울: 이화여자대학교출판부.

이원숙 (2016). 가족복지론(4판). 서울: 학지사.

통계청 (2024). 2024 통계로 보는 1인가구.

표갑수 (2010). 사회문제와 사회복지. 파주: 나남.

허민숙 (2022). 미혼부모 · 한부모 자립지원 서비스 실태와 개선과제. 국회입법조사처. NARS 입법 · 정책 제109호.

UN. 세계인권선언, https://www.ohchr.org

CHAPTER 12

의료 및 정신건강 사회복지

1. 의료 및 정신건강사회복지의 개념
2. 의료사회복지의 실천 현황
3. 정신건강사회복지의 실천 현황
4. 의료 및 정신건강사회복지 실천 과정
5. 실천 사례

의료 및 정신건강사회복지

학/습/목/표

1. 의료 및 정신건강사회복지의 개념과 발전 과정을 이해할 수 있다.
2. 의료 및 정신건강사회복지사의 주요 역할과 기능을 이해할 수 있다.
3. 의료 및 정신건강사회복지의 정책, 제도 및 실천 현황을 파악할 수 있다.
4. 의료 및 정신건강사회복지의 실천 과정에 대해 이해할 수 있다.

Flipped Learning
(사전 학습)

1. WHO(세계보건기구)에서 제시하는 '건강'의 개념은 무엇인지 찾아보고, 그 개념에 맞춰 '나는 건강한가'의 질문에 대한 답을 해 봅시다.
2. 주변 지인에게 정신건강서비스를 받는다면 어떤 서비스를 받고 싶은지, 그 서비스를 이용할 때 고민되는 점이 있는지 인터뷰를 해 봅시다.

1. 의료 및 정신건강사회복지의 개념

최근 급격한 사회변화로 인해 의료와 보건, 정신건강 영역은 다양한 문제에 직면하고 있다. 고령화로 인한 만성질환자의 증가, 학대와 폭력부터 자연재해까지 각종 트라우마와 정신건강을 위협하는 사건들, 사회적 지지체계가 미약한 1인 가구의 증가 등 사회적 현상들로 인해 의료 및 정신건강 영역에서 전문적 지원의 요구가 높아지고 있으며, 전인적 건강분야의 지원 영역은 지역사회까지 확대되고 있다. 이러한 사회적 변화안에서 의료사회복지와 정신건강사회복지의 역할과 기능은 어떠한지 알아보도록 하자.

1) 의료사회복지의 개념

전통적인 의료사회복지는 병원 등 의료기관 내에서 질병의 치료와 관련하여 이루어지는 사회복지실천을 의미하며, 이는 협의의 개념에 해당한다. 의료사회복지의 기원은 1895년 영국 자선조직협회(Charity Organization Society)가 왕립시료병원(Royal Infirmary)에 사회복지사를 고용하면서 시작되었다(윤현숙 외, 2025). 미국에서는 1905년 매사추세츠 종합병원(Massachusetts General Hospital)에서 의사 Cabot이 최초로 사회복지사를 고용하였고, 1918년에는 미국의료사회복지사협회가 설립되었다. 당시 사회복지사는 환자의 생활환경과 가족상황을 조사하고 치료 순응도를 높이는 역할을 수행하였으며, 이러한 활동은 질병의 사회적 요인을 고려하는 의료사회복지의 초석이 되었다(Gehlert, 2019).

제2차 세계대전 이후 참전군인의 신체적 · 정신적 건강 문제 해결을 위한 복지서비스가 확산되면서 의료사회복지는 사회복지실천의 중요한 분야로 자리 잡았다(최권호, 2015에서 재인용). 이후 1980년대 미국에서 의료비 절감과 효율적 자원배분을 위해 관리의료(managed care) 제도가 도입되자, 의료사회복지사의 퇴원계획(discharge planning) 및 지역사회 연계 활동이 강조되었다. 이에 따라 사회복지사는 병원 내 치료를 넘어 환자가 퇴원 후 지역사회에서 안정적으로 생활할 수 있도록 지원하는 역할을 담당하게 되었다.

이 시기부터 '병원사회복지(hospital social work)' 또는 '의료사회복지(medical social work)'라는 용어가 주로 사용되었으며, 이는 의료기관 내에서 질병 치료와 관련된 복지실천을 중점적으로 다루는 협의의 개념이었다. 그러나 이후 의료의 초점이 질병 치료에서 건강증진(health promotion)과 질병예방(disease prevention)으로 확대되면서, 의료사회복지는 점차 보건사회복지(health social work)라는 광의의 개념으로 발전하였다(최권호, 2015에서 재인용).

즉, 협의의 의료사회복지는 병원 내 환자를 대상으로 한 사회복지실천을 의미하는 반면, 광의의 의료사회복지는 건강증진, 질병예방, 사회정책 및 제도적 지원을 포함하여 지역사회 전반에서 이루어지는 보건복지적 접근을 포괄한다. 이러한 변화는 의료사회복지가 단순히 병원이라는 공간적 한계를 넘어, 인간의 전 생애적 건강과 삶의 질 향상을 목표로 하는 통합적 사회복지 영역으로 확장되었음을 보여준다.

2) 정신건강사회복지의 개념

정신건강사회복지를 이해하기 위해서는 먼저 정신건강, 정신질환, 정신장애의 개념을 구분할 필요가 있다. 세계보건기구(WHO)는 정신건강을 단순히 정신질환이나 장애가 없는 상태를 넘어, 개인이 자신의 잠재력을 실현하고, 일상적 스트레스에 효과적으로 대처하며, 생산적으로 일하고 공동체에 기여할 수 있는 상태로 정의한다. 이는 정신건강이 생물학적, 심리적, 사회적 요인이 상호작용하는 생심리사회적(bio-psycho-social) 관점에서 이해되어야 함을 보여준다.

한편, 미국정신의학회(American Psychiatric Association: APA)는 정신질환(mental illness)을 신체적 · 심리적 차원에서 나타나는 다양한 정신의학적 증상이 있는 상태로 정의하고, 정신장애(mental disorder)는 이러한 정신질환으로 인해 개인의 사회적 · 직업적 기능이 저하된 상태를 의미한다고 설명한다(APA, 2013; 강상경 외, 2022 재인용).

이러한 개념을 바탕으로 볼 때, 정신건강사회복지(mental health social work)는 정신건강 문제나 정신질환을 가진 개인과 가족, 그리고 이들을 둘러싼 사회체계를 대상으로 이루어지는 전문적 사회복지실천을 의미한다. 즉, 정신질환의 예방, 치료, 재활, 그리고 정신건강증진을 목적으로 하는 복지활동을 포괄한다.

역사적으로 정신건강사회복지는 1900년대 초반, 정신의학 분야에서 환자의 생활환경을 조사하고 치료를 보조하는 역할로 출발하였다. 그러나 1950년대에 들어 정신과 약물의 발전과 함께 미국의 「정신보건법」(1946)과 「지역사회정신보건법」(1963)의 제정으로, 치료 중심의 병원모델에서 지역사회 중심의 정신건강 모델로 전환되었다. 이에 따라 사회복지사는 지역사회 정신보건기관에서 환자의 치료와 재활, 사회복귀를 지원하는 다학제적 팀의 핵심 전문인력으로 활동하기 시작하였다(윤숙자 외, 2023).

우리나라의 경우 1995년 「정신보건법」 제정을 계기로 정신건강서비스의 제도적 기반이 마련되었으며, 이후 「정신건강증진 및 정신질환자 복지서비스 지원에 관한 법률(정신건강복지법)」로 개정되면서 그 범위가 확대되었다. 이를 통해 정신장애인이 지역사회에서 적절한 치료와 보호를 받을 수 있는 법적 근거가 마련되었고, 동시에 전 국민의 정신건강증진과 예방 중심의 서비스체계가 구축되었다. 현재는 이러한 법적 · 제도적 틀을 기반으로, 지역사회 단위에서 생애주기별 정신건강 통합서비스를 제공하며, 정신건강사회복지는 개인의 회복과 사회적 통합을 지원하는 중요한 전문 분야로 자리매김하고 있다.

2. 의료사회복지의 실천 현황

1) 의료사회복지의 법적 · 제도적 기반

의료사회복지는 질병의 예방, 치료, 재활, 그리고 환자의 삶의 질 향상을 목적으로 하는 사회복지의 한 영역이다. 우리나라의 의료사회복지는 1950년대 이후 보건의료제도의 발전과 함께 성장해 왔으며, 특히 국민건강보험, 의료법, 사회복지사업법 등의 법적 제도화 과정을 통해 공공성과 전문성이 강화되었다.

우선, 의료사회복지사의 제도적 근거는 「의료법」에 명시된 의료기관의 인력 구성과 환자지원 서비스 조항에서 출발한다. 「의료법 시행규칙」 제38조제2항제6호에 따르면 종합병원에서는 「사회복지사업법」에 따른 사회복지사 자격을 가진 자 중에서 환자의 갱생·재활과 사회복귀를 위한 상담 및 지도를 담당하는 요원을 1명 이상 두도록 하고 있다. 또한 병원인증평가 지표에는 의료사회복지사의 배치 및 사회복지서비스 제공이 포함되어 있어, 의료기관이 사회복지서비스를 공식적 기능으로 수행하도록 제도화하였다.

전문 인력으로서 의료사회복지사를 인정하는 근거는 「사회복지사업법」 제11조에 있다. 이 법률은 사회복지사의 자격 기준을 명시하고 있으며, 의료사회복지사는 의료기관 내에서 환자의 사회적 문제를 다루는 사회복지전문가로 인정받는다. 이를 통해 의료사회복지사는 단순한 행정보조 인력이 아니라, 치료 과정에서 사회적 개입을 수행하는 전문직으로 제도화되었다.

의료사회복지실천은 국민기초생활보장, 긴급복지지원, 장애인복지, 노인장기요양보험, 산업재해보상보험, 산재·의료급여 등 다양한 사회보장제도와 긴밀히 연계되어 있다. 사회복지사는 의료기관 내에서 환자의 경제적·사회적 어려움을 파악하고, 공적급여나 민간자원을 연계하여 치료의 연속성을 유지하도록 돕는다(권자영 외, 2022). 이러한 통합적 접근은 의료비 부담 완화뿐 아니라 환자의 재활과 사회복귀를 지원하는 핵심 기능으로 자리 잡고 있다.

2) 의료사회복지의 정책적 환경

1977년 「의료보험법」이 제정되고, 2000년 「국민건강보험법」으로 통합되면서 의료서비스의 보편적 접근성이 강화되었다. 이로 인해 의료사회복지의 개입영역이 저소득층의 의료비 지원, 치료비 상담, 공공의료 접근성 확대 등으로 확대되었다(강흥구, 2025). 또한 보건복지부는 국민건강증진정책, 희귀·난치성 질환자 지원, 만성질환관리사업 등 다양한 국가정책에서 의료사회복지사의 역할을 명시적으로 규정하고 있다. 특히 2020년 이후에는 환자 중심의 통합돌봄 모델이 확산되면서, 의료사회복지사는 지역사회 기반의 보건복지 연계체계의 핵심 인력으로 부상하였다.

한편 보건복지부가 추진 중인 지역사회 통합돌봄 정책(Community Care)은 의료와 복지의 연계를 핵심 가치로 삼고 있으며, 의료사회복지사는 환자의 퇴원계획, 재가복지, 지역사회 연계 등의 역할을 수행한다(강혜규, 2022). 이는 의료사회복지 실천이 단순한 병원 내 지원을 넘어, 지역사회 기반 복지 체계 전반에 기여하는 제도적 틀을 형성하고 있음을 보여준다.

3) 의료사회복지 실천 현장

의료사회복지실천은 일반적으로 종합병원, 대학병원, 재활병원, 호스피스 병원 등에서 이루어진다. 대부분의 병원에는 의료사회사업실 또는 공공의료복지팀 등이 설치되어 있으며, 의료사회복지사는 타 의료진(의사, 간호사, 심리사, 영양사 등)과 다학문적 팀을 구성하여 질병의 진단과 치료, 재활, 완화치료 등 다양한 의료 과정에서 사회적 요인을 고려한 전인적 접근을 담당한다(권자영 외, 2022).

물론 의료사회복지는 단순히 병원 내 서비스에 국한되지 않는다. 최근에는 지역사회 중심의 보건ㆍ복지 통합서비스로 확대되고 있다. 예를 들어, 만성질환자, 암환자, 희귀난치성질환자, 말기환자, 노인성 질환자 등을 대상으로 한 가정방문 서비스, 완화의료(palliative care), 지역사회 연계 네트워크 등이 활발히 이루어지고 있다(박유정 외, 2025). 이러한 변화는 의료사회복지가 단순히 치료지원이 아닌, 건강증진과 삶의 질 향상을 목표로 하는 통합적 실천임을 보여준다.

3. 정신건강사회복지의 실천 현황

1) 정신건강사회복지의 법적 · 제도적 기반

정신건강사회복지의 제도적 발전은 1995년 「정신보건법」 제정에서 출발하였다. 이 법은 정신질환자의 치료와 재활, 사회복귀를 위한 체계를 마련한 첫 법률로, 지역사회 중심의 정신건강복지서비스 제공의 기반을 제공하였다. 이후 2017년에는 법 명칭이 「정신건강증진 및 정신질환자 복지서비스 지원에 관한 법률」(약칭: 정신건강복지법)로 전면 개정되면서, 그 대상이 '정신질환자' 중심에서 '국민 전체의 정신건강증진'으로 확대되었다.

이 법은 다음과 같은 주요 내용을 담고 있다.

- **정신건강복지센터 설치 및 운영(제15조)**: 지방자치단체가 지역사회 단위의 정신건강서비스를 제공할 수 있도록 법적 근거 마련
- **정신건강전문요원 제도(제17조)**: 정신건강사회복지사, 정신건강간호사, 정신건강임상심리사, 정신건강작업치료사 등의 전문 인력을 양성 · 배치하여 체계적인 서비스 제공이 가능하도록 규정
- **정신건강증진사업의 국가 · 지자체 책임 강화(제4조)**: 국가와 지방자치단체가 국민의 정신건강 증민 및 정신질환의 예방 · 치료, 재활 및 사회적응에 노력하도록 명문화

또한, 「사회복지사업법」에 근거하여 사회복지사 자격을 취득한 후, 일정한 경력과 교육을 이수하면 「정신건강복지법 시행규칙」에 따라 정신건강사회복지사 1급 또는 2급 자격을 부여받을 수 있다. 이러한 법적 · 제도적 틀은 정신건강사회복지사가

정신건강과 연관있는 다양한 영역에서 전문적 개입을 수행할 수 있는 근거를 제공한다.

2) 정신건강사회복지의 정책적 환경

정신건강사회복지의 정책환경은 최근 '치료 중심'에서 '예방과 회복 중심'으로 변화하고 있다. 보건복지부는 「제2차 정신건강복지기본계획(2021~2025)」을 통해 다음과 같은 방향을 제시하고 있다.

1. 코로나19 심리방역을 통한 대국민 회복탄력성 증진
2. 전 국민이 언제든 필요한 정신건강서비스를 이용할 수 있는 환경 조성
3. 정신질환자의 중증도와 경과에 따른 맞춤형 치료환경 제공
4. 정신질환자가 차별 경험 없이 지역사회 내 자립할 수 있도록 지원
5. 약물 중독, 이용 장애 등에 대한 선제적 관리체계 마련
6. 자살 충동, 자살 수단, 재시도 등 자살로부터 안전한 사회 구현

정신건강복지정책은 중앙정부(보건복지부) 외에도 지자체, 교육청, 경찰청, 법무부, 국방부 등 다양한 부처의 협력 속에서 운영되고 있다. 예를 들어, 자살예방정책은 보건복지부가 총괄하되 교육부 · 경찰청과 연계하여 생애주기별 대응체계를 구축하고 있으며, 학교정신건강사업은 교육복지와 심리치료 지원사업과 통합적으로 추진되고 있다. 또한 국방부에서는 군 병영생활전문상담관 제도를 운영하며 군장병의 정신건강 지원을 제공하고 있다.

3) 정신건강사회복지 실천 현장

현재 우리나라의 정신건강사회복지는 의료기관 또는 지역사회 중심으로 각 기관에서 운영, 실천되고 있다.

(1) 의료기관 중심 실천

정신의료기관(정신과 병원, 종합병원 정신건강의학과 등)에서 정신건강사회복지사는 환자의 입·퇴원 조정, 가족상담, 치료 참여 촉진, 퇴원 후 지역사회 연계 등을 담당한다. 특히 퇴원계획(discharge planning)과 사회복귀 지원은 환자의 재입원을 예방하고, 지역사회 적응을 지원한다.

(2) 지역사회 중심 실천

전국적으로 약 260여 개의 광역 및 기초정신건강복지센터, 자살예방센터, 정신재활시설(주간재활, 공동생활가정 등), 정신건강생활시설 등이 운영되고 있다(보건복지부, 2024).

정신건강복지센터는 지역사회 내 정신질환자 사례관리, 위기개입, 자살예방, 조기발견 및 치료연계 등을 담당하며, 자살예방센터는 고위험군 발굴, 상담, 사후관리 서비스를 수행한다. 정신재활시설은 직업훈련, 사회기술훈련, 자립생활훈련을 통해 회복과 사회복귀를 지원한다. 정신건강복지법에 따른 정신재활시설의 유형을 살펴보면 〈표 12-1〉과 같다.

이러한 기관들에서 정신건강사회복지사는 사례관리자(case manager), 프로그램 기획자, 지역사회 연계자(link worker), 정책실무자 등의 역할을 수행하며, 이용자 중심의 통합적 서비스를 제공한다.

이 외에도 정신건강복지센터와 경찰, 응급실, 소방기관이 협력하는 정신응급 대응체계는 위기상황 대응의 효율성이 높아지고 있다. 또한 최근에는 지역사회 거주 정신장애인 및 지역민의 정신건강을 위한 프로그램을 운영하는 종합복지관도 증가하고 있는 추세이다.

〈표 12-1〉「정신건강증진 및 정신질환자 복지서비스 지원에 관한 법률」에 따른 정신재활시설 유형

종류		사업
생활시설		가정에서 생활하기 어려운 정신질환자 등에게 주거, 생활지도, 교육, 직업재활훈련 등의 서비스를 제공하며, 가정으로의 복귀, 재활, 자립 및 사회적응을 지원하는 시설
재활훈련시설	주간재활시설	정신질환자 등에게 작업・기술지도, 직업훈련, 사회적응훈련, 취업지원 등의 서비스를 제공하는 시설
	공동생활가정	완전한 독립생활은 어려우나 어느 정도 자립능력을 갖춘 정신질환자 등이 공동으로 생활하며 독립생활을 위한 자립역량을 함양하는 시설
	지역사회전환시설	지역 내 정신질환자 등에게 일시보호 서비스 또는 단기 보호 서비스를 제공하고, 퇴원했거나 퇴원 계획이 있는 정신질환자 등의 안정적인 사회복귀를 위한 기능을 수행하며, 이를 위한 주거제공, 생활훈련, 사회적응훈련 등의 서비스를 제공하는 시설
	직업재활시설	정신질환자 등이 특별히 준비된 작업환경에서 직업적응, 직무기능향상 등 직업재활훈련을 받거나 직업생활을 할 수 있도록 지원하며, 일정한 기간이 지난 후 직업능력을 갖추면 고용시장에 참여할 수 있도록 지원하는 시설
	아동・청소년 정신건강 지원시설	정신질환 아동・청소년을 대상으로 한 상담, 교육 및 정보제공 등을 지원하는 시설
중독자재활시설		알코올중독, 약물중독 또는 게임 중독 등으로 인한 정신질환자 등을 치유하거나 재활을 돕는 시설
생산품판매시설		정신질환자 등이 생산한 생산품을 판매하거나 유통을 대행하고, 정신지환자 등이 생산한 생산품이나 서비스에 관한 상담, 홍보, 마케팅, 판로개척, 정보제공 등을 지원하는 시설
종합시설		2개 이상의 정신재활시설이 결합되어 정신질환자 등에게 생활지원, 주거지원, 재활훈련 등의 기능을 복합적・종합적으로 제공하는 시설

정신건강사회복지는 법적 기반의 확립과 정책적 지원을 통해 제도적으로 안정화되고 있으며, 의료기관에서 지역사회로 중심이 이동하는 탈시설화

(deinstitutionalization) 흐름 속에서 실천의 외연이 확장되고 있다. 그러나 여전히 인력 부족, 과중한 업무, 지역 간 서비스 격차, 민・관 협력 미흡 등의 과제가 존재한다. 향후에는 통합사례관리 체계 강화, 정신건강복지 전달체계의 표준화, 다학제 협력의 제도화, 정신건강 인식개선 캠페인 등이 지속적으로 추진되어야 할 것이다.

4. 의료 및 정신건강사회복지 실천 과정

의료 및 정신건강사회복지는 생심리사회적(bio-psycho-social) 관점을 기반으로, 질병이나 장애, 정신건강 문제로 어려움을 겪는 개인과 가족의 회복과 기능 향상을 목표로 한다. 두 영역의 실천과정은 기본적인 사회복지 실천의 과정을 적용하며, 타 전문직과 팀을 이루어 다학제적 접근을 하는 것이 특징이다.

1) 초기 접수 및 정보수집

초기 단계는 대상자와의 관계를 형성하고 필요한 정보와 자료를 수집하는 단계이다. 이 단계에서는 사회복지사가 대상자 및 가족과 긍정적인 신뢰관계를 수립하는 것이 매우 중요하다. 또한 의료사회복지사나 정신건강사회복지사의 역할과 서비스 인식이 낮을 수도 있으므로 이에 대해 간략하고 명료하게 설명해 주는 것도 도움이 된다(박유정 외, 2025).

초기 단계의 핵심 과업은 다음과 같다.

- 라포 형성과 신뢰 구축(비심판적 태도, 공감적 경청)
- 초기 면접을 통한 문제 탐색
- 의뢰 경로 확인(의료진 · 법원 · 학교 · 가족 등)
- 위기 수준 및 위험성 평가(자살 · 자해 · 폭력 · 학대 여부) 사정
- 팀 접근을 위한 의료진 · 정신건강 전문직과의 초기 협력

2) 사정

사정(assessment) 단계는 개인 · 가족 · 환경에 대해 분석하여 개입 목표를 설정하기 위한 기초자료를 수집하는 과정이다. 의료 및 정신건강 영역에서는 주로 다음과 같은 내용이 포함된다.

〈표 12-2〉 실천 영역별 사정 주요 내용

의료사회복지	정신건강사회복지
• 질병 특성과 치료 과정에 따른 기능 변화 • 의료비 부담, 건강보험 · 산재보험 · 긴급 지원 등 경제적 · 법적 요인 • 돌봄 체계, 가족 역할, 보호자 스트레스 • 치료 순응도, 지역사회 연계 요구 등	• 정신병리 및 증상, 발병 시기, 진단 여부 • 개인력, 가족관계, 사회적 지지체계 • 위험요인(자살위험, 약물남용, 충동성 등)과 보호요인 평가 • 일상 기능, 대인관계, 직업 기능, 경제 상황

3) 목표 설정 및 계획 수립

사정을 바탕으로 대상자의 욕구, 강점과 취약점, 장애물, 자원 등을 포괄적으로 파악한 후 진단 및 치료계획 등을 함께 고려하여 목표를 설정하고 계획을 수립한다. 의료 및 정신건강 영역에서는 다음과 같은 목표가 주로 설정된다.

- 의료적: 치료 순응도 향상, 퇴원계획 수립, 의료비 지원 연결
- 정신건강: 증상 관리, 스트레스 대처, 일상기능 회복, 지역사회 적응
- 가족: 돌봄 부담 경감, 가족 교육, 의사소통 개선
- 지역사회: 사례관리 계획, 서비스 연계, 재발 방지 체계 구축

개입 목표가 설정되면 실행을 위한 구체적 사항을 계획하게 되는데, 이때는 가능한 전략과 기술, 활용 가능한 자원을 다양하게 고려하여 목표를 달성하기 위한 방법을 구체화한다(박유정 외, 2025).

4) 개입 및 모니터링

개입단계는 정서적 지지, 정보 제공, 상담, 사례 관리, 치료 동기 강화 등 실제 변화가 일어나는 중심 단계이다. 실천 영역별 개입에 포함되는 주요 내용은 〈표 12-3〉과 같다.

〈표 12-3〉 실천 영역별 개입 주요 내용

의료사회복지	정신건강사회복지
• 질병 · 치료과정 상담(health education) • 위기개입(급성기 질병 · 사고 · 말기질환 등) • 의료비 지원 · 경제적 자원 연결(기초생활보장, 재난의료비, 공공기금) • 퇴원계획 수립 및 지역사회기관 연계(요양병원, 재활기관 등) • 호스피스 · 완화의료 · 말기환자 가족 지원	• 위기개입 및 자살예방 개입 • 약물치료 순응도 향상 및 증상관리 교육 • 가정방문 및 지역사회 기반 사례관리 • 가족치료 및 가족교육 • 정신재활 프로그램(직업재활, 사회기술 훈련, 주거지원) • 동기강화, 인지행동치료 등 상담

개입과정 동안 사회복지사는 목표 달성 여부를 주기적으로 점검하며, 필요시 계획을 수정할 수 있다. 의료 및 정신건강 영역의 특성상 증상 변화 또는 입 · 퇴원, 퇴

직 등 환경의 변화가 많을 수 있다.

5) 평가 및 종결

종결 단계에서는 개입 성과를 평가하고, 향후 재발 방지 및 지속적 관리 계획을 마련한다. 의료사회복지 영역에서는 퇴원 시점과 종결이 직접적으로 연결되는 경우가 많으며, 정신건강 영역에서는 장기적 사례 관리가 이어지기도 한다. 이 때 질병관리 및 재발 방지 계획, 위기 시 대응 방법 안내가 제공될 수 있으며, 필요시 지역사회 서비스와의 연계 계획을 수립하고 사후관리(follow-up)를 진행하는 것이 좋다.

5. 실천 사례

1) 사례 제시

- 사례유형: 지역사회 기반 우울증 및 자살위기 개입 사례
- 실천현장: ○○시 정신건강복지센터
- 담당자: 정신건강사회복지사 김○○
- 사례개요: 대상자 A씨(여, 47세)는 중학생 자녀를 둔 기혼 여성으로, 최근 남편의 사업 실패와 경제적 어려움으로 인해 극심한 우울감과 불면을 호소하였다. 자녀 학교 상담교사의 권유로 지역 정신건강복지센터에 연계되었으며, 초기 면담 시 "살고 싶지 않다"는 표현을 반복하여 자살 위험 고위험군으로 분류되었다.

2) 실천 과정

(1) 사정(Assessment)

사정은 다음의 다차원적 요소들에 대해 진행하였다.

- 정신건강상태: PHQ-9[1] 21점(중등도~중증 우울), 불안, 무기력, 수면장애 호소
- 가족관계: 배우자와의 갈등 심화, 대화 단절 상태
- 사회적 자원: 남편과 본인 모두 무직, 친구 및 가족과의 교류 단절
- 위험요인: 최근의 경제적 위기, 수면장애, 고립감, 자살 사고
- 보호요인: 자녀에 대한 책임감, 종교적 신념, 도움 요청 의사

(2) 목표 설정 및 계획 수립

단기 목표로는 정신건강의학과 치료를 연계하여 자살 위험도를 낮추고, 가족관계를 개선하는 것을 설정할 수 있다. 또한 경제적 지원에 관한 자원을 연계하고 정기적으로 사례관리를 수행함으로써 장기적으로 우울 증상을 완화하고 안정적인 생활을 회복할 수 있도록 계획을 수립한다.

(3) 개입 및 모니터링

자살 위험에 대해서는 위기 개입으로 긴급 안전확보 절차를 시행하는 것이 중요하다. 일단 보호자(배우자)에게 즉시 연락하여 동행을 요청하고, A씨의 안전을 확보한 후 인근 협력병원 정신건강의학과에 응급 연계하였다. 정신건강의학과 진료 후

1 PHQ-9(Patient Health Questionnaire-9): 우울증 선별검사 도구로 활용

항우울제 복용 및 주 1회 외래치료를 지속하도록 하였으며, 약을 잘 복용하고 있는지 모니터링하였다. 센터에서는 주 2회 전화상담과 주 1회 대면상담을 병행하였다.

가족 개입으로는 부부상담을 실시하여 상호비난을 완화하고 의사소통을 회복하도록 유도하였다. 이 외 경제적 어려움에 대해서는 긴급복지지원제도 연계를 통해 3개월간 생활비를 지원받을 수 있도록 하였다.

(4) 평가 및 종결

개입 3개월 후 재평가 결과, PHQ-9 점수는 21점에서 9점으로 감소하였고, 자살사고는 "더 이상 생각하지 않는다"고 보고하였다. 가족과의 관계도 개선되어 부부간 대화가 회복되어 종결하게 되었다. 이후 A씨는 직업훈련 프로그램 참여를 준비 중이며, 향후 6개월간 정기 모니터링하며 사례관리에 참여하기로 결정하였다.

Project Based Learning

▶ 퇴원 후 지역사회로 돌아가는 만성질환 환자의 사례

의료기술의 발달로 만성질환을 가지고도 장기간 생존하는 환자가 증가하고 있습니다. 그러나 치료가 끝났다고 해서 환자의 어려움이 사라지는 것은 아닙니다. 퇴원 이후에도 약물관리, 생활습관 변화, 경제적 부담, 가족관계 변화 등 환자의 삶 전반에 걸친 문제가 지속될 수 있습니다. 의료사회복지사는 병원 안에서의 치료를 넘어, 환자가 지역사회에서 일상생활을 유지할 수 있도록 돕는 중요한 역할을 수행합니다.

그렇다면 의료사회복지사는 퇴원하는 만성질환 환자를 위해 어떤 개입을 할 수 있을까요?

(1) 퇴원을 앞둔 만성질환 환자가 겪을 수 있는 문제를 3가지 이상 제시하세요.

(2) 환자 사정을 위해 반드시 확인해야 할 영역은 무엇인가요?
(예: 의료적, 심리·정서적, 경제적, 가족·사회적 영역)

(3) 퇴원 후 필요한 지역사회 자원은 무엇일까요?

참고자료

1. 대학병원 사회사업팀 인터뷰

세플릭스Sevflix(2025. 5. 12.). 대학병원 사회복지사들은 어떤 일을 할까요?

https://www.youtube.com/watch?v=CdGR6kB6GXo

2. 어린이병원 사회복지사의 하루

칠곡경북대학교병원(2021. 8. 3.). 오늘도 출근!! 경북대학교 어린이병원 사회복지사의 하루

https://youtu.be/brXOhf68Bas?si=Pn75cQcvedTDrOyx

3. 정신건강사회복지사는 무슨 일을 할까?

국립나주병원(2023. 11. 17.). [국립나주병원판 유퀴즈온더블럭] 정신건강사회복지사란? 정신건강사회복지사는 무슨 일을 할까? 국립정신병원 정신건강사회복지사의 모든것

https://youtu.be/_uJzOTK0jLM?si=Xnz7c66rJRyBdieJ

주요 용어 정리

- **치료 순응도**: 환자가 처방된 치료법, 약물, 행동 등을 실제로 얼마나 꾸준히 실천하는지를 나타내는 개념
- **자선조직협회**: 1869년 영국에서 발족된 자선단체. 구제 대상자들이 중복적으로 구제를 받거나 누락되는 것을 최소화하기 위해 자선단체 상호 간 연계 협력체계를 구축
- **관리의료**: 민간 보험 중심의 의료전달체계에서 의료비 효율화와 환자 맞춤 관리를 목표로 한 제도(예: 미국)
- **퇴원계획**: 환자가 병원 퇴원 후에도 건강을 지속적으로 관리하고 회복을 유지할 수 있도록, 의료진 · 가족 · 사회자원과 연계해 체계적으로 준비하는 과정
- **긴급복지지원**: 갑작스러운 위기 상황으로 생계유지 등이 곤란한 저소득 위기가구를 신속하게 지원, 조기에 위기 상황에서 벗어나게 함으로써 가정해체나 만성적 빈곤 등을 방지하는 제도
- **공적급여**: 국가나 지방자치단체 등 공공기관이 법령에 따라 정기적으로 지급하는 수당, 연금, 복지 지원금 등
- **민간자원**: 국가나 지방자치단체 등 공공기관이 법령에 따라 정기적으로 지급하는 수당, 연금, 복지 지원금 등
- **통합돌봄**: 케어가 필요한 주민(노인, 장애인 등)이 살던 곳에서 개개인의 욕구에 맞는 서비스를 누리고 지역사회와 함께 어울려 살아갈 수 있도록 주거 · 보건의료 · 요양 · 돌봄 · 독립생활 지원이 통합적으로 확보되는 지역주도형 사회서비스 정책
- **재가복지**: 노인과 장애인 등 복지 취약계층이 자신의 집에서 일상생활을 유지할 수 있도록 방문, 상담, 건강관리, 가사 지원 등 다양한 복지 서비스를 제공
- **완화의료**: 말기질환을 앓고 있는 사람들의 완치 목적이 아닌 고통을 완화하는 것을 목표로 하는 모든 총체적 치료와 돌봄
- **탈시설화**: 시설 중심의 돌봄을 지역사회 기반 자립 · 통합으로 전환하는 정책 · 이념
- **생심리사회적관점**: 인간의 건강과 문제를 생물학적, 심리적, 사회적 세 가지 차원으로 통합적으로 이해하는 관점
- **라포(rapport)**: 두 사람 사이에 형성되는 상호 신뢰와 친밀감, 즉 서로를 이해하고 공감하는 관계. 효과적인 의사소통과 신뢰 구축의 핵심 요소

참/고/문/헌

강상경, 강병철, 권태연, 김낭희, 김문근, 김성용, 김혜미, 문영주, 이현주, 유창민, 조상은, 정은희, 하경희 (2022). 정신건강사회복지론. 서울: 학지사.

강혜규 (2022). 장기 지역사회 통합돌봄 추진전략 수립 지원 연구. 한국보건사회연구원 .

강흥구 (2025). 의료사회복지실천론. 파주: 정민사.

국가법령정보센터 (2025). 정신건강증진 및 정신질환자 복지서비스 지원에 관한 법률.

권자영, 김린아, 김학령, 박소연, 최권호 (2022). (보건의료환경의 새로운 변화와) 의료사회복지론. 파주: 양서원.

박유정, 김미영, 김정화, 박아경, 이송월 (2025). 의료사회복지실천론. 서울: 창지사.

보건복지부 (2020). 정신건강복지기본계획(2021~2025).

보건복지부 (2024). 정신건강사업안내.

윤숙자, 채인숙, 임혁 (2023). 정신건강사회복지론. 파주: 양서원.

윤현숙, 황숙연, 유조안 (2025). 의료사회복지론. 서울: 학지사.

최권호 (2015). 보건사회복지 개념과 역할 재구성: 병원을 넘어. 비판사회정책, 49, 368-403.

Gehlert, S. (2019) The conceptual underpinnings of social work in health care. *Handbook of health social work*(3rd Eds), 1-19.

World Health Organization. (n.d.). Mental health: strengthening our response. Retrieved from https://www.who.int/data/gho/data/themes/mental-health.

사회복지정책

CHAPTER 13

1. 사회복지와 정책
2. 사회보장과 사회복지정책
3. 사회복지정책과 사회복지사 역할
4. 실천 사례

사회복지정책

학/습/목/표
1. 사회복지정책의 개념을 이해할 수 있다.
2. 사회복지정책과 사회복지 실천 간의 관계를 설명할 수 있다.
3. 사회복지정책 수립 및 실행 과정에서 사회복지사의 역할을 설명할 수 있다.

Flipped Learning (사전 학습)

1. 사회복지정책은 개인의 삶에 어떤 영향을 줄 수 있을까요? 여러분 자신이나 가족, 또는 주변 사람이 정책의 도움을 받은 경험이 있나요? 그 경험은 어떤 변화로 이어졌는지 생각해 봅시다.
2. 사회복지정책은 모든 사람을 위한 것일까요, 아니면 특정한 조건을 갖춘 사람들만을 위한 것일까요? 그리고 과연 모두가 그 혜택을 제대로 받고 있는지 생각해 봅시다.

1. 사회복지와 정책

정책은 겉으로 드러나지 않지만, 이미 개인의 삶에 직접적인 영향을 미치고 있다. 예를 들어 감기 증상으로 병원을 방문한 뒤 지불하는 진료비에는 국민건강보험 제도가 적용된다. 또한 근로 활동을 통해 받은 월급에서는 이른바 '4대 보험료'가 공제되는데, 이는 국민연금, 건강보험, 노인장기요양보험, 고용보험 등 주요 사회보험 정책과 연관된다. 특정 연령에 해당하는 아동에게 매월 지급되는 아동 수당 제도나, 예상치 못한 위기로 인해 생계가 어려워졌을 때 국가 차원에서 지원하는 긴급복지 지원 제도 등이 모두 사회복지정책을 기반으로 이뤄진다.

'정책'이란 특정한 목표를 달성하기 위한 정부의 일정한 계획과 활동 지침을 의미한다. 이와 같은 맥락에서 사회복지정책은 사회 구성원의 복지 증진을 목적으로, 정부가 사회복지 프로그램과 서비스를 제공하기 위해 수립하는 의도적인 원칙과 계획 활동이라 정의할 수 있다.

정책은 사회복지실천 전반에 강력한 영향을 미친다(Popple & Leighninger, 2008). 실천가 개인 차원에서 개별 사례에 대한 서비스 목표를 설정하거나 수급 자격 요건을 최종적으로 판단하기 어렵다. 정책은 사회복지사가 제공할 서비스의 주요 목표와 수급자의 자격요건(Eligibility)을 규정함으로써, 실천가가 서비스 내용을 결정하고 수급 대상을 판단하는 데 기준을 제공한다. 또한 정책은 수급자의 특성을 규정하는 데 영향을 미친다. 사회복지기관은 서비스 제공이나 지원 대상 선정 시, 국가 정책이 정한 자격 요건을 기준으로 삼는다.

정책은 서비스의 유형, 즉 실천 방법을 결정하며, 서비스의 전달 방식 또한 규정한다. 사실상 정책은 수급자뿐만 아니라 실천이 이뤄지는 환경과 내용, 그리고 실천 방식 전반에 걸쳐 영향을 미친다. 따라서 사회복지 실천가는 정책이 실천에 어떠한 영향을 미치는지를 명확히 이해할 필요가 있다.

2. 사회보장과 사회복지정책

1) 사회보장 개념

사회복지정책을 이해하기에 앞서, 이러한 논의의 근간을 이루는 핵심 개념인 '사회보장'에 대해 먼저 살펴볼 필요가 있다. '사회보장'이란 인간의 삶에서 발생하는 다양한 사회적 위험으로부터 국민을 보호하고 인간다운 생활을 보장하기 위한 국가 전체의 포괄적인 제도 체계를 의미한다.

'사회보장'이라는 용어는 1930년대 미국의 대공황 시기, 프랭클린 D. 루스벨트(Roosevelt, F.) 대통령이 경제 회복을 위한 뉴딜(New Deal) 정책을 추진하면서 처음 사용되었다. 특히, 1935년 「사회보장법(Social Security Act)」이 제정되면서 사회보장의 개념이 전 세계적으로 널리 알려지기 시작하였으며, 국가가 국민의 삶에 개입하여 위험을 보장해야 한다는 인식이 확산되는 계기가 되었다. 이후 국제 사회에서 사회보장제도의 발전 방향과 기준을 마련하는 노력이 이어졌다. 국제노동기구(ILO)에서 발표한 「사회보장에의 길(Approaches to Social Security, 1942)」은 세계대전 이후 복지국가 건설의 비전을 제시하며 보편적 사회보장 시스템 구축의 중요성을 강조하였다. 뒤이어 「사회보장 최저기준에 관한 조약(Social Security(Minimum Standards Convention, 1952, No.102)」은 사회보장제도가 포괄해야 하는 최소한의 급여 영역과 기준을 법적으로 제시함으로서, 사회복장제도가 국가 차원에서 체계적이고 보편적인 제도로 발달하는 과정에 결정적인 영향을 미쳤다.

「세계인권선언(Universal Declaration of Human Rights, 1948)」 제22조와 제25조에서는 "모든 사람이 사회 구성원으로서 사회보장을 받을 권리가 있으며, 실업, 질병 등으로 인한 생계 곤란 시 안전을 보장받을 권리가 있음"을 명시하여 인간의 권리로서 사회보장의 역할과 중요성을 국제적으로 확립하였다.

우리나라의 사회보장 제도는 최상위 법 규범인 「헌법」에서 출발한다. 헌법 제34조는 모든 국민의 인간다운 생활을 할 권리를 기본권으로 보장하고 있으며, 이와 함께 국가에게 사회보장 및 사회복지의 증진에 노력할 의무를 명시하고 있다. 이러한 헌법적 의무를 구체적으로 이행하기 위해, 1995년 12월 30일에 제정된 「사회보장기본법」이 사회보장 제도의 기본 이념, 목적, 정의, 그리고 운영에 관한 원칙들을 규정하는 중심축 역할을 한다.한국 사회복지정책의 근본 틀을 제시하는 중심 법률은 바로 「사회보장기본법」이다. 이 법은 사회보장을 통한 사회통합과 복지사회 실현을 기본 이념으로 삼고 있다. 「사회보장기본법」은 궁극적으로 국민의 복지 증진을 목적으로 하며, 이를 위해 사회보장에 관한 국민의 권리와 국가 및 지방자치단체의 책임을 명확히 규정하고 있다. 또한, 사회보장정책의 수립 및 추진에 필요한 모든 기본적인 사항들을 담고 있으며, 한국의 사회보장 제도가 사회보험, 공공부조, 사회서비스의 세 가지 유형으로 구성됨을 규정하고 있다.

〈표 13-1〉 사회보장 관련 헌법 및 사회보장기본법 조항

▶ **헌법**

제34조 ① 모든 국민은 인간다운 생활을 할 권리를 가진다.

② 국가는 사회보장 · 사회복지의 증진에 노력할 의무를 진다.

③ 국가는 여자의 복지와 권익의 향상을 위하여 노력하여야 한다.

④ 국가는 노인과 청소년의 복지향상을 위한 정책을 실시할 의무를 진다.

⑤ 신체장애자 및 질병 · 노령 기타의 사유로 생활능력이 없는 국민은 법률이 정하는 바에 의하여 국가의 보호를 받는다.

⑥ 국가는 재해를 예방하고 그 위험으로부터 국민을 보호하기 위하여 노력하여야 한다.

▶ **사회보장기본법**

제1조(목적) 이 법은 사회보장에 관한 국민의 권리와 국가 및 지방자치단체의 책임을 정하고 사회보장 정책의 수립 · 추진과 관련 제도에 관한 기본적인 사항을 규정함으로써 국민의 복지증진에 이바지하는 것을 목적으로 한다.

제2조(기본 이념) 사회보장은 모든 국민이 다양한 사회적 위험으로부터 벗어나 행복하고 인간다운 생활을 향유할 수 있도록 자립을 지원하며, 사회참여 · 자아실현에 필요한 제도와 여건을 조성하여 사회통합과 행복한 복지사회를 실현하는 것을 기본 이념으로 한다.

제3조(정의) 이 법에서 사용하는 용어의 뜻은 다음과 같다. 〈개정 2021. 6. 8.〉

1. "사회보장"이란 출산, 양육, 실업, 노령, 장애, 질병, 빈곤 및 사망 등의 사회적 위험으로부터 모든 국민을 보호하고 국민 삶의 질을 향상시키는 데 필요한 소득 · 서비스를 보장하는 사회보험, 공공부조, 사회서비스를 말한다.
2. "사회보험"이란 국민에게 발생하는 사회적 위험을 보험의 방식으로 대처함으로써 국민의 건강과 소득을 보장하는 제도를 말한다.
3. "공공부조"(公共扶助)란 국가와 지방자치단체의 책임 하에 생활 유지 능력이 없거나 생활이 어려운 국민의 최저생활을 보장하고 자립을 지원하는 제도를 말한다.
4. "사회서비스"란 국가 · 지방자치단체 및 민간부문의 도움이 필요한 모든 국민에게 복지, 보건의료, 교육, 고용, 주거, 문화, 환경 등의 분야에서 인간다운 생활을 보장하고 상담, 재활, 돌봄, 정보의 제공, 관련 시설의 이용, 역량 개발, 사회참여 지원 등을 통하여 국민의 삶의 질이 향상되도록 지원하는 제도를 말한다.
5. "평생사회안전망"이란 생애주기에 걸쳐 보편적으로 충족되어야 하는 기본욕구와 특정한 사회위험에 의하여 발생하는 특수욕구를 동시에 고려하여 소득 · 서비스를 보장하는 맞춤형 사회보장제도를 말한다.

6. "사회보장 행정데이터"란 국가, 지방자치단체, 공공기관 및 법인이 법령에 따라 생성 또는 취득하여 관리하고 있는 자료 또는 정보로서 사회보장 정책 수행에 필요한 자료 또는 정보를 말한다.

제5조(국가와 지방자치단체의 책임) ① 국가와 지방자치단체는 모든 국민의 인간다운 생활을 유지·증진하는 책임을 가진다.

② 국가와 지방자치단체는 사회보장에 관한 책임과 역할을 합리적으로 분담하여야 한다.

③ 국가와 지방자치단체는 국가 발전수준에 부응하고 사회환경의 변화에 선제적으로 대응하며 지속 가능한 사회보장제도를 확립하고 매년 이에 필요한 재원을 조달하여야 한다.

제6조(국가 등과 가정) ① 국가와 지방자치단체는 가정이 건전하게 유지되고 그 기능이 향상되도록 노력하여야 한다.

② 국가와 지방자치단체는 사회보장제도를 시행할 때에 가정과 지역공동체의 자발적인 복지활동을 촉진하여야 한다.

제9조(사회보장을 받을 권리) 모든 국민은 사회보장 관계 법령에서 정하는 바에 따라 사회보장급여를 받을 권리(이하 "사회보장수급권"이라 한다)를 가진다.

---

2) 공공부조

공공부조란 국가와 지방자치단체의 책임 하에 생활유지능력이 없거나 생활이 어려운 국민의 최저 생활을 보장하고 자립을 지원하는 제도를 의미한다(사회보장기본법 제3조).

사회보장제도 중 사회보험 다음으로 큰 비중을 차지하고 있는 제도이며, 세금을 재원으로 국가와 지방자치단체를 통해 자산 조사를 거쳐 기준 소득 및 자산 이하에 해당되는 사람에게 급여를 지원하는 제도이다. 사회보험이 사회적 위험에 대비한 예방적(1차적) 사회보장제도라면, 공공부조는 사회적 위험을 해결하는 최후의(2차적) 사회보장제도라 할 수 있다(김태성, 김진수, 2003).

공공부조는 사회보장 프로그램 가운데 가장 오래된 제도이다. 우리나라에서 실질적인 공공부조는 1961년 제정·시행된「생활보호법」을 통해 시작되었다. 1944년 제정된「조선구호령」도 공공부조의 성격을 일부 지니고 있었으나, 이는 일제강점기 조선총독부의 식민 통치 정책의 일환으로 시행된 제도라는 점에서 오늘날 대한민국 사회보장제도의 출발로 보기는 어렵다는 한계를 가진다. 실질적인 공공부조가 실시된 것은 1961년 노령 및 질병 등 생활능력이 없는 사람들에 대한 보호를 위해 제정된「생활보호법」부터라고 볼 수 있다. 현재 한국의 대표적인 공공부조제도는 국민기초생활보장제도이다. 1997년 IMF 외환위기 이후 실직자와 빈곤층이 급격히 증가하면서, 이에 대응하기 위해 1999년「국민기초생활보장법」이 제정되었다. 이 제도는 근로능력이 있을 경우 지원이 제한되었던「생활보호법」과 달리, 근로능력이 있는 사람도 일정 요건을 충족하면 국가의 지원을 받을 수 있도록 한 점에서 차별성을 지닌다.

급여별 선정 기준 이하의 소득을 가진 사람에게 생계급여, 주거급여, 의료급여, 교육급여, 해산급여, 장제급여, 자활급여를 제공한다. 생활보호법과 달리 근로능력이 있는 사람에 대해서는 자활 참여를 조건으로 급여를 제공한다. 그 밖의 공공부조로 긴급지원제도, 의료급여제도, 기초연금제도, 의사상자예우제도, 재해구호제도, 부랑인보호제도, 장애인연금제도 등이 있다.

공공부조는 한정된 자원을 가장 도움이 필요한 계층에 집중하여 지원 효과를 높인다. 자산조사를 통해 기준에 충족하는 대상에게 직접 재원을 전달할 수 있다는 측면에서 대상효율성이 높다는 장점을 가진다. 다음으로 소득 재분배 효과가 크다는 장점이 있다. 상대적으로 부유한 납세자로부터 빈곤층의 수급자로 세금을 통해 소득이 이전되는 소득 재분배 효과가 가장 크다.

반면, '자산조사'를 통해 지원대상자를 심사하고 선정하는 과정에서 개인이 수치심을 가질 수 있는 '낙인화(stigma)'가 발생할 수 있고, 일정한 소득이나 자산 이하인 경우 급여를 제공하는 특성으로 수급자가 노동으로 얻게 되는 소득 증가분이 있을 경우 급여가 삭감되어 근로 의욕이나 저축 동기를 약화시킬 수 있는 한계가 있다. 수급 조건을 맞추기 위해 소득과 재산을 낮게 신고하는 등의 제도 오남용 소지가 발생할 수 있고, 세금이라는 일반 재원으로 급여가 지급되기 때문에 수급자와 납세자 간 대립을 유발하거나 국민 연대성을 약화시킬 수 있다. 마지막으로 급여를 국가가 베푸는 시혜로 인식하기 쉬워 수급자가 복지혜택을 '권리'로 인식하는 권리의식은 약화될 수 있는 단점을 가진다.

3) 사회보험

사회보험(social insurance)은 국민에게 발생하는 사회적 위험을 보험의 방식으로 대처함으로써 국민의 건강과 소득을 보장하는 제도를 의미한다. 「사회보장기본법」에서는 사회보험을 '사회보장제도의 한 유형으로서, 기여를 전제로 하며 소득조사나 자산조사 없이 급여를 제공하는 프로그램'으로 정의하고 있다.

사회보험은 위험분산과 공동 부담의 보험 원리와 강제가입 및 법적 권리라는 사회적 연대 원리를 핵심 기반으로 한다. 보험 원리를 통해 미래에 발생할 수 있는 질병, 실업, 노령, 사망 등의 사회적 위험으로 인한 경제적 부담을 개인에게 집중시키지 않고 전체 가입자에게 분산시키며(위험 분산), 다수의 가입자가 기여금 또는 보험료를 공동으로 부담하여 기금을 조성하고, 위험이 현실화된 소수의 가입자에게 급여를 지급함으로써 위험을 함께 감수하고 대비하는 기능(공동부담)을 가진다. 사회보험은 민간 보험과 달리 법률에 의한 강제 가입 원칙과 법적 권리가 발생한다는 점에서 사회적 성격을 가진다. 사회보험은 가입자 자신의 소득 수준에 따라 보험료를 기여하는 것을 원칙으로 하며, 소득 조사 또는 자산 조사 없이 사회보험 급여 자격이 정의하는 위험이 발생하는 경우, 즉 일정한 법적 조건이 충족되면 급여를 받을 수 있는 법적 권리가 발생한다.

한국의 사회보험 제도 도입은 1960년대 초 시작되었다. 초기에는 공무원 연금(1960년)과 군인연금(1963년) 등 특수 직역 연금이 먼저 실시되었으며, 일반 근로자의 업무상 재해를 보장하기 위한 산업재해보상보험(1964년)이 도입되었다. 의료보험(현. 국민건강보험) 관련 법률은 1963년에 제정되었으나, 실제 보험 적용은 1977년 대규모 직장 가입자부터 우선적으로 실시되었다. 이후 단계적 확대를 거쳐 1989년 전국민 의료보험이 달성되었다. 저소득층의 의료보장을 위한 의료보호제도는 1977년에 도입되었고, 2001년에 의료급여 명칭이 변경되어 현재까지 유지되고 있다. 전국민의 노후 소득 보장을 위한 국민연금이 1988년에, 실업 대비를 위한 기반 마련 목적의 고용보험이 1995년 도입되었다. 2000년대 들어서는 고령화 사회의 요구에 따라 노인장기요양보험이 2008년 7월 1일부터 실시됨으로써 노인성 질환 등으로 거동이 불편나거나 일상생활이 어려운 이들에게 간병 및 수발서비스를 제공하게 되었다.

사회보험은 국가 사회보장제도의 핵심 축으로서 다음과 같은 장점을 가진다. 첫째, 국민의 생활 수준 유지에 대한 것이다. 사회적 위험에 당면하여 소득이 중단될 때, 기여금 납부 실적을 바탕으로 이전의 생활수준을 최대한 유지하는 데 도움이 된다. 둘째, 재정 확보 용이 및 국가 부담 경감이다. 개인의 기여금에 의해 급여가 제공되므로 해당 프로그램을 운영하는 데 필요한 재정 확보가 용이하며, 정부의 일반재정을 통한 사회보장비 부담을 줄일 수 있다. 셋째, 급여의 권리성 보장이다. 가입자가 기여금을 지불함으로써 급여를 받을 수 있는 법적 권리가 발생하므로, 수혜자는 시혜가 아닌 권리로서 급여를 받을 수 있는 장점이 있다. 마지막으로, 공공부조와 달리 수혜 자격이 기여금 납부와 연계되어 있으므로, 근로자의 근로 의욕을 약화시키는 정도가 상대적으로 작다.

사회보험의 단점으로는 우선 대상 효율성(target efficiency)이 낮다는 점이다. 사회보험은 재원을 가입자 모두에게 지급하므로, 재원을 가난한 사람에게 집중적으로 지원하는 공공부조에 비해 대상 효율성(필요한 대상에게 자원을 집중하는 정도)이 낮다. 다음으로 소득 재분배 효과가 낮은 편이다. 본인의 기여금에 근거하여 급여를 지불하는 특성 때문에, 부유층에서 빈곤층으로의 자원 이전이 명확한 공공부조에 비해서는 소득 재분배 효과가 상대적으로 낮다고 볼 수 있다.

〈표 13-2〉 사회보험 주요 제도 현황 비교

보험	법률(근거)	제정연도	시행연도	관리주체	주무부처
국민연금	국민연금법	1986년	1988. 1. 1. 제도 시행 (우선 10인 이상 사업장)	국민연금공단	보건복지부
국민건강보험	국민건강보험법	1999년	2000. 7. 1. 통합 시행 공단 출범	국민건강보험공단(NHIS, 보험자) 건강보험심사평가원(HIRA, 진료비 심사·평가)	
노인장기요양보험	노인장기요양보험법	2007년	2008. 7. 1.	국민건강보험공단(NHIS)	
고용보험	고용보험법	1993년	1995. 7. 1.	근로복지공단 (KCOMWEL)	고용노동부
산재보험	산업재해보상보험법	1963년	법 시행 1964. 1. 1. 제도실시 1964. 7. 1.		

4) 사회복지서비스

사회복지서비스(social welfare service)는 공공부조나 사회수당과는 달리, 단순한 금전적 지원을 넘어서 비물질적 서비스를 포함하는 개별 맞춤형 복지 지원을 의미한다. 즉, 상담, 돌봄, 재활, 역량 개발 등과 같은 다양한 비금전적 지원을 통해 수급자의 삶의 질을 향상시키는 것을 목적으로 한다.

사회복지서비스는 수급자가 일부 비용을 부담하고, 나머지는 국가 재정으로 충당되는 방식으로 운영되기도 한다. 재정은 주로 국가의 일반조세를 통해 마련되며, 서비스에 따라 이용자의 자부담이 포함되는 경우도 있다.

「사회보장기본법」 제3조 제4항에서는 사회복지서비스를 다음과 같이 정의하고 있다. 사회복지서비스는 국가, 지방자치단체, 민간 부문이 도움이 필요한 국민에게 복지, 보건의료, 교육, 고용, 주거, 문화, 환경 등 다양한 영역에서 인간다운 삶을 보장하기 위해 제공하는 제도로, 상담, 재활, 돌봄, 정보 제공, 시설 이용, 역량 개발,

사회참여 지원 등의 형태로 제공된다.

우리나라에서 시행되고 있는 주요 사회복지서비스 프로그램으로는 영유아복지, 아동복지, 청소년복지, 노인복지, 장애인복지, 한부모가족 복지 등이 있다. 이러한 프로그램은 주로 소득과 자산이 일정 수준 이하인 보호 대상자를 중심으로 제공되며, 그 대상이 공공부조 수급자와 중복되는 경우도 많다.

서비스는 지역사회 내 이용시설이나 거주시설 등을 통해 제공되며, 현장에 있는 사회복지사 등 전문 인력을 통해 전달된다. 이 과정에서 정부는 일반 조세를 기반으로 재원을 확보하며, 일부 서비스는 이용자의 본인부담이 함께 요구되기도 한다.

우리나라의 사회복지서비스는 1961년 「아동복리법」과 「윤락행위방지법」의 제정으로 시작되었으며, 1970년에는 「사회복지사업법」이 제정되어 사회복지사업의 기본 틀을 마련하였다. 이후 2011년 「사회서비스 이용 및 이용권 관리에 관한 법률」이 제정되어 바우처 제도의 법적 근거를 마련하였고, 이는 이용자의 서비스 선택권을 보장하는 중요한 기반이 되었다.

2023년 우리나라 사회서비스의 중장기적 비전과 전략을 담은 「제1차 사회서비스 기본계획(2024~2028)」이 발표되었다. 사회서비스 전 영역을 통합한 최초의 국가 단위 계획으로, 변화하는 사회 환경에 능동적으로 대응하고 국민 삶의 질을 높이기 위한 정책적 이정표라는 점에서 의의있는 진전이다(보건복지부, 2023). 인구 고령화 및 가족구조변화 등 사회변화 속에서 새로운 사회적 수요에 대응하고자 '다양한 서비스 확충'과 질 높은 서비스 제공, 복지기술(welfare technology)의 개발과 현장에서의 활용 확산 계획을 담은 공급혁신 기반 조성 등 3대 분야의 9대 추진과제를 제시하고 있다.

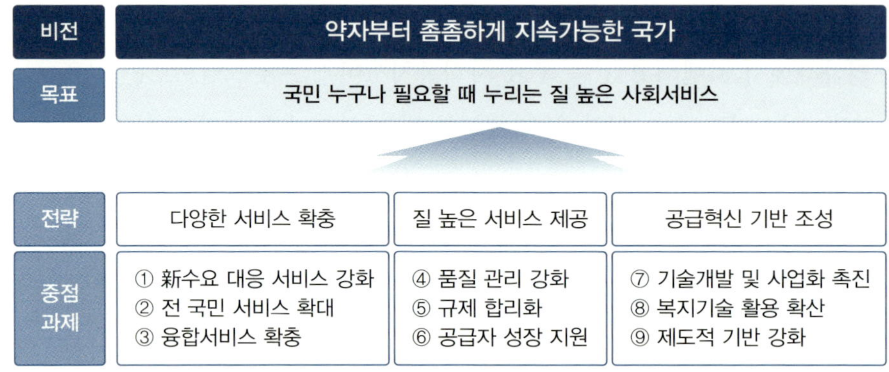

[그림 13-1] 제1차 사회서비스 기본계획(2024~2028)

출처: 보건복지부(2023).

5) 사회수당

사회수당(social Allowance)은 복지국가가 발전하면서 비교적 늦게 도입된 사회보장 제도의 한 형태이다. 이 제도는 기여금을 납부하지 않아도 되고, 소득이나 자산을 조사하지 않아도 급여를 받을 수 있다는 점에서 '비기여적(non-contributory)'이며 '비소득 · 자산조사형(non-means/income tested)' 프로그램의 특징을 가진다. 사회수당은 주로 국가의 일반 조세를 통해 재원이 마련된다.

이 제도는 일정한 인구학적 조건만 충족하면 누구나 급여를 받을 수 있도록 설계되어 있다. 예를 들어, 초 · 중 · 고등학교의 무상교육이나 국민건강서비스처럼 인구학적 조건 없이 전 국민에게 제공되는 경우도 있고, 아동수당, 장애인수당, 기초연금처럼 특정 조건(예: 연령, 장애 등)을 만족하는 사람에게만 지급되는 경우도 있다. 다만, 장애인수당이나 기초연금은 사회수당의 성격을 띠면서도 실제로는 일정 소득이나 자산 기준 이하인 사람에게만 지급되기 때문에 공공부조적인 성격에 더 가깝게 운영되기도 한다.

사회수당의 가장 큰 특징은 국민 누구나 과거의 기여 여부나 경제적 수준에 관계

없이 사회보장을 받을 수 있는 권리를 보장한다는 데 있다. 이를 통해 모든 국민이 인간으로서의 존엄을 누릴 수 있고, 급여 수급 경험을 통해 국민 간 연대 의식을 강화하여 사회 통합에 기여할 수 있다. 이러한 점에서 사회수당은 도입 시기는 늦었지만 가장 발전된 형태의 사회보장 제도라고 평가받는다.

하지만 사회수당에도 한계가 있다. 소득 수준과 관계없이 급여가 지급되다 보니 상대적으로 가난한 사람에게 집중적인 지원을 하기가 어렵고, 그로 인해 대상 효율성이 낮다는 비판이 있다. 또한, 부자와 저소득층 모두에게 동일하게 지급되기 때문에 소득 재분배 효과도 제한적이며, 전 국민에게 급여를 제공하기 위한 재정 확보가 어렵고, 재정 부담이 크다는 점도 한계로 지적된다.

3. 사회복지정책과 사회복지사 역할

사회복지사는 단순히 정책을 전달하고 집행하는 실행자에 그치지 않는다. 사회복지사는 실천 현장에서 수급자와 가장 밀접하게 만나는 전문가로서, 현장의 목소리를 정책에 반영하고, 정책이 실제로 삶에 어떤 영향을 주는지를 확인하며 변화의 기회를 만들어가는 중요한 주체이다. 이는 사회복지사의 역할이 '정책에 기초한 전문직'임을 보여준다.

사회복지정책은 사회복지 실천의 방향을 결정짓고, 실천은 정책이 실현되는 방식을 구체화 한다. 따라서 사회복지사는 모든 사람이 인간다운 삶을 살아갈 수 있도록 기여하는 과정에서 정책을 이해하고 이를 실천과 연결하게 된다. 이러한 노력은 사회적 약자, 소외된 집단, 구조적 불평등에 놓인 사람들을 위한 사회정의 실현으로 이어지며, 이는 사회복지의 핵심 가치이자 목표이다. 이처럼 정책은 실천이 잘 이루어지도록 방향을 제시해주고, 실천은 현장에서 정책이 효과적으로 작동할 수 있게 만든다. 사회복지정책과 사회복지실천은 서로 도와주고 영향을 주는 상호지지 관계라고 할 수 있다(Dolgoff & Gordon, 1981).

정책 실천(policy practice)이란 사회적 · 경제적 정의(social and economic justice)의 목표를 달성하기 위해 사회복지 기술을 활용하여 정책을 제안하고 변화시키기 위한 활동이라 정의할 수 있다(Cummins, L., Byers, K. V., & Pedrick, L., 2023). 정책 실천 과정에는 특정 사회문제를 해결하기 위한 사회정의 증진과 서비스 제공을 위한 사회복지 정책을 개발하고 제도화며 모니터링하고 평가하는 거시적 차원의 활동이 수반된다(이태영, 2008).

사회복지사는 개인, 가족, 집단을 대상으로 하는 직접적인 임상 실천뿐만 아니라, 지역사회 조직, 행정, 정책 활동과 같은 간접적이고 거시적인 실천을 통해 사회구조를 변화시키는 중요한 역할을 수행한다. 사회복지사는 클라이언트와 지역사회의 목소리를 대변하여 법률, 예산, 정책 등에 변화를 요구하고, 정부나 지방자치단체, 민간 의사결정 기구에 영향력을 행사할 수 있다. 이러한 활동은 사회복지실천을 수준에 따라 개인(micro, 마이크로), 집단(mezzo, 메조), 지역사회나 국가(macro, 매크로) 차원으로 분류한다면, 정책 실천은 '매크로 실천'에 해당함을 보여준다(양옥경, 2016).

이러한 역할은 사회복지사의 직업윤리 속에서도 분명히 강조된다. 「사회복지사 윤리강령」은 사회복지사의 책무로서 사회정의의 실현, 사회적 약자의 옹호, 차별과 억압에 대한 대응, 사회변화를 위한 정책 참여를 명시하고 있다. 특히 "사회복지사는 클라이언트의 권익과 사회복지 실천에 영향을 미치는 정치적 환경을 인식하고, 사회정의 실현을 위한 사회정책 수립 및 법령 제 · 개정을 지원하고 옹호해야 한다"고 규정하고 있다(한국사회복지사협회 윤리강령 제V장).

이처럼, 사회복지사는 실천을 통해 사회적 약자의 삶을 개선하고, 그들의 권리를 보호하며, 나아가 정책의 틀 안에서 구조적 변화를 만들어가는 전문가이다. 사회복지사의 전문직 정체성은 현장에서의 실천뿐 아니라, 정책 변화에 기여하고 사회정의를 실현하기 위한 지속적인 참여와 개입을 통해 완성된다.

4. 실천 사례

1) 사례 제시

김지연(가명) 씨는 발달장애 중증을 가진 초등학교 3학년 자녀를 홀로 양육하고 있는 40대 어머니다. 관련 법률상 교육 · 돌봄 · 재활 서비스가 보장되어 있어야 하지만, 실제로는 지역 내 발달장애 아동을 위한 특수학교가 없고, 발달장애인 가족지원센터는 광역시도에 설치되어 2시간을 차를 타야 가능한 거리이고 수용 인원이 제한돼 늘 대기 상태다.

지연 씨는 몇 년째 자녀를 맡길 곳을 찾지 못해 직장을 그만두고 전일 돌봄을 하고 있다. 자녀의 행동 조절이 어렵고 24시간 보호가 필요한 상황에서, 부모의 건강과 경제력도 점점 한계에 부딪히고 있다. 돌봄 공백과 사회적 고립으로 인해 지연 씨는 우울감과 무력감을 호소하고 있다. 최근 지역 지자체에 건의도 해보았지만, '예산 부족'을 이유로 현실적인 대책은 마련되지 못한 상황이다.

2) 역할 분석 연습

1. 확인되는 문제는 무엇인가요?

2. 문제로 인해 어려움을 겪는 사람은 누구인가요?

3. 누가 도울 수 있나요?

4. 제시된 상황과 관련된 정책적 환경을 살펴봅시다.

1) 관련한 법률 및 조례가 있나요?

2) 관련한 정책은 무엇이 있나요?

* 참고자료: 사회보장기본계획(보건복지부, 시 · 도 및 시 · 군 · 구) 및 대상별 기본계획(아동, 한부모, 청년, 저출산 · 고령화사회, 국가인권정책, 건강가정, 다문화가족, 장기요양 등), 지자체 기본계획 등, 관련 부처 홈페이지 문제 해결을 위해 필요한 단기 대책과 장기 대책은 무엇이 있을까요?

5. 문제 상황과 관련하여 확인되는 당사자의 욕구는 무엇인가요? 당사자의 의견을 전달할 수 있는 기회와 방법은 무엇이 있을까요?

6. 문제 해결을 위해 정책 결정권자에게 전달가능한 메세지를 구성해봅시다.

Project Based Learning

사회복지 정책은 단지 존재하는 것만으로 충분하지 않습니다. 그것이 실질적으로 효과를 발휘하려면, 정책을 필요로 하는 사람들이 실제로 그 정책을 '찾고, 이해하고, 사용할 수 있어야' 합니다. 이를 위해 정책과 사람을 연결하는 역할이 반드시 필요하며, 이때 사회복지사는 그 연결을 돕는 다리이자, 제도의 사각지대를 발견하고 메우는 실천자로서 중요한 역할을 합니다.

정책 정보는 누구에게나 평등하게 제공되어야 합니다. 장애가 있는 사람, 시각장애인이나 청각장애인, 아동과 청소년, 노인 등 다양한 특성과 상황에 놓인 사람들이 모두 읽고 이해할 수 있어야 하며, 자신의 의견을 표현할 수 있는 통로도 보장되어야 합니다. 정보 접근성과 표현의 기회는 권리입니다.

이제 여러분이 사는 지역에서 자신과 가족이 적용받을 수 있는 사회복지 정책이 무엇인지 직접 찾아보고, 다음의 질문을 함께 생각해 봅시다,

- ✓ 정책 정보를 쉽게 찾을 수 있었나요?
- ✓ 정보는 누구든지 읽고 이해할 수 있도록 작성되어 있었나요?
- ✓ 시각, 청각, 문자 이해 등 다양한 접근이 가능한 방식으로 제공되고 있었나요?
- ✓ 필요한 경우, 의견을 제시하거나 질문할 수 있는 창구가 있었나요?

정보의 평등한 접근과 참여의 기회를 통해, 사회복지는 더 많은 사람들에게 실질적인 영향을 줄 수 있습니다. 사회복지사는 이 과정에서 중요한 촉진자이자 실천가의 역할을 수행합니다.

참고자료

1. 우리나라의 사회복지제도 변천사

KIHASA 한국보건사회연구원(2019). 대한민국 사회복지제도 변천사

https://www.youtube.com/playlist?list=PLeuacFC_7sa-GtO6Jmohq1aRlSMKAwdlV

2. 한국사회복지사협회 사회복지정책 제안활동

한국사회복지사협회(2025. 5. 13.). 사회복지정책제안 자료집

https://www.welfare.net/communication/association/association-detail?id=803475

3. 국민연금

KBS 다큐(2025. 6. 19.). 국민연금 과연 받을 수 있을까? 대한민국 국민연금 완벽 정리

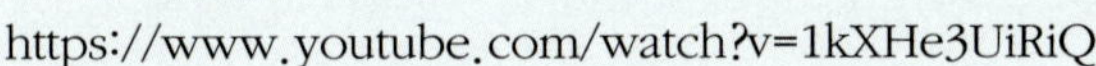

https://www.youtube.com/watch?v=1kXHe3UiRiQ

4. 좋은 사회의 요건

보건복지부TV(2023. 6. 15.). 샘 리처드 교수가 MZ세대에게 전하는 '좋은 사회의 요건'

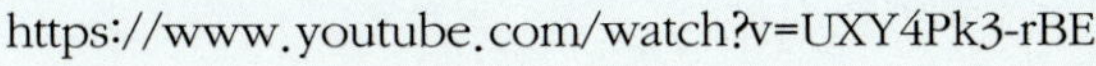

https://www.youtube.com/watch?v=UXY4Pk3-rBE

주요 용어 정리

- **정책**: 정부가 특정 목표를 달성하기 위해 설정한 계획과 실행 지침. 사회복지정책은 개인과 집단의 삶에 영향을 미치는 도구
- **사회복지정책**: 사회구성원의 복지 향상을 위해 정부가 사회복지 프로그램과 서비스를 제공하는 계획과 활동. 실천가가 제공할 서비스의 목표와 대상자 결정에 영향을 줌
- **사회보장**: 국민을 출산, 질병, 노령, 빈곤 등 사회적 위험으로부터 보호하고 삶의 질을 향상시키기 위한 소득 및 서비스 보장 체계. 사회보험, 공공부조, 사회서비스로 구성됨
- **사회보험**: 기여금을 납부한 가입자에게 사회적 위험 발생 시 급여를 제공하는 제도. 강제가입, 법적 권리 원칙 기반. 대표 제도는 국민연금, 건강보험 등
- **공공부조**: 생활이 어려운 국민에게 국가가 최저생활을 보장하고 자립을 지원하는 제도. 자산조사와 선정기준에 따른 급여 제공. 대표 제도는 국민기초생활보장제도
- **사회복지서비스**: 금전적 지원을 넘어 돌봄, 상담, 재활, 역량 개발 등 비금전적 서비스를 통해 삶의 질 향상을 도모하는 제도. 일부는 본인부담 포함
- **사회수당**: 기여금 납부나 소득 · 자산 조사 없이 인구학적 기준(나이, 장애 등)에 따라 급여를 지급하는 제도. 대표 사례는 아동수당, 기초연금
- **사회보장기본법**: 사회보장에 관한 국민의 권리와 국가의 책임을 명시한 기본 법률. 사회보장제도의 구조와 운영 원칙을 규정
- **사회복지사 윤리강령**: 인간 존엄, 사회정의, 약자 옹호 등을 실천해야 할 사회복지사의 윤리적 책임과 전문직 정체성을 명문화한 기준
- **정책 실천**: 사회복지사가 정책을 제안하거나 변화시키는 활동. 사회정의와 경제정의를 실현하기 위한 거시적 실천의 일부
- **사회 정의**: 모든 사람이 평등하게 자원, 기회, 권리를 누릴 수 있도록 보장하는 원칙. 사회복지 실천의 핵심 가치

참/고/문/헌

김태성, 김진수 (2003). **사회보장론**. 서울: 청목출판사.

김태완, 김미곤, 노대명, 김문길, 임완섭, 조성은, 황도경 외 (2020). 국민기초생활보장제도 20년사 보건복지부, 한국보건사회연구원.

보건복지부 (2023. 12. 12.). 보도자료 "국민 누구나 필요할 때 누리는 질 높은 사회서비스.

양옥경, 김정진, 서미경, 김미옥, 김소희 (2016). **사회복지실천론(개정4판)**. 파주: 나남.

이태영 (2008). **정책실천을 위한 사회복지정책론**. 파주: 학현사.

Cummins, L., Byers, K. V., & Pedrick, L. (2023). *Policy practice for social workers: An ethic of care approach* (2nd ed.). Routledge.

Dolgoff, R., & Gordon, M. (1981). Education for Policy making at the Direct Service and Local Levels. *Journal of Education for Social Work*, 98-105.

Lipsky, M. (1980). *Street-level Bureaucracy: Dilemmas of the Individual in Public* Services. New York: Russell Sage Foundation.

CHAPTER 14

사회복지의 미래

사회복지의 미래

학/습/목/표
1. 변화하는 사회복지 환경에 대해 설명할 수 있다.
2. 환경 변화에 따른 사회복지실천의 발전 방향에 대해 설명할 수 있다.

Flipped Learning (사전 학습)

1. 우리 사회의 변화 중 사회복지 실천에 영향을 줄 수 있다고 생각되는 변화에 대해 1가지씩 생각해봅시다.
2. 미래 사회복지사에게 필요한 능력을 무엇일까? 왜 그러한 능력이 강조된다고 생각하는지 정리해봅시다.

1. 변화하는 사회복지환경

1) 인구사회학적 구조 변화

(1) 저출산 및 초고령사회

초고령사회는 65세 이상 인구가 총 인구의 20%를 차지하는 사회를 일컫는 말로 2024년 12월 기준, 우리나라는 초고령사회(post-aged society)로 진입하였다(행정안전부, 2024). 2050년에 이르면, 전체의 40%를 초과할 것으로 전망된다(통계청 장래인구추계, 2024). 2000년, 고령화 사회(ageing society)로 진입한 이래 17년만에 고령 사회(aged society)로 진입하였으며 다시 7년만에 초고령사회로 급격하게 변모하였는

데 이는 0.75명에 불과한 세계에서 가장 낮은 합계출산율(통계청 인구동향조사, 2025년), 83.5세에 이르는 기대수명의 증가(통계청 생명표, 2024), 베이비붐 세대의 고령 진입으로 인한 결과라고 할 수 있다. 일본이 고령 사회에서 초고령 사회로 변화하는 데 약 10년, 프랑스가 약 29년 걸린 것에 비하면 매우 빠른 속도라고 할 수 있다(저출산고령사회위원회, 2025).

반면, 아동 인구수는 1970년대 정점을 기록한 이후 계속 감소하고 있는 추세이다. 1970년대에는 약 1,600만 명으로 전체 인구의 49%를 차지하였으나, 2010년대 이후 처음으로 900만 명대에 진입하였으며 2024년 기준 아동의 인구 구성비는 13%에 불과하며 앞으로도 아동 인구수 및 비율은 계속 감소할 전망이다(통계청 아동인구 현황, 2025).

(2) 지역 인구 소멸

우리나라는 빠른 속도로 저출산 · 고령화가 진행되면서 전국적으로 인구가 감소하는 현상을 겪고 있다. 하지만 인구 감소는 단순한 수적 문제를 넘어서, 지역 간 불균형과 공동체 기반의 붕괴로 이어지고 있으며, 일부 농산어촌과 지방 중소도시는 '지방 소멸'이라는 위기를 맞이하고 있다. 지방소멸은 지역사회의 인구가 감소하여 인프라 및 생활서비스 공급, 생활의 애로 등으로 인해 공동체가 제대로 기능하기 어려운 상태를 지칭한다. 지방의 소멸과 밀접한 연관성을 지니고 있는 수도권의 인구 집중은 세계의 다른 나라와 비교해 봐도 그 정도가 대단히 심각한 실정이다(전광섭, 2024). 2020년 기준 전체 시군구의 66%가 이미 사망자 수가 출생자 수보다 많아 인구가 감소하는 현상을 경험하였으며 2021년 기준 89곳이 이미 인구감소지역으로 지정되어 있다. 226개 기초 지자체 중 소멸 고위험 지역은 2017년 12곳 2047년에는 157개로 증가할 전망이다(민보경, 2023).

고임금, 양질의 일자리와 첨단산업 등이 수도권에 편중되어 있어 지역 이탈 현상이 발생하며 특히, 이로 인한 의료, 교통, 보육 등 정주여건 악화는 학령인구 감소와 청년층의 수도권 이동을 부추겨 지방대학의 역할과 경쟁력을 약화시켜 다시 청년층 유출이 가속화되는 악순환으로 이어지고 있다(민보경, 2023). 지역 인구가 소멸하는 지방소멸은 그 자체로 끝나는 것이 아니라 국가의 전체적인 문제와 연관되어 있다(전광섭, 2024).

(3) 1인 가구 증가

우리나라의 인구수는 감소하고 있지만 전체 가구 수는 증가하고 있다. 이는 3인 가구, 4인 가구가 점차 감소하고 1인, 2인 가구 수는 계속 증가하고 있기 때문이다. 특히, 1인 가구는 2015년 27.2%에서 2023년 35.5%로 가장 큰 폭으로 증가하고 있다.

1인 가구의 특성은 아래 표와 같다.

〈표 14-1〉 1인 가구 특성

구분	내용
연령	• 60대~70대 이상, 20대 이하~30대 비중이 높음
지역	• 대전, 서울, 강원, 충북, 경북의 1인가구 비중이 높은편 • 대전, 서울: 20대 이하 1인가구 비중이 높음 • 강원, 충북, 경북: 70대 이상의 1인가구 비중이 높음
어려운 점	• 균형잡힌 식사, 아프거나 응급상황에서의 대처
소득	• 전체 가구에 비해 5천만 원 미만의 비중이 높음 • 1천만 원~3천만 원 미만의 소득을 갖는 사람이 가장 많음
정신건강	• 자살 생각 인구 전체 가구 평균보다 높음 • 그 원인으로 외로움, 고독을 응답한 사람의 비중이 전체 가구 평균보다 높음

출처: 통계청(2025). 2024 통계로 보는 1인가구.

(4) 이주배경 인구 증가

통계청이 발표한 내 · 외국인 인구 전망에 따르면 2022년 220만 명이었던 이주배경 인구는 2042년 404만 명으로 증가할 것으로 추정되고 있으며 전체 인구의 8.1%를 차지할 것으로 나타나고 있다. 이주배경인구는 귀화한 내국인, 이민자 2세 내국인, 외국인을 포함한다. 저출산으로 인한 인구 위기(인구 감소, 생산가능 인구 감소, 지역 소멸 등)가 가속화됨에 따라 지역사회에서 생산과 소비를 겸하고 지역사회와 관계를 맺고 살아가는 생활인구로서 이주배경인구가 갖는 중요성은 증대될 것이다(유정균, 정대영, 신한나, 송영호, 2024). 제4차 외국인정책 기본계획(2024~2027)에서도 경제활동인구 확보를 위해 외국인을 필수인력으로 적극 유치하겠다는 정부의 의지를 확인할 수 있다(양계민, 권오영, 이영신, 장윤선, 장인숙, 2023).

또한, 이주배경 아동 및 청소년의 증가로 향후 이주배경 청년이 급격하게 증가할 것으로 예상된다. 다문화 가구 자녀는 증가하면서 전체 학생에서 다문화 배경 학생의 비중이 커지고 있다. 2020년 초등학생의 4%, 중학생의 2%, 고등학생의 1%가 다문화가족으로 이는 2014년 초등학생의 1.8%, 중학생의 0.7%, 고등학생의 0.4%에 비해 급격하게 증가한 것이다. 재혼 외국인 '결혼이민자'가 전 배우자 사이에서 출산한 외국인 자녀인 중도입국 자녀, 부모가 모두 외국인으로 국내 출생한 외국인주민 자녀도 증가하고 있다(김영아 · 강동우 · 임유진, 2024에서 재인용).

2) 디지털 · 기술 환경 변화

21세기 들어 사회는 4차 산업혁명이라 불리는 급격한 기술 전환기를 맞이했다. 4차 산업혁명은 단순한 기술 진보가 아니라, 인간의 일상과 사회 시스템 전반을 디지털 기반으로 전환시키는 포괄적인 변화를 의미한다. 이 변화는 물리적 공간과 디지털 공간이 결합되고, 정보 생산과 소비, 노동, 인간관계, 행정 시스템까지 기계와 데이터, 알고리즘 중심으로 재구성되는 과정이다. 대표 기술로는 인공지능(AI), 사물인터넷(IoT), 로봇 기술, 빅데이터 분석, 디지털 플랫폼, 블록체인 등이 있는데 이러한 기술은 개인의 일상과 사회 구조 전반에 깊이 스며들고 있다.

인공지능(AI)과 데이터 기반 사회로의 이행이 두드러진다. 사회 전 영역에서 데이터가 핵심 자원으로 인식되며, 인간의 판단과 의사결정이 알고리즘에 의해 보조되거나 대체되고 있다. 더불어 사물인터넷(IoT)과 5G, 클라우드 기술이 결합하면서 사람과 사물, 시스템이 실시간으로 연결되고 있다. 이러한 초연결 구조는 개인의 생활 패턴을 실시간으로 기록하고, 사회의 움직임을 즉각적으로 반영하게 한다. 세 번째로 자동화와 로봇화가 노동과 서비스의 형태를 바꾸고 있다. 제조업뿐 아니라 돌봄, 교육, 상담과 같은 인간 중심 영역까지도 인공지능과 로봇이 보조적 역할을 넘어 일부 대체 역할을 수행하고 있다. 마지막으로 디지털 플랫폼 중심의 사회 구조가 형성되고 있다. 경제활동, 사회적 교류, 공공서비스가 점차 플랫폼을 매개로 이루어지고 있다. 이러한 환경 변화는 사회복지 영역에 어떠한 영향을 줄 것인가는 아래에서 다시 살펴볼 것이다.

3) 사회적 위험의 확장

현대사회는 개인의 노력이나 국가의 보호만으로는 감당하기 어려운 새로운 유형의 위험에 직면해 있다. 전통적으로 사회복지가 다루어온 빈곤, 실업, 노령, 장애와 같은 위험뿐만 아니라 감염병 · 기후위기 · 재난 등 전 지구적 차원의 위험이 일상으로 파고들고 있다.

코로나-19 팬데믹은 한 세대가 겪은 가장 거대한 사회적 충격이었다. 질병은 단순한 보건 문제를 넘어, 노동 · 교육 · 돌봄 · 사회적 관계망 전반을 흔들었다. 감염병 확산을 막기 위한 거리두기와 비대면 체계는 사회적 고립, 돌봄 공백, 아동 학대, 정신건강 악화, 교육 성취 양극화 등 2차적 사회문제를 낳았다. 특히 비정규직 · 자영업자 · 돌봄노동자처럼 불안정 노동에 종사하는 계층에게 경제적 · 사회적 타격이 집중되었으며 빈곤 계층, 아동 등 취약계층이 더 큰 피해를 입었다. 이러한 감염병은 일회성 재난이 아니라, 앞으로 인류가 반복적으로 마주할 가능성이 큰 새로운 일상의 일부가 될 가능성이 크다. 세계보건기구는 최근 신종감염병이 유례없는 속도로 나타나고 있다고 경고하고 있다. 도시화와 산업화로 인한 삼림 파괴, 야생 동물의 서식지 축소, 기후 변화는 인간과 동물 간의 경계를 허물고 새로운 병원체의 전이를 촉진하고 있다. 실제로 최근 수십 년간 발생한 신종 감염병의 대부분이 동물에서 사람으로 전이된 인수공통감염병(zoonosis)이다(신나리 외, 2019). 또한 항공 교통, 글로벌 공급망, 인적 교류의 확대는 감염병의 지역적 확산을 전 지구적 확산으로 전환시킨다.

기후 변화 역시 인간의 생존과 복지에 직접적인 영향을 미치는 사회적 위험으로 부상하고 있다. 폭염 · 한파 · 홍수 · 산불과 같은 극단적 기후 현상은 주거 불안, 건강 악화, 식량 · 에너지 위기를 야기하며, 사회적 취약계층에게 불균등하게 피해를 집중시킨다. 예컨대 냉방이나 난방에 필요한 비용을 감당하기 어려운 저소득층에게 더 큰 피해를 주며 녹지가 부족한 지역에 거주하는 빈곤 계층에게 미세먼지 등 대기 오염은 건강불평등을 야기할 수 있다. 홍수, 산불과 같은 재난 발생은 이동이 어려운 고령자에게 더 취약할 수 있는데 실제로 25년 영남 지역에서 발생한 역대 최악의 산불 사태에서 고령층 피해가 특히 큰 것으로 드러났는데 정보와 기동력이 취약한 노인들의 대피가 쉽지 않았다(BBC NEWS 코리아, 2025. 3. 29.). 이처럼 감염병과 기후위기 등 신사회적 위험에 대응하기 위한 사회적 개입이 필요하다.

2. 환경 변화에 따른 사회복지적 과제

앞서 제시한 인구구조 변화, 디지털 · 기술 환경 변화, 사회적 위험의 확장과 같은 급격한 사회 변화는 사회복지실천, 행정, 정책 등 전 분야에 걸쳐 새로운 방향 전환을 요구하고 있다. 사회복지실천 분야에서는 노인, 아동, 이주배경주민 등 인구구조 변화에 따라 새로이 나타나는 문제에 대해 인식하고 이에 대응하기 위한 교육, 상담, 프로그램 수행, 옹호 활동 등을 기획할 필요가 있다. 또한 AI · 로봇 · IoT 등 기술을 활용(융합)한 새로운 서비스나 프로그램 제공에 대해 고민할 필요가 있다. 사회복지 행정 분야에서는 사회복지조직을 둘러싼 환경 변화에 대비하여 디지털 기술, 다문화 수용 등 새로운 이슈를 다룰 수 있는 인력을 선발하고 개발하는 인사관리와 함께 데이터 및 AI기술 기반의 플랫폼 구축 등 정보관리의 변화가 요구된다. 마지막으로 사회복지 정책적 측면에서는 인구구조 변화에 따른 위기 · 감염병 · 기후위기 · 디지털 격차와 같은 새로운 위험을 사회복지의 의제로 상정하고 해결하기 위한 법률 제정, 단 · 장기 계획 수립 및 실행 등이 요구된다.

각 환경 변화에 따라 요구되는 사회복지적 과제는 아래 표와 같다.

〈표 14-2〉 환경 변화에 따른 사회복지 과제

변화 요인		사회복지적 과제
인구구조 변화	저출산 초고령사회	• 노인 돌봄수행자의 신체 및 정신건강 문제 • 노인 재가돌봄을 위한 시스템 구축 필요 • 노인 및 아동 돌봄노동자의 다변화(이주배경주민 등)에 따른 대응 • 노인 연령 기준 상향에 대한 검토 및 연금 등 공적 체계 공백 발생에 대한 대응 • 환경 변화 적응 및 직업 교육 등 노인의 재사회화 필요 • 보행사고, 운전자 사고 등 노인 안전 문제에 대한 대응 • 노인친화도시, 아동친화도시 구축
	지역 인구 소멸	• 사회복지 인프라 축소와 접근성 약화에 대한 대응 • 지역공동체 해체와 사회적 고립에 대한 개입 • 지방세수 감소에 따른 불평등 심화 대응 • 사회복지인력 부족과 서비스 질 저하 대책
	이주배경주민 증가	• 이주배경주민의 노동권, 주거권, 건강권 등 복지 보장 및 서비스 접근권 강화 • 중도 입국 아동 교육 및 사회 적응 문제 해결 • 이주배경주민과 선주민간의 갈등 문제 해결 • 사회복지사의 문화감수성 역량 강화 교육

	1인가구의 증가	• 1인가구의 사회적 고립감 해소 • 1인가구 맞춤형 주거 및 안전 대책 지원 • 비혈연 기반 공동체(코하우징, co-housing) 도입
디지털 · 기술 환경 변화	디지털 격차	• 디지털 교육 및 접근성 보장 • 고령, 장애인 맞춤 비대면 지원 서비스 설계 • 취약계층을 위한 디지털 인프라 지원
	데이터 윤리와 프라이버시(privacy)	• 복지데이터의 수집, 활용에 대한 윤리적 가이드 가인 강화 • 알고리즘의 공정성 및 투명성 확보
	사회복지 실천의 전환	• AI · 로봇 · IoT 등을 활용한 사회복지실천 • 사회복지사의 디지털 역량 강화 교육 • 기술 매개 복지실천의 윤리기준 정립 • 데이터 및 AI기술 기반의 플랫폼 구축을 통한 정보관리
사회적 위험의 확장	감염병 위기	• 돌봄, 노동, 정신건강 등 2차 피해 예방
	기후(재난) 위기	• 건강 영향 조사, 상담 및 치료 연계, 기후(재난) 위기 대응을 위한 교육 강화 등 환경취약계층 보호체계 구축 • 주거, 건강, 에너지 지원 강화, 기후위기 돌봄 이웃 지원(예: 공유냉장고, 야외 근로자를 위한 쉼터 운영 등) • 탄소 저감활동 캠페인 등 옹호활동

3. 기술 환경 변화에 따른 사회복지실천의 전환

이 부분에서는 기술 환경 변화에 따라 변화하고 있는 사회복지실천의 전환 사례들을 소개하고자 하며 이에 따른 사회복지사에게 요구되는 역량에 대해 다룬다.

1) AI 기술과 사회복지실천의 융합

인공지능(AI) 기술은 사회복지실천의 현장에도 빠르게 스며들고 있다. 그중에서도 대표적인 사례가 AI 돌봄 로봇 '효돌(Hyodol)'의 활용이다. 효돌이는 말벗(정서케어), 일정 관리, 복약 알림, 긴급 상황 감지(센서 기반 24시간 활동 감지 및 보호자 알람 제공, 구조 요청 시 보호자나 119 즉시 연결) 등 일상적 돌봄 기능을 수행하는 사회적 로봇(social robot)으로, 특히 독거 노인과 고령 취약계층을 대상으로 보급되고 있다. 가장 최근 도입된 2세대 모델은 대화의 맥락을 이해하고 간단한 정서적 반응을 제공하는 등 상호작용 기능도 발전하고 있다.한국형 소셜 로봇(효돌) 사용 경험 연구에 따르면 독거노인의 우울 증상 및 삶의 질 점수의 향상이 관찰되었고(김선화 외, 2020) 질적 연구에서도 돌봄 로봇을 '건강한 생활의 지킴이', 심리적 측면에서 '우울하고 무료한 마음의 회복제', 사회적 측면에서 '소통과 관계의 새로운 활력소', '공감과 애정 욕구의 충족', '혈육보다 소중한 존재'로 인식하고 있는 것으로 나타났다(이현주, 박란이, 이은경, 2021). 이는 기술이 인간 복지를 대체한다기보다, 정서적 돌봄에 있어 그 동안 사람(자원봉사자 등)에 전적으로 의존하던 것에서 로봇 기술을 활용하며 효율성을 제고시키며 사회복지실천가와 클라이언트 사이의 연결을 유지시킬 수 있는 매개자로 작동할 수 있음을 보여준다고 할 수 있다.

두 번째 사례는 아동복지현장에서 활용되고 있는 AI 아동 그림 심리검사 서비스와 정신건강 고위험 상태를 감지해내는 대화형 로봇을 들 수 있다. 서울시 관악구에서는 'AI 아동그림 심리검사서비스'를 제공하고 있는데 이는 AI 시스템이 만 3세~12세까지의 아동이 직접 그린 그림을 분석하고 부모의 양육 스트레스를 점검, 아동학대 이상징후를 모니터링해 전문가의 피드백을 제공하는 프로그램이다(관악저널, 2024.11.19). 한국폭력학대예방협회에서 실시하고 있는 인공지능 마음건강 검진 서비스도 음성인식기술을 활용해 로봇(J.O.A.N.N.E)을 통해 문답형 대화를 통해 아동들이 일상에서 겪는 스트레스 신호를 빠르게 발견하고 상담 필요성을 AI가 선별하여 적합한 지원 서비스를 연계해준다(한국폭력학대예방협회 홈페이지). 그 외 플로

리다 주립대학교(Florida State University: FSU)에는 시도하고 있는 자살 생각 및 행동(suicidal thoughts and behaviors) 예측 모델 연구(social work today, 2021. 3. 30.), 인천시에서 시범적으로 도입한 AI 기술 활용 다국어 의료 지원 시스템(인천in.com, 2023.11.21), 양육자가 아이에게 전달하는 언어 데이터 축적, 분석하여 균형잡힌 발달을 위해 필요한 언어 내용을 교육하는 개입 보조 기기 Starling 등도 사회복지현장에서 활용가능한 사례들이라고 할 수 있다.

2) IoT와 사회복지실천의 융합

IoT는 '사물이 인터넷으로 연결되어 데이터를 주고받는 기술'로 사회복지에서는 이용자의 삶을 실시간으로 모니터링하고, 위험을 조기에 감지하며, 돌봄 서비스를 개인화할 수 있는 수단으로 작동한다. 즉, "돌봄의 사각지대"를 기술로 메우는 구조라고 보면 된다.

그중 스마트홈 기반의 IoT 센서는 재가 어르신 집에 설치하는 기기로 움직임, 온도, 습도, 조도, CO2 등 환경 데이터를 수집 및 이상 알람을 통해 고독사 등 위기 상황을 감지한다. 환경 데이터를 통해 주의, 경보, 위험 알람이 사회복지기관으로 가게 되는데 특히, 겨울철 실내 온도가 10도 이하로 감지되거나 여름철 30도 이상으로 감지되는 경우 사회복지사가 방문하여 확인하고 에너지 지원 연계 등을 시도한다.

모션인식 센서를 기반으로 이용자의 자세 · 동작 패턴 · 근력 수준을 분석하고, AI 알고리즘이 개인별 맞춤형 운동 프로그램 제시하는 기기나 맥박, 혈압, 체온, 산소포화도 등 생체정보를 측정하여 건강 이상 시 즉각 경고 알림을 발송하는 헬스케어 키오스크 등도 활용 사례라고 할 수 있다. 어르신들의 접근성이 높은 복지관, 요양시설, 재활센터, 경로당 등에 설치하여 사회복지사가 프로그램 참여를 지원하며 신체적 · 정서적 활력을 회복하도록 돕고 위험이 감지되는 경우 방문 진료, 간호사 상담 등을 연계한다.

이 외에도 시각장애인을 위한 음성 안내 센서, 시각장애인의 보행을 보조하는 스마트 지팡이(전방에 장애물을 감지하여 진동을 주는 방식) 등이 있다.

3) 사회복지행정으로의 융합

디지털 기술의 발전은 사회복지행정의 운영 방식에도 커다란 변화를 가져오고 있다. 과거의 행정이 종이 문서와 대면 보고 중심이었다면, 이제는 모바일 기반의 실시간 행정체계와 데이터 기반 의사결정 구조로 이동하고 있다. 이러한 변화는 행정 효율성 향상뿐 아니라, 복지서비스의 신속성·정확성·접근성을 높여 사회복지의 실질적 품질을 개선하는 데 기여한다.

사회복지기관에서는 모바일 전자결재 시스템을 통해 각종 행정 문서를 온라인으로 처리하고, 현장에서 바로 승인·보고가 가능해졌다. 이로 인해 사회복지사들은 재택 근무나 외부 출장 중에도 업무를 지속할 수 있다. 또한 사례관리 시스템이 모바일과 연동되면서 현장 상담 직후 즉시 기록 및 전송이 가능해졌다. 이를 통해 사회복지사는 서비스 개입이 필요한 상황을 실시간으로 공유할 수 있고, 신속하게 후속 조치를 결정할 수 있다.

복지맵 시스템을 활용하는 복지관도 나타나고 있다. 복지맵은 지역 내 서비스 대상자, 복지자원, 시설 위치를 지리정보시스템(GIS) 기반으로 시각화하여 제공하는 기술이다. 사회복지사는 복지맵을 통해 대상자의 거주지 주변 자원을 한눈에 파악하고, 서비스 제공 경로를 설계하거나 가정 방문 순서를 효율적으로 배정할 수 있다. 특히 로드뷰 기능과 연동하면 물리적 접근성(거리, 교통, 이동 경로 등) 을 고려한 방문 일정 조정이 가능해져, 현장 복지활동의 시간과 인력을 절감하면서도 대상자 중심의 서비스를 실현할 수 있다(밥상공동체종합사회복지관 내부자료).

4) 사회복지사에게 요구되는 역량

앞서 설명한 이러한 변화들은 사회복지사 역량에도 새로운 전환을 요구하고 있다. 첫째, 디지털 리터러시(digital literacy)가 기본 역량으로 자리 잡아야 한다. 기술 도구를 활용할 수 있는 능력뿐 아니라, 데이터의 의미를 읽고 해석하여 복지적 판단으로 연결하는 능력이 필요하다. 사회복지사는 기술이 효율성만을 강화하지 않고, 이용자의 존엄과 권리를 보장하는 방향으로 작동하도록 중재해야 한다. 둘째, 데이터 윤리와 개인정보 보호 역량이 강화되어야 한다. 사회복지현장의 디지털화는 민감한 정보의 수집과 공유를 전제로 하기 때문에, 복지사는 이용자의 동의, 데이터 보안, 알고리즘의 공정성을 이해하고 관리할 수 있어야 한다. 셋째, 다학제적 협력 역량이 요구된다. 기술 융합 복지의 현장에서는 사회복지사, 보건 · 의료 전문가, 데이터 분석가, 기술 엔지니어가 함께 협력한다. 사회복지사는 이들 간의 언어를 연결하고, 기술적 접근이 사회적 가치와 정책적 목표로 이어지도록 조정하는 역할을 맡는다. 마지막으로, 인간 중심의 관계 형성 능력이 여전히 사회복지사의 핵심 자산이다. 기술이 정서적 공감이나 관계적 신뢰를 완전히 대체할 수 없기에, 복지사는 기술이 놓치는 인간의 감정과 맥락을 보완하는 존재로서 전문성을 유지해야 한다.

Project Based Learning

AI 기술과 사회복지실천이 결합된 사례들을 찾아보고 장점과 단점(부작용)에 대해 정리해봅시다.

참고자료

1. AI 돌봄 로봇 '효돌(Hyodol)'

G1 News(2022. 4. 10.). 어르신 돌봄 로봇 빈자리에 대학생 '출동'

https://youtu.be/xRhasAQWayw?si=JZ90BfRyUvt_tl5L

2. 주민대상 디지털 역량 강화

밥상공동체종합사회복지관(2024. 11. 29.). 신중년의 새로운 도전! AI와 함께하는 '디지털공작소'

https://youtu.be/icNQe9vrgL4?si=OYbjNPwc0_GIN-pp

3. AI 아동 그림 심리검사

HCN 핫콘뉴스(2023. 10. 30.). "우리 아이 심리 어떨까"… AI로 아동 심리 검사

https://youtu.be/ytdCCPZ3k4o?si=Y0kXrf56fqa99S5e

4. 인공지능 마음건강 검진서비스

AZ Entertainment(2022. 2. 16.). KAVA 한국폭력학대예방협회 Joanne 홍보영상

https://youtu.be/pzSRxWljchU?si=3TO7cM_IqSWFA7sT&t=135

5. 정신건강 가상현실 치료

KBS News(2022. 12. 25.). 알코올중독 치료에 VR … 가상현실 의료 성큼

https://youtu.be/atkmjnsX6to?si=OFzhbJ_NakWPcKG2&t=55

주요 용어 정리

▶ **초고령사회**: 65세 이상 인구가 총 인구의 20%를 차지하는 사회

▶ **합계출산율**: 한 여성이 가임 기간(15~49세) 동안 낳을 것으로 예상되는 평균 자녀 수

▶ **기대수명**: 특정 연령의 사람이 앞으로 생존할 것으로 기대되는 평균 연수

▶ **지방소멸**: 지역사회의 인구가 감소하여 인프라 및 생활서비스 공급, 생활의 애로 등으로 인해 공동체가 제대로 기능하기 어려운 상태를 지칭

▶ **중도입국 자녀**: 재혼 외국인 '결혼이민자'가 전 배우자 사이에서 출산한 외국인 자녀

▶ **4차 산업혁명**: 단순한 기술 진보가 아니라, 인간의 일상과 사회 시스템 전반을 디지털 기반으로 전환시키는 포괄적인 변화를 의미

▶ **신사회적 위험**: 개인이나 국가의 노력만으로는 감당하기 어려운 새로운 유형의 위험으로, 감염병 · 기후위기 재난 등 전 지구적 차원의 위험이 해당

▶ **인수공통감염병**: 동물에서 사람으로 전이된 감염병으로, 최근 수십 년간 발생한 신종 감염병의 대부분이 이에 해당함

▶ **디지털 리터러시**: 기술 도구를 활용할 수 있는 능력뿐 아니라, 데이터의 의미를 읽고 해석하여 복지적 판단으로 연결하는 능력

▶ **IoT(사물인터넷)**: 사물이 인터넷으로 연결되어 데이터를 주고받는 기술로 , 사회복지에서는 이용자의 삶을 실시간으로 모니터링하고, 위험을 조기에 감지하며, 돌봄 서비스를 개인화할 수 있는 수단으로 작동함

▶ **코하우징(Co-housing)**: 비혈연 기반 공동체

▶ **문화감수성 역량**: 이주배경주민 증가에 대응하여 사회복지사에게 요구되는 역량으로, 다양한 문화를 이해하고 존중하는 능력

참/고/문/헌

김선화, 김지희, 김태환 외 (2020). 한국형 소셜로봇 효돌이 지역사회 거주 독거노인의 우울증상과 삶의 질에 미치는 영향. 한국노년학, 40(5), 1021-1034.

김영아, 강동우, 임유진 (2024). 이주배경 청년의 노동시장 이행 연구.

관악저널 (2024. 11. 19.). 인공지능(AI) 아동 그림 심리검사서비스' 참가자 모집, https://xn-zb0b20fnzw5rc.kr/19113

민보경 (2023. 3. 20.) 지방소멸위기 대응 방향. Futures Brief 제23-03호, 국회미래연구원

신나리, 백수진, 유효순, 신인식 (2019) 미래감염병에 대한 세계 동향 분석. 주간 건강과 질병, 12(5), 질병관리본부.

양계민, 권오영, 이영신, 장윤선, 장인숙 (2023). 사회통합을 위한 후기청소년기 이주배경청소년 정책 방안연구 Ⅰ. 한국청소년정책연구원.

유정균, 정대영, 신한나, 송영호 (2024). 이주배경인구의 다양성과 정책 대응방안. 경기연구원.

이현주, 박란이, 이은경 (2021). 중소도시 거주 독거노인들의 사회적 보조로봇 (효돌) 사용경험 연구: '내 삶의 소중한 동반자'. 한국노년학, 41(5), 843-864.

인천in.com, (2023. 11. 21.), 인천시, AI 앱 기반 다국어 의료지원 서비스 도입, https://www.incheonin.com/news/articleView.html?idxno=98497

저출산초고령위원회 (2025. 1. 16.). 한국이 초고령사회가 됐어요, https://www.betterfuture.go.kr/front/policySpace/scrapDetail.do?articleId=344&listLen=10

전광섭 (2024). 지역소멸 막는 맞춤형 정책과 전략; 지방소멸 방지 정책의 현주소와 시사점. 지방공공기관 웹진, 45, 지방공기업평가원.

통계청 (2024. 1. 18.). 장래인구추계 향후 고령인구에 대한 전망, https://www.kostat.go.kr/board.es?mid=a10502020100&bid=3207&act=view&list_no=161820&tag=&nPage=1&ref_bid=3203,3204,3205,3206,3207

통계청 (2024. 12. 4.). 기대수명. 통계청 생명표, https://www.index.go.kr/unify/idx-info.do?idxCd=8016

통계청 (2024. 12. 9.). 2024 통계로 보는 1인가구, https://kostat.go.kr/board.es?mid=a10301010000&bid=10820&act=view&list_no=434103

통계청 (2024. 2. 26.). 합계출산율. 통계청 인구동향조사, https://www.index.go.kr/unify/idx-info.do?idxCd=5061

통계청 (2025.01.13.). 아동인구현황, https://www.index.go.kr/unity/potal/main/EachDtlPageDetail.do?idx_cd=3053

한국폭력학대예방협회 홈페이지. 인공지능 마음건강 검진서비스, https://www.kava.kr/joanne에서 2025. 10. 12. 인출.

행정안전부 (2024. 12. 26.). "국내 65세 이상 인구 20% 돌파, 초고령 사회 진입, https://www.mois.go.kr/video/bbs/type019/commonSelectBoardArticle.do?bbsId=BBSMSTR_000000000255&nttId=114652&searchCode1=

BBC NEWS 코리아 (2025. 3. 29.). 산불에 발 묶인 어르신들, 고령층 재난 대응 충분한가?, https://www.bbc.com/korean/articles/cy87873ygj6o

social work today (2021. 3. 30.). How Artificial Intelligence Will Save Lives in the 21st Century, https://www.socialworktoday.com/news/enews_0417_2.shtml

저자약력

■ 김미영

이화여자대학교 사회복지학 박사
한림대학교성심병원, 분당차병원 의료·정신건강사회복지사
한라대학교 사회복지학과 교수

■ 이경원

연세대학교 사회복지학 박사
서울노인복지센터 사회복지사
한라대학교 사회복지학과 교수

■ 임세와

이화여자대학교 사회복지학 박사
유니세프한국위원회, 세이브더칠드런코리아 사회복지사
한라대학교 사회복지학과 교수

■ 조수민

이화여자대학교 사회복지학 박사
월드비전 국내사업팀 사회복지사
한라대학교 사회복지학과 교수

■ 최경일

숭실대학교 사회복지학 박사
사당종합사회복지관 사회복지사, 동마중학교, 성원중학교, 한국학교사회복지사협회 학교 사회복지사
한라대학교 사회복지학과 교수

플립러닝과 PBL을 적용한
사회복지학개론

초판발행 2026년 3월 5일 **1판 1쇄 인쇄** | 2026년 3월 10일 **1판 1쇄 발행**

지은이 김미영 이경원 임세와 조수민 최경일
펴낸이 최용구 | **펴낸곳** 도서출판 **신정**
주소 (04316) 서울시 용산구 원효로 89길 19 (원효로1가)
전화 02)3211-4782, 0266(영업부), 3211-4783(편집부), 3211-4784(팩스)
이메일 sjbook2002@naver.com | **홈페이지** www.sjbook.co.kr
등록 2001년 5월 11일 제13-702호
기획마케팅 최용구 장만동 최충구 송대용 | **책임편집** 석기은 황가연

ISBN 978-89-5912-980-5 93330
정가 20,000원